JN274532

ビジネス・トラスト法の研究

ビジネス・トラスト法の研究

工 藤 聡 一 著

信 山 社

THE DEVELOPMENT OF LAWS OF BUSINESS TRUST

SOICHI KUDO

Publication of this title was supported by a grant-in-aid from the
Zengin Foundation for Studies on Economics and Finance.

　　　　　　　は　し　が　き

　ビジネス・トラストとは、信託財産上の受益権を表章する利益参加証券の所持人たる受益者のために、受託者によって運営される法人格なき企業組織をいう。すなわち、受託者が受益証券を発行して資金を募り、これを信託財産として自己に帰属させて営利事業を行い、そして獲得された利益を受益者に分配するという、会社類似の機能を営む信託である。厳格な会社法と未成熟な組合法の反動的所産として、ビジネス・トラストは19世紀のアメリカに発生し同国で特異な発達をみた。その妙味は、事業財産の単一性、構成員の有限責任や組織の永続性といった、通常は会社法人のものと考えられる機能を、煩瑣な規制に服さず信託法理の応用によって実現し、かつ組合のように当事者間の合意のみによって組織化し、これを機動的に運営できる点にある。
　もっともビジネス・トラストは、企業組織としては会社または組合に通ずる性格を有しながらその本質を共有せず、しかも信託としては一般原則を多くの局面で修正する特殊な存在であり、従前それら既存の法分野の狭間に置かれ体系的な研究対象とはされてこなかった。したがって、19世紀末以降数多く現れた判例も、また20世紀の相当州に誕生した制定法も、充分な批判的な検証を受けて来てはいない。そこで、ビジネス・トラストの法律構成上最大の課題とされてきた受益者の責任を主題として、過去１世紀の両法源にわたる理論展開を統一的に解明しようと試みたのが本書である。序章に続きその目標は次の順序で追求される。
　第１章「ビジネス・トラストの起源」では、ビジネス・トラストの起こりを19世紀のマサチューセッツ州に叢生した信託法理に基づく任意団体に尋ね、当時の同州における制限的な法人政策および抑制的な組合解釈にその発生要因を探求する。本章において、ビジネス・トラストが会社法および組合法との対抗のなかで、企業組織法として独自の範疇を確

はしがき

立していった理由が明らかにされる。

　第2章「ビジネス・トラスト判例法における当事者責任論の形成」では、信託が企業組織として機能するためにその本来の責任構造をいかに修正したのかを、受託者、信託財産および受益者のそれぞれの責任について考究する。本章において、ビジネス・トラストが会社の責任構造を範とし、信託財産の実質的法主体性を実現させた理由が明らかにされる。

　第3章「ビジネス・トラストの受益者の責任を決する判例法則の展開」では、ビジネス・トラストにおける受益者責任決定基準を、適用法に則して3類型、すなわち組合法と信託法の選択的適用を行うマサチューセッツ法則、組合法の排他的適用を行うテキサス法則、および会社法の排他的適用を行うカンザス・ワシントン法則に分類したうえ、それぞれの利害調整機能を論究する。本章において、受益者責任を含むビジネス・トラストの法的構造につき、後に制定法が介入しなければならなかった理由が明らかにされる。

　第4章「制定法によるビジネス・トラストの制度化とその進展」では、20世紀初めに現れた第一期ビジネス・トラスト制定法、および20世紀半ばに現れた第二期ビジネス・トラスト制定法の法律構造の分析を通じて、ビジネス・トラストの制度化の段階的発展過程を論考する。本章において、ビジネス・トラスト制定法が会社法準用形式において発現した理由、およびそれが終局的立法形式たり得なかった理由が明らかにされる。

　第5章「ビジネス・トラスト制定法の新潮流」では、20世紀の終わりに現れた第三期ビジネス・トラスト制定法の法律構造の分析を通じて、現代における信託への要請と、企業組織立法におけるその発現態様を確認する。本章において、ビジネス・トラストが今次に至り組合とも法人とも異なる信託応用企業組織という制定法上の固有の地位を獲得した理由が明らかにされる。

　もとより以上の考察によっても、企業組織としてのビジネス・トラストの一端をなぞったことにしかならず、その実運用上の問題の解明についても他日に譲るほかない。しかし体系的な業績が極めて少ない分野であるだけに、小論のような基礎研究にもいささかの意義があればと願う。

はしがき

　イギリス会社法を学びはじめるとその底流に信託が横たわっていることを知り、さらに信託に純化し会社法人の機能を近似的に達成した企業形態がアメリカに発達しているとわかると、彼らの法感覚の鋭さにとらわれた。そんな研究の途についた頃を振り返りながら原稿を整理するうち、執筆当時に見逃していた点に気付くなどしたため、限られた時間のなかであったがこれを期に若干の加筆訂正を行った。それでも、著者の浅薄寡聞のためになお正確でない記述が含まれているかと思う。大方の御宥恕を請うものである。また、最終章には、近時の現象にかかる統一ビジネス・トラスト法草案を紹介する一節を加筆した。本来であれば成案が得られた後、その採択の行方までを見極めてから評価を加えるのが筋であるが、ビジネス・トラストの発展可能性は将来に開かれていることを示す必要があると考えたからである。

　本書は、著者が2003年の課程修了時に駒澤大学に提出し、博士（法学）の学位を授与された論文『ビジネス・トラスト法の研究』を公刊するものである。拙いながらも一冊の書に纏めることができたのは、恩師故関口雅夫教授をはじめ駒澤大学大学院の諸先生、坂田桂三教授をはじめ日本大学商事法研究会の諸先生、ならびに藤田勝利教授をはじめ関西企業法研究会の諸先生から、多年にわたって懇切な御教示と御叱正を頂いたお陰であり、ここに深謝の微衷を表する次第である。また、2004年度の日本私法学会および2006年度の信託法学会において与えられた研究報告の機会を通じて、学界および実際界の多くの方々から貴重な御批評を賜わったことも本書の糧となっており、衷心より感謝申し上げたい。

　なお、本研究のなるにあたっては社団法人信託協会より2000年度および2001年度信託研究奨励金を受け、本書のなるにあたっては財団法人全国銀行学術研究振興財団より2005年度研究成果刊行助成金を受けるという恩恵に浴した。上梓については信山社の今井貴氏に多大なご配慮を頂いた。記して各位に厚く御礼申し上げる。

2007年1月

工 藤 聡 一

目　次

はしがき

序　章 ……………………………………………………………… I

第1節　ビジネス・トラストの意義と機能 ……………………… I
第1項　ビジネス・トラストの意義　(1)
第2項　ビジネス・トラストの機能　(6)
第2節　ビジネス・トラスト法に関する先行研究業績 ………… 11
第1項　先行研究の概要　(11)
第2項　先行研究の到達点　(21)
第3節　ビジネス・トラスト法の研究課題 ……………………… 22
第1項　判例法の評価および制定法との架橋　(22)
第2項　本書の目的と構成　(23)

第1章　ビジネス・トラストの起源 ……………………………… 31

第1節　小　　序 …………………………………………………… 31
第2節　近代アメリカの経済状況 ………………………………… 33
第3節　制限的法人政策の諸相 …………………………………… 35
第1項　近代アメリカ法人政策の一般的傾向　(35)
第2項　設立特許主義　(37)
第3項　制限的権利能力主義　(39)
第4項　株主無限責任主義　(42)
第4節　抑制的組合解釈の諸相 …………………………………… 44
第1項　任意組合と有限組合　(45)
第2項　副次組合と利益参加基準　(48)
第3項　2つのアソシエーション形式　(51)
第5節　企業組織への信託法理の浸潤 …………………………… 57
第1項　設立証書による会社の経験　(57)

目　次

　　　第2項　ビジネス・トラストの萌芽　(60)
　第6節　小　　括 ……………………………………………… 62

第2章　ビジネス・トラスト判例法における
　　　　当事者責任論の形成 ……………………………………… 65

　第1節　小　　序 ……………………………………………… 65
　第2節　受託者の責任 ………………………………………… 66
　　　第1項　損失填補請求権　(67)
　　　第2項　責任制限明示特約　(68)
　第3節　信託財産の責任 ……………………………………… 70
　　　第1項　信託財産間接責任論　(70)
　　　第2項　信託財産直接責任論　(71)
　第4節　受益者の責任 ………………………………………… 72
　　　第1項　物的有限責任　(72)
　　　第2項　責任制限明示特約　(75)
　第5節　小　　括 ……………………………………………… 76

第3章　ビジネス・トラストの受益者の責任を
　　　　決する判例法則の展開 …………………………………… 79

　第1節　小　　序 ……………………………………………… 79
　第2節　受益者の責任を決する判例法則の生成 …………… 79
　第3節　マサチューセッツ法則 ……………………………… 81
　　　第1項　ウィリアムス事件　(82)
　　　第2項　結合の要素　(83)
　　　第3項　支配の要素　(85)
　　　第4項　マサチューセッツ法則の評価　(86)
　第4節　テキサス法則 ………………………………………… 88
　　　第1項　トンプソン事件　(89)
　　　第2項　ウェルス事件　(91)
　　　第3項　責任制限明示特約　(92)

第4項　テキサス法則の評価 (94)

第5節　カンザス・ワシントン法則 …………………………………95

　　第1項　準法人の理論 (95)

　　第2項　ホーム・ランバー・カンパニー事件 (97)

　　第3項　ラング事件 (101)

　　第4項　カンザス・ワシントン法則の評価 (103)

第6節　小　　括 …………………………………………………………104

第4章　制定法によるビジネス・トラストの制度化とその進展 …………………………………107

第1節　小　　序 …………………………………………………………107

第2節　第一期ビジネス・トラスト制定法 ………………………108

　　第1項　第一期制定法の概要 (108)

　　第2項　第一期制定法の評価 (110)

第3節　第二期ビジネス・トラスト制定法 ………………………113

　　第1項　ビジネス・トラストの連邦所得税法上の位置 (113)

　　第2項　第二期制定法の概要 (118)

　　第3項　受益者の責任を決する判例法則の克服 (124)

　　第4項　第二期制定法の評価 (129)

第4節　小　　括 …………………………………………………………131

第5章　ビジネス・トラスト制定法の新潮流 ……………135

第1節　小　　序 …………………………………………………………135

第2節　第三期ビジネス・トラスト制定法 ………………………139

　　第1項　第三期制定法の立法背景 (139)

　　第2項　第三期制定法の概要 (149)

　　第3項　第三期制定法の評価 (175)

第3節　統一ビジネス・トラスト法への道程 ……………………178

　　第1項　統一法の概要 (178)

　　第2項　統一法の評価 (185)

目　次

　　　第4節　小　　括 …………………………………………189

　　主要制定法目録　(i)
　　主要判例目録　(iv)
　　主要文献目録　(xiv)

序　章

第1節　ビジネス・トラストの意義と機能

第1項　ビジネス・トラストの意義

　ビジネス・トラストとは、成文の信託証書(deed of trust, trust instrument)[1]または信託宣言（declaration of trust）[2]に基づき、信託財産（trust property）上の受益権を表章する利益参加証券（certificate of participation）の所持人たる受益者（beneficiary）[3]のために、受託者（trustee）によって運営される法人格なき団体をいう[4]。企業管理者たる受託者が投資家たる受益者から資金

（1）　信託証書は他に、信託契約書（trust indenture）、信託合意書（trust agreement）などと呼ばれる。なお、信託の設定方法として、生存者間信託（*inter vivos* trust）と遺言信託（testamentary trust）という大きく二類型があり、そのいずれの場合にも原則として信託証書に基づき当事者間の法律関係が築かれる（J. DUKEMINIER *et al.*, WILLS, TRUSTS, AND ESTATES ch.8 sec.2 at 489 (7th ed. 2005).）という点では、一般信託とビジネス・トラストとでは違いがない。

（2）　生存者間信託の設定方法の一つに、委託者が同時に受託者となる、信託宣言がある。すなわち、信託設定者（settlor, trustor）が、自己の財産を事後は自己を受託者（trustee）とし第三者を受益者（beneficiary）とする信託財産として保有する旨意思表示するものである（A. W. SCOTT & W. F. FRATCHER, THE LAW OF TRUSTS § 17.1 at 226-227 (4th ed. 1987); DUKEMINIER, *Id.*; 海原文雄「信託宣言について」信託65号（1966年）20頁、木下毅「物権的取決めとしての信託設定―特に信託宣言の成立要件をめぐって―」信託研究奨励金論集3号（1987年）77頁）。なお、ビジネス・トラストに関しては、信託宣言に基づく法律関係そのものを指して信託宣言と呼ぶことがある他（FLA. STAT. § 609.01; MINN. STAT. § 318.01.）、信託宣言と称して、信託の設定書面ないし設置文書を指すこともある（ALA. CODE § 19-3-64; ARK. CODE ANN. § 4-31-402(b)1; ARIZ. REV. STAT. § 10-1874.A(1); 能見善久『現代信託法』(有斐閣・2004年)17頁参照)。

（3）　受益者は他に、証券所持人（certificate holder）、持分権者（shareholder）、受益権者（beneficial owner）、信託受益者（*cestui que* trust）等と呼ばれる。

（4）　R. R. STEVENS, HANDBOOK ON THE LAW OF PRIVATE CORPORATIONS 22 (2nd ed. 1949); Rosenbalm, *The Massachusetts Trust*, 31 TENN. L. REV. 471 (1964); C. ROHRLICH, ORGANIZING CORPORATE AND OTHER BUSINESS ENTERPRISES 199 (4th ed. 1967); Annot., *Modern Status of the Massachusetts or Business Trust*, 88 A.L.R.3d 704, 711 (1978); H. G. HENN & J. R. ALEXANDER, THE LAWS OF CORPORATIONS AND OTHER BUSINESS ENTERPRISES

を募り、これを信託財産として自己に帰属させて営利活動を行い、獲得された利益を受益者に分配するという、会社類似の機能を備える信託である[5]。

信託は元来、委託者 (settlor, trustor) が受託者に財産の名義を移転し、同時にこれを一定の目的に従い受益者のため管理処分すべき拘束を加えることにより成立する三極構造の法律関係である[6]。信託設定は委託者受託者間で成立するが、受託者の行う財産の管理処分は委託者本人のためではなく、委託関係に対する第三者である受益者の利益を目的としてなされる。しかも受託者には高度の信認義務 (fiduciary duty) が課されることから、たとえば贈与や法定相続によらない財産移転の目的が達せられる。これが歴史的な信託の原型であって、一般に他益信託として知られるものである[7]。しかし信託は、委託者の意思を体現しその構造を柔軟に変化させることができるという特性を有する。委託者は自己を受益者または受託者に指定し信託を二極構造に構成することがあり、これは往々にして営利または利殖の目的に利用される[8]。この信託の発展型を、一般に自益信託と呼ぶ。ビジネス・トラストは、自益信託が多数当事者間の利害関係を統一的に処理する企業組織にまで高め

117 (3rd ed. 1983); G. G. BOGERT & G. T. BOGERT, THE LAW OF TRUSTS AND TRUSTEES, § 247, at 164 (rev. 2nd 1992); Mazie & Habbart, *Introduction to the Business Trust*, BUSINESS TRUSTS—A PRIMER (AMERICAN BAR ASSOCIATION, SECTION OF BUSINESS LAW, 1995 ANNUAL MEETING MATERIAL) 1 (1995); Habbart & Mullen, *The Basics of Statutory Business Trusts*, USES OF BUSINESS TRUSTS: CURRENT DEVELOPMENTS (AMERICAN BAR ASSOCIATION, SECTION OF BUSINESS LAW, 1998 ANNUAL MEETING MATERIAL) 1 (1998); 大阪谷公雄「ビジネストラストの諸問題(その1)」信託15号（1953年）10頁、小島昌太郎「企業形態としての事業信託」（神戸商科大学）商大論集17号（1956年）1頁、海原文雄「ビジネストラストの法的地位」信託59号（1964年）2頁。営利の目的を有せず受益権が証券に表章されることもない場合は、ビジネス・トラストに当たらない (Denmark Cheese Ass'n v. Hazard Advertising Co., 33 App.Div.2d 761, 305 N.Y.S.2d 1019 (1969); Formula One Const. Ass'n v. Watkins Glen Grand Prix Corp., 110 Misc.2d 247, 441 N.Y.S.2d 864 (1981).)。

(5) Williams v. City of Boston, 208 Mass. 497, 94 N.E. 808 (1911). Riverside Memorial Mausoleum v. UMET Trust, 32 Pa. D. & C.3d 472 (1980) は、ビジネス・トラストとは当事者自らが会社法をつくるという形式の企業形態であると表現している。

(6) Thulin, *A Survey of the Business Trust*, 16 ILL. L. REV. 372 (1922); 海原文雄『英米信託法概論』（有信堂・1998年）1－2頁。

(7) 四宮和夫『信託法（新版）』（有斐閣・1989年）7－8頁。

(8) 能見善久「信託の現代的機能と信託法理」ジュリスト1164号（1999年）12－18頁。

られたものに他ならない⁽⁹⁾。

　ビジネス・トラストはアメリカに特異な発達をみた法形態であり、その起源は19世紀のマサチューセッツ州に起こった任意組織に求められる。すなわち通説によれば、当時の同州一般会社法が不動産取得を目的とする法人の設立を許さなかったことから、受託者は多数の投資家から資金の委託を受け土地取引に従事することで、その目的を達したとされるのである⁽¹⁰⁾。このためビジネス・トラストは、同州の判例法上展開した制度としてマサチュー

（9）　本来的意義の信託宣言は自益信託を構成しないが、ビジネス・トラスト実務において通常用いられる信託設定書面としての信託宣言は、「下名受託者および本信託の受益権を表章する証券の所持人間で信託を設定する」との文言から始まるのが通例である (Declarations and Articles of Business Trusts, 3 AM. JUR. LEGAL FORMS ANN. § 3:1 (1953); P. LIEBERMAN, Business Trusts, BUSINESS ORGANIZATIONS WITH TAX ANALYSIS, 5 WEST'S LEGAL FORMS, Div. 14, § 98. 1 at 595 (rev. 2nd ed. 1991); Model Form of Declaration of Trust, 2-VII MASSACHUSETTS CORPORATE FORMS 7.1.1 (2004).)。この場合、信託財産となるのは投資家たる受益者によって拠出された資金であり、ビジネス・トラストも自益信託としての実質を有することになる。そこでの信託宣言の核心は、以後受託者が信託財産を受益者の利益のために所有するという信託目的の宣明にあるわけである。受益者からの財産移転がある前に信託を成立させ、信託事業の内容、受託者および受益者の権利義務といった信託事項を確定しておくために採られる手法である。

(10)　Mass. House Legislative Doc. No. 1646, at 12 (1912); J. H. SEARS, TRUST ESTATES AS BUSINESS COMPANIES 357-361 (2nd ed. 1921); Scott, The Trust as an Instrument of Law Reform, 31 YALE L. J. 467 (1922); C. S. TIPPETTS & S. LIVERMORE, BUSINESS ORGANIZATION AND PUBLIC CONTROL, ch. X, at 248 (2nd ed. 1941); J. A. CRANE, HANDBOOK ON THE LAW OF PARTNERSHIP AND OTHER UNINCORPORATED ASSOCIATIONS § 33 at 41 (2nd ed. 1952); Page, Jr., Massachusetts Real Estate Syndication, 43 BOSTON U. L. REV. 508 (1963); Habbart & Mullen, supra note 4, at 1; 海原文雄「ビジネス・トラスト―アメリカにおける法人格なき企業団体」国際商事法務2巻5号 (1974年)、浅野裕司「米国における信託法の発展について」（東洋大学）比較法23号 (1986年) 60頁。生成の経緯は本書第1章第1節 (31頁以下) 参照。

　なお、諸外国におけるビジネス・トラストの継受例として、オーストラリア (§ 53 AD, Corp. Act 2001, Act 50 of 2001)、イギリス領バミューダ (Bermuda, Segregated Accounts Companies Act, 2000; 吉澤卓哉「保護セル保険会社に関するバミューダの一般法律―ビジネス・トラスト構造と受益的所有者の責任―」経済学研究（九州大学）67巻6号 (2001年) 51-72頁)、カナダ (Cullity, Legal Issues Arising out of the Use of Business Trusts in Canada, (T. G. YOUDAN ed.) EQUITY, FIDUCIAIES AND TRUSTS 181-204 (1989); 神田秀樹・折原誠訳「カナダにおけるビジネス・トラストの利用から生じる法的諸問題」信託186号 (1996年) 61-76頁)、リヒテンシュタイン (Art. 932a, §§ 1-170 PGR, 1928; 伊藤典夫『欧州諸国における信託制度』（トラスト60・1988年）187-192頁)、およびシンガポール (Cap. 31A, Singapore Stat. 2004) を指摘することができる。

序　章

セッツ・トラスト（Massachusetts trust）とも呼ばれる[11]。

　この後ビジネス・トラストは、広く事業遂行の手段として全米に伝播し種々の分野で用いられた[12]。ただし、その発展過程は必ずしも順調ではな

(11) Annot., *supra* note 4, §1 at 710. 判例法上のビジネス・トラストの通称としてのみならず、ビジネス・トラストの制定法上の呼称としてこれが採用される例もある（WASH. REV. STAT. § 23.90.020.）。

(12) 公益企業の分野での利用例もあるが（Comm'r v. City of Springfield, 321 Mass. 31, 71 N.E.2d 593（1947）; MASS. GEN. LAWS ANN. § 182-3.）、通常は一般営利事業の遂行手段として用いられた。以下のとおり、裁判の俎上に載ったものだけでも、その用途がかなりの広範囲にわたったことがわかる。石油・天然ガス・石炭採掘権管理および同資源開発（Marchulonis v. Adams, 97 W.Va. 517, 125 S.E. 340（1924）; Oil Fields Corp. v. Dashko, 173 Ark. 533, 294 S.W. 25（1927）; Cochrane v. Forbes, 265 Mass. 249, 163 N.E. 848（1928）; Nedeau v. United Petroleum, 251 Mich. 673, 232 N.W. 202（1930）; Helvering v. Combs, 296 U.S. 365（1935）; Wichita Royalty Co. v. City Nat'l Bank of Wichita, 127 Tex. 158, 89 S.W.2d 394（1935）; McNeal v. Hauser, 202 Okla. 329, 213 P.2d 559（1949）; Farrar v. Hood, 56 N.M. 724, 249 P.2d 759（1952）; Peoples Bank v. D'Lo Royalties Inc., 235 So.2d 257（Miss. 1970）.）、綿織物製造（Baker-McGrew Co. v. Union Seed & Fertilizer Co., 125 Ark. 146, 188 S.W. 571（1916）.）、石油精製（Betts v. Hackathorn, 159 Ark. 621, 252 S.W. 602（1924）.）、ガラス製品製造（Digney v. Blanchard, 226 Mass. 335, 115 N.E. 424（1917）; McCarthy v. Parker, 243 Mass. 465, 138 N.E. 8（1923）.）、製靴機械製造リース（Hoadley v. Essex County Comm'rs, 105 Mass. 519（1870）.）、雑貨販売（Wells-Stone Mercantile Co. v. Glover, 7 N.D. 460, 75 N.W. 911（1898）; Horgan v. Morgan, 233 Mass. 381, 124 N.E. 32（1919）.）、酒類販売（Breck v. Barney, 183 Mass. 133, 66 N.E. 643（1903）.）、証券投資信託（King v. Commonwealth, 197 Ky. 128, 246 S.W. 162, 27 A.L.R. 1159（1922）; Coolidge v. Old Colony Trust Co., 259 Mass. 515, 156 N.E. 701（1927）; Rottenberg v. Pfeiffer, 86 Misc.2d 556, 383 N.Y.S.2d 189（1976）; Shapiro v. Chicago Title & Trust Co., 328 Ill.App. 650, 66 N.E.2d 731（1946）.）、不動産投資信託（Greenspun v. Lindley, 36 N.Y.2d 473, 330 N.E.2d 79（1975）; Pacific Am. Realty Trust v. Lonctot, 62 Wash.2d 91, 381 P.2d 123（1963）; Pacific Realty Trust v. APC Invest., Inc., 590 Ore.App. 425（1982）.）、特許権管理（Mayo v. Moritz, 151 Mass. 481, 24 N.E. 1083（1890）.）、不動産開発（Hart v. Saymour, 147 Ill. 598, 35 N.E. 246（1893）; Philip Carey Co. v. Pingree, 223 Mass. 352, 111 N.E. 857（1916）; Sleeper v. Park, 232 Mass. 292, 122 N.E. 315（1919）, Baker v. Comm'rs, 253 Mass. 130, 148 N.E. 593（1925）; Gutelius v. Stanbon, 39 F.2d 621（D. Mass. 1930）; Beilin v. Krenn & Dato Inc., 350 Ill. 284, 183 N.E. 330（1932）; Ballentine v. Eaton, 297 Mass. 389, 8 N.E.2d 808（1937）; Richardson v. Clarke, 372 Mass. 859, 364 N.E.2d 804（1977）.）、ホテル経営（Ashley v. Winkley, 209 Mass. 509, 95 N.E. 932（1911）.）、アパート経営（Swanson v. Comm'r, 76 F.2d 651（1935）, *aff'd*, 296 U.S. 362, 56 S.Ct. 283（1935）.）、カジノ経営（Great Bay Hotel & Casino, Inc. v. Atlantic City, 264 N.J.Supr. 213, 624 P.2d 102（1993）.）、墓地管理（Plymouth Securities v. Johnson, 335 S.W.2d 142（Mo. 1960）; New York Casualty Co. v. Day, 185 Okla. 581, 95 P.2d 95（1939）.）、鉄道（Darling v. Buddy, 318 Mo. 784, 1 S.W.2d 163（1928）.）、出版（Review Printing & Stationary Co. v. McCoy,

4

かった(13)。厳格な規制や税負担に従わずして会社法人と同等の効用を得られる点に着目され、1910年代から1920年代にかけて利用が急拡大したものの、その後大恐慌の影響で営利活動が低調となり、しかも連邦最高裁判所の判断(14)によって従来の課税方針が変更され法人税を課されることとなったことなどから、1930年代を境に衰退に転じた。次いで、内国歳入法における政策的な免税措置を受けるようになり、1940年代に証券投資信託として、1960年代には不動産投資信託として復活したが(15)、以後暫くは事実上これらに用途が限られた。1980年代以降は、構造上の柔軟性と運営上の融通性とが評価され、資産証券化媒体として活発な利用をみているが(16)、他面、会社法の任意法規化の進展と、リミテッド・ライアビリティー・カンパニーを代表とする非法人企業組織の発達の前に、その一般営利事業における利用はますます限定的なものとなっている(17)。

---

276 Ill.App. 580, 10 N.E.2d 506（1934）.）。
(13) 永らく公的監督と無関係にあったビジネス・トラストが、アメリカ全体でこれまでどの程度の数設立され実際に活動したのかを示す確たる史料はない。しかし、合衆国判例体系（National Reporter System）には多くの関連事件が報告されており、1922年には、同判例要旨索引（American Digest System）に「ジョイント・ストック・カンパニーおよびビジネス・トラスト（Joint-stock companies and business trusts）」の項目が設けられている。ここに採録された事件数を手掛かりに、その利用のおおまか傾向を測ることは許されるであろう。すなわち、ビジネス・トラスト関連事件は、1910年代49件、1920年代98件、1930年230件、1940年代122件、1950年代82件、1960年代19件、1970年代46件、1980年代41件、1990年代27件と推移しており、大恐慌後の混乱に翻弄され、さらには合衆国最高裁判所判決により税制上の特典を剥奪される1930年代中頃まで、ビジネス・トラストの利用が著しく高揚したことが窺われる。1960年代を底として再び紛争が増しているのは、内国歳入法が証券投資や不動産投資に関し組織される信託に税制上の優遇を与えた影響で、証券投資信託や不動産投資信託といった亜流形態において、ビジネス・トラストが再び活発な活動をみた証左である。
(14) Morrisey v. Comm'r, 296 U.S. 344, 56 S.Ct. 289（1935）. 本書第4章第3節（113頁以下）参照。
(15) 26 U.S.C.A. §§ 856-857; Jones, *The Massachusetts Business Trust and Registered Investment Companies*, (T. G. YOUDAN ed.) EQUITY, FIDUCIARIES AND TRUSTS 161 (1989); Schorfeld, *Organization of a Mutual Find*, 49 BUS. LAW. 114 (1993). 本書第4章第3節（117頁）参照。
(16) Fenton & Mazie, *Delaware Business Trusts*, (R. F. BALLOTI & J. A. FINKELSTEIN eds.) THE DELAWARE LAW OF CORPORATIONS AND BUSINESS ORGANIZATIONS 19-2 (3ed ed. 1999 Supp.); Langbein, *The Secret Life of the Trust*, 107 YALE L. J. 165 (1997); DUKEMINIER, *supra* note 1, at 497.

序　章

　法源に関していえば、ビジネス・トラストは、元々判例法を母体とする任意組織に過ぎず公的規制とも制定法による監督とも無縁の存在であった。しかし活動の拡大に比例して紛争を生じ諸種の法的課題が顕在化すると、漸次州判例法の規律に服していくこととなり、近年では積極的な州制定法の関与によって制度化されるに至っている(18)。この流れを捉えて、2003年からは、統一州法委員全国会議（National Conference of Commissioners on Uniform State Laws, NCCUSL）において、統一ビジネス・トラスト法（Uniform Statutory Trust Entity Act, USTEA）に向けた議論も行われている(19)。ビジネス・トラストは、沿革的に制定法による授権を要しなかったことから、判例法上のビジネス・トラストまたはコモン・ロー・トラスト（common-law business trust）と呼ばれてきたが(20)、上述のように制定法に包摂された段階では、これを制定法上のビジネス・トラストまたはスタテュートリ・トラスト（statutory business trust）と呼ぶのが一般的である(21)。

　第2項　ビジネス・トラストの機能

（1）　判例法上のビジネス・トラスト

　アメリカ法が伝統的に承認してきた企業組織形態としては、第一に、州の権限授与に基づく会社法人（incorporated company, business corporation）、第二に、当事者間の契約に基づく組合（co-partnership, partnership）がある(22)。前者は、一人またはそれ以上の出資者（株主）が経営者（取締役）を選任しこれ

---

(17)　Frankel, *The Delaware Business Trust Act: Failure as the New Corporate Law*, 23 Cardozo L. Rev. 326 (2001).

(18)　1988年のデラウェア・ビジネス・トラスト法（Del. Code Ann. tit. 12, § 3801 *et seq.*) がその嚆矢である。

(19)　2006年12月現在、第五次草案が公表されている（http://www.law.upenn.edu/bll/ulc/ubta/dec2006mtgdraft.htm (visited Dec. 1, 2006)）。

(20)　信託は厳密にいえばエクイティの所産であるが、ここではより抽象的に非制定法的所産の意でコモン・ローの語が当てられている。

(21)　Conn. Gen. Stat. § 34-500; Del. Code Ann. tit. 12, § 3801; Wyo. Stat. § 17-23-101; Dukeminier, *supra* note 1, ch.8 sec.4 at 497; Habbart & Mullen, *supra* note 1, at 1; Sitkoff, *Trust as Uncorporation: A Research Agenda*, 2005 U. Ill. L. Rev. 31 (2005).

(22)　W. R. Spriegel, Principles of Business Organization and Operation ch. 4 at 33-39 (3ed ed. 1960); L. E. Ribstein & P. V. Letsou, Business Associations § 1.04 at 9 (3rd ed. 1996).

に企業財産を法的に拘束する代表権を与えて管理経営を委ねる、州の授権に基づく独立の法主体である。後者は、各々代理人として対外的に契約を締結する権限を与えられた自然人（組合員）が二人またはそれ以上で連携し共同で事業を行う、契約に基づく任意関係である。これに対してビジネス・トラストは、会社の基本構造としての、出資者兼利益享受者たる株主、経営者たる取締役、そして企業財産たる資本という三極を、信託法上の受益者、受託者、信託財産という関係に再構築するものであり、機能において会社に近似するが法人格を有せず、しかも組合契約とも性質を異にする、第三の企業組織形態である。

　歴史が物語るように、一般営利企業組織としての会社法人の優越的地位は揺るがないが、これには歓迎されざる面もみられる。構造から運営の細部に至るまで法規制の対象となり、高度に定型化様式化されるため、手続の複雑さにより意思決定における機動性が妨げられ、しかも法人税および事業税等の賦課により費用最小化が害されるといったことである。たとえば所有と経営とが一致した中小事業者、あるいは資金の効率的運用を強く要請される投資事業者が望むのは、これとは異なる構造上・運営上の柔軟性を持つ組織であろう。この点通常の組合は、組合員間の契約のみで成立しその運営上の規制も小さいが、出資者たる共同経営者が自ら事業をなすために資源的限界を生じやすく、しかも組合員の無限責任という性質を有するために大規模な企業経営には適しない。ここにビジネス・トラストが発生する余地があったわけである。

　まずもってビジネス・トラストという仕組を合法的な機構として承認し、企業組織に昇華させたのは判例法である。Rohrlich に従えば[23]、判例法上のビジネス・トラスト（common-law business trust）を選択しその法的基盤を信託に求めるとき、企業は以下の機能を有することになる。第一に、組織の永続性が実現される。受託者の死亡に至るまで信託を存続せしめ、かつ受託者に欠員を生じた場合には残余の受託者または受益者が新任受託者を選任し得る旨信託証書に定めることによって、構成員の死亡をその解散事由とするこ

---

(23) ROHRLICH, *supra* note 4, § 4.45 at 199-201; 福井喬「ビジネストラストにおける有限責任の問題」島根大学論集（社会科学）4号（1958年）22-23頁。

となく、組織としての永久存続性を確保することができるというものである⁽²⁴⁾。第二に、企業の単一性が実現される。ビジネス・トラストは本来構成員から独立した法的存在、つまり法人格を有しないにもかかわらず、通常一つの商号の下に目的財産を運用し、信託財産の権原を有する受託者の人格を通じて企業の実質的な単一性を備えることができるというものである⁽²⁵⁾。第三に、企業経営の継続性と独立性とを高めることができる。会社では経営管理は取締役会に委ねられるが、その構成員たる取締役は株主総会を通じて選任され、しかも組織の基礎的変更をはじめ重要事項については株主が意思決定権限を留保する。これに対してビジネス・トラストにあっては、信託財産は受託者の名義に帰し、受託者は他による干渉を受けずに継続的かつ独立した経営を行うことができるというものである⁽²⁶⁾。第四に、信託証書におい

---

(24) 初期の判例によれば、ビジネス・トラストには、信託創設当時の受益者の全員の死亡から21年を超えて拘束される未確定の信託上の権利を無効とする、一般信託法の永久権禁止則（rule against perpetuities）の適用があるものとされていた（Windsor v. Mills, 157 Mass. 362, 32 N.E. 352 (1892).）。しかしその後は、Howe v. Morse, 174 Mass. 491, 55 N.E. 213 (1899) を根拠に、これを否定する実務が確立された。信託財産は団体目的のため拘束されるものの、構成員たる資格が受益証券の譲渡により確定的に変更され得ることで足るものと解したのである（Hart v. Seymour, 147 Ill. 598, 35 N.E. 246 (1893); Reffan Realty Corp. v. Adams Land & Building Co., 128 Md. 656, 98 A. 201 (1916); Baker v. Stern, 194 Wis. 233, 216 N.W. 147 (1927); Hemrick v. Bryan, 21 F. Supp. 392 (1937); *Wilgus, Corporations and Express Trusts as Business Organizations*, 13 MICH. L. REV. 220 (1915); G. A. THOMPSON, BUSINESS TRUSTS AS SUBSTITUTES FOR BUSINESS CORPORATIONS § 9 at 15 (1920); Whiteside, *Restrictions on the Duration of Business Trusts*, 9 CORNELL L. Q. 422, 432-434 (1924); Brown, *Common Law Trusts as Business Enterprises*, 3 IND. L. J. 607 (1928); Note, *Trusts for Unincorporated Associations—Legal Entity and Perpetuity*, 35 VA. L. REV. 1085 (1949); Barrett & DeValpine, *Taxation of Business Trusts and Other Unincorporated Massachusetts Entities with Transferable Shares*, 40 BOSTON U. L. REV. 331 (1960).）。したがってビジネス・トラストは、信託証書に存続期間を明記するか（Adams v. Swig, 234 Mass. 584, 125 N.E. 857 (1920).）、または信託の存続期間を確定せずもしくは信託が終了する時期を表示しないことができる（Hart v. Seymour, 147 Ill. 598, 35 N.E. 246 (1893); Baker v. Stern, 194 Wis. 233, 216 N.W. 147, 58 A.L.R. 462 (1927).）。

(25) Beilin v. Krenn & Dato, 350 Ill. 284, 183 N.E. 330 (1932); Hamilton v. Young, 116 Kan. 128, 225 P. 1045, 35 A.L.R. 496 (1924); Rand v. Farquhar, 226 Mass. 91, 115 N.E. 286 (1917); Hodgkiss v. Northland Petroleum Consol., 104 Mont. 328, 67 P.2d 811 (1937); General Am. Oil Co. v. Wagoner Oil & Gas Co., 118 Okla. 183, 247 P. 99 (1925); Schwartz v. Abbot Mortors, Inc., 344 Mass. 28, 181 N.E.2d 334 (1962); THOMPSON, *Id.*

て受益権の譲渡を認め、これを表章する流通証券（negotiable instrument）を転々流通させることで、資本の集中をなすことができる[27]。会社法上の授権資本の概念に相当する量的制約は存せず、しかも定款変更や株主の承認といった手続も要しないために機動的な自己資金調達が可能となるというものである[28]。第五に、会社形態を採る場合に比べて、税の負担を軽減することができる。会社は企業体段階で法人所得税や事業税が課されるが、ビジネス・トラストは法人格なき団体としてそれらを免れるというものである[29]。そして第六に、構成員の有限責任を実現することができる[30]。受益者が信託の運営上受託者によって負担された債務から隔絶されるという信託の法律効果を利用することで、法人規制に服することなく、有限責任を達成するというものである。ただしその認定要件については争いがある[31]。

ビジネス・トラストが備えるこうした性質は、あるときは会社法人にならい、あるときは組合に学び得るという、信託法理の応用による法的構成上の融通性に負うものといえる。

(2) 制定法上のビジネス・トラスト

ビジネス・トラストの妙味は、当事者間の合意のみで成立し組織内容を柔軟に定め得るという信託の特性を利用して、厳格な規制に服さずに法人の機能に接近し得るという点にある。しかしながら、多くの対外的関係を生じ法的安定が強く求められる企業組織では、構造上の柔軟性が反面法的内容の不明確性として消極的に発現することは避けられない。そのためビジネス・トラストについては、その利用範囲の拡大に照応して、法人や組合といった隣接概念との混同、責任関係や訴訟当事者関係の交錯等、諸種の法的課題が顕

---

(26) HENN & ALEXANDER, *supra* note 4, at 121.
(27) Peoples Bank v. D' Lo Royalties, Inc., 235 So.2d 257 (Miss. 1970); Annot., *Massachusetts or Business Trusts*, 156 A.L.R. 93 (1945).
(28) THOMPSON, *supra* note 24, § 9 at 14.
(29) Phillips v. Blatchford, 137 Mass. 510 (1884). ビジネス・トラストの連邦所得税法上の位置付けについては、本書第4章第3節（113頁以下）参照。
(30) THOMPSON, *supra* note 24, § 13 at 28; 北沢正啓「英米株式会社法の相違点」商事法務研究153号（1959年）13頁。
(31) 本書第3章第3節（81頁以下）参照。

らかとなり、20世紀に入ると諸州で判例法の形成をみ、さらには制定法に包摂されるという経過を辿った。

　企業組織に関する規律は州の個別の対応にかかるものであるが、諸州の立法においてビジネス・トラストの制度化が進行する過程には、大きく三つの段階を認めることができる。第一期は1909年のマサチューセッツ州法[32]に始まるもので、組織の実体面については任意団体としての融通性を維持しながら、法律手続上の不便宜性に対処するために信託を訴訟主体として承認するという立法であった。第二期は1959年のワシントン州法[33]に始まるもので、前段階では手付かずの当事者の責任関係等の組織面についての脆弱性を払拭するため、会社法の類推適用ないし準用によって、法人規制の亜流にビジネス・トラスト制度化するという立法であった。もっとも、定型性の高い会社法規制に服せしめられ、その結果組織の法的内容が画一化されれば、信託の法人に対する優位は失われたに等しい。制定法に基づく独自の範疇の形成は、この後の階梯として現れることになる。すなわち1988年のデラウェア州法[34]に始まる第三期立法は、前段階までの反省に立ち、ビジネス・トラスト元来の法的構造の柔軟性を信託法の領域で復活させるとともに、授権法 (enabling act) の手法をもってこれに広範な授権を行い、同時に当事者間の合意を制定法規定に優先させるいわゆる任意法規（default rule）の形式をとって、組織の確実性と柔軟性とを両立させているのである。

　こうして制度化された制定法上のビジネス・トラスト、すなわちスタテュートリ・トラスト (statutory business trust) は、信託の法主体性 (legal entity status) の承認という、判例法上のそれとは異なる法理論的裏付けを与えられている。信託財産はもはや受託者の従物ではなく、委託者からも受益者からも分離独立して把握されるのは当然のこと、信託それ自体が権利義務の帰属点とされる。判例法上のビジネス・トラストにおいて、信託財産は実質的法主体としての性質を強くしていくものの、信託財産の名義はあくまで受託者に帰し、その人格に依存した擬似単一性が認められるに過ぎなかったことと

---

(32) Mass. Gen. Laws, §§ 182-1 to 182-14. 本書第4章第2節（108頁以下）参照。
(33) Wash. Rev. Code, §§ 23.90.010 to 23.90.900. 本書第4章第3節（113頁以下）参照。
(34) Del. Code Ann., tit. 12, §§ 3801 to 3862. 本書第5章第2節（149頁以下）参照。

対照をなす。

　このようにスタテュートリ・トラストは、判例上形成されたビジネス・トラストの法準則を単に体系化した産物ではない。現代の実務に適合するものはこれを確認する一方、現代の取引において不利とみなされるものはこれを改めて、企業組織としての内容を一新しているのである(35)。

第2節　ビジネス・トラスト法に関する先行研究業績

第1項　先行研究の概要

(1)　アメリカにおける研究業績

　ビジネス・トラストは、企業形態としては会社または組合に通ずる構造を持ちながらその本質を共有せず、しかも信託としては一般原則を多くの局面で修正する特異な存在である。したがってこれに内在する法的課題は少なくないが、発生国アメリカでも体系的な研究の対象とされてきたとものはいい難い。会社法や組合法に関する研究の層の厚さに比して、ビジネス・トラストへの関心は著しく薄弱なものである。ビジネス・トラストの簇生の一因となった厳格な法人規制が漸次緩和されていく一方、最大の利点であった法人税の適用除外という特典が失われるなど、法制度および経済環境の度重なる変化により順調な発展をみなかったため、展開に則した一貫した研究の主題になり難かったものと考えられる(36)。それでも約一世紀の間に150余りの研究成果が著されており、それらには概ね以下のような意義を認めることができる。

　はじめての単行書は、1912年に公刊されたChandler(37)による立法予備調査記録である。20世紀初頭のマサチューセッツにおいて、持株会社の実質を持つ信託が、ガス灯、軌道車両といった公益企業を傘下に収め影響力を行

---

(35)　本書第5章第1節（138頁）参照。
(36)　A. B. LEVY, PRIVATE COROPORATIONS AND THEIR CONTROL, vol.2, at 327 (1950); H. G. REUSCHREIN & W. A. GREGORY, THE LAW OF AGENCY AND PARTNERSHIPS 495 (2nd ed. 1990).
(37)　A. D. CHANDLER, EXPRESS TRUSTS UNDER THE COMMON LAW (1912).

使しはじめたことから、その規制のあり方を検討するために特別委員会が州政府によって組織された。前述のとおり、1909年、ビジネス・トラストに初めて公的規制が及ぶことになるのであるが[38]、立法を基礎付けるために、少なくとも同州の同時点までの判例について網羅的な検証をなした本書は、画期的な業績と位置付けられる。

　その他、研究書と呼び得る業績は、いずれも1920年代に発表されたThompson[39]、Sears[40]、Dunn[41]、Wrightington[42]およびWarren[43]の手になる5点に限られる。この時期すでに信託当事者責任の不明確性、永久権禁止則の適用の肯否など、ビジネス・トラストの法的課題の多くは明確に認識されており、後の研究がこれらの業績において示された判例法の理解の上に構築されたことは疑いない。たとえばThompsonは、当時主要な論点となりつつあった受益者の有限責任に関し、いわゆるマサチューセッツ法則の存在を指摘し、その理論構成を緻密に分析していた[44]。もっともそれは初期の判例のみを素材とするために、マサチューセッツ法則に対峙して後に大きく展開したテキサス法則については考慮の対象に含め得ないという決定的な時間的制約を負っていた。他の4点は、最後のWarrenによるもの以外、実務家が実際的な要請に基づいて著した手引書の意味合いが強く、信託証書の立案のための解説作業が主な内容を占めた。信託応用企業の法構造の学理的解明という目的を有してはいなかったわけである。しかし、1930年代にかけて急拡大したビジネス・トラストの運用を理論的に支えたのは、こうした著作の指導力であったということが許されるであろう。なお、Warrenの著作は、法人格を利用せずに会社の効用を近似的に達成するための、包括的な法理論研究をなすもので、ビジネス・トラストはその終局形象と位置付けられている。

---

(38)　Mass. Gen. Laws c. 182. 本書第4章第2節（108頁）参照。

(39)　G. A. Thompson, Business Trusts as Substitutes for Business Corporations (1920).

(40)　J. H. Sears, Trust Estates as Business Companies (2nd ed. 1921).

(41)　W. C. Dunn, Trusts for Business Purposes (1922).

(42)　S. R. Wrightington, The Law of Unincorporated Associations and Business Trusts (1923).

(43)　E. H. Warren, Corporate Advantages Without Incorporation (1929).

(44)　Thompson, *supra* note 24, §13 at 28-32. マサチューセッツ法則については、本書第3章第3節（81頁以下）参照。

その後ビジネス・トラストに大きな関心を払ったのは、判例注釈書である。American Law Reports[45]、American Jurisprudence[46]、Corpus Juris Secundum[47]の各判例法体系における事例分析が充実をみたのみならず、Fletcher[48]の会社法大全やBogert & Bogert[49]の信託法体系における該当項目も相当の密度を有するに至った。Cavitch[50]の著作はこれらに準ずるものである。このうちたとえばBogert & Bogertは、事業目的、受益者の責任、受託者の責任、受益証券、訴訟手続、存続期間、抵触法、州証券法といった多岐にわたる問題を網羅的に考察しており、ビジネス・トラストの企業組織法としての全体像を捉える最も完成された解説書である。ただし、それは主として判例法の体系化を狙ったものであり、制定法については極めて限られた内容を持つに過ぎないという憾みがある。

会社法または組合法に関する概説書の中にも、ビジネス・トラストへの言及がみられる。古くはTippetts & Livermore[51]、その後のCrane[52]、Rohrlich[53]、Henn & Alexander[54]から近時のReuschlein & Gregory[55]に至るま

---

(45) Annot., *Massachusetts or Business Trusts*, 156 A.L.R. 22-231(1945); Annot., *Modern Status of the Massachusetts or Business Trust*, 88 A.L.R.3d 704-788 (1978).
(46) Annot., *Business Trusts*, 13 AM.JUR.2d 371-468 (1964 & Cumul. Supp. 1997); Annot., *Business Trusts*, 13 AM.JUR.2d 235-315 (2000).
(47) Annot., *Business Trusts*, 12A C.J.S. 492-553 (1980).
(48) W. M. FLETCHER, 16A CYCLOPEDIA OF THE LAW OF PRIVATE CORPORATIONS ch. 66 §§ 8227-8274 at 481-586 (parm. ed. 1983 & rev. vol. 1995).
(49) G. G. BOGERT & G. T. BOGERT, THE LAW OF TRUSTS AND TRUSTEES ch. 14 § 247, at 154-321 (1921, 2nd 1960 & rev. 2nd 1992). 同邦訳として、ボガート（木下毅監訳）「ビジネス・トラスト―『信託と受託者』」信託170号（1991年）67-86頁。
(50) Z. CAVITCH, BUSINESS ORGANIZATIONS ch. 43, §§ 43.01-43.26 (1970).
(51) C. S. TIPPETTS & S. LIVERMORE, BUSINESS ORGANIZATION AND CONTROL, ch. VI, at 112-141 (1932); C. S. TIPPETTS & S. LIVERMORE, BUSINESS ORGANIZATION AND PUBLIC CONTROL, ch. X, at 231-252 (2nd ed. 1941).
(52) J. A. CRANE, HANDBOOK ON THE LAW OF PARTNERSHIP AND OTHER UNINCORPORATED ASSOCIATIONS § 33 at 140-156 (1952).
(53) C. ROHRLICH, ORGANIZING CORPORATE AND OTHER BUSINESS ENTERPRISES 177-216 (4th ed. 1967).
(54) H. G. HENN & J. R. ALEXANDER, LAWS OF CORPORATIONS AND OTHER BUSINESS ENTERPRISES 117-125 (3rd ed. 1983).
(55) H. G. REUSCHLEIN & W. A. GREGORY, THE LAW OF AGENCY AND PARTNERSHIP 501 (2nd ed. 1990).

で、ビジネス・トラスト法の綱要を記す複数の著作を指摘することができる(56)。これらは隣接法の立場からビジネス・トラストの実態に切り込もうとしたもので、その企業組織としての輪郭を明らかにした意義は小さくない。ただし、そこでの議論は判例法の分析に終始するのであって、この間成立した制定法に注意を払うことも、ましてや制定法と判例法とを関連付ける作業も行っていない。

　ビジネス・トラストを考察する論稿は、ロー・レビューまたはバー・ジャーナルにも複数みられる。時期的には、ビジネス・トラストの利用の著しい盛衰を反映して、それが最も注目を集めた1920年代と、不動産投資信託（Real Estate Investment Trust）の法定に伴い関心の再燃をみた1960年代とに集中している。その論点は、ビジネス・トラストの総論ないし通論的解説(57)の他、各論としての、受益者の責任(58)、受託者の責任(59)および信託財産の責任(60)、

(56)　その他たとえば、H. W. BALLANTINE, LAW OF CORPORATIONS 18-25 (rev. ed. 1946); N. D. LATTIN, R. W. JENNINGS & R. M. BAXBAUM, CORPORATIONS CASES AND MATERIALS 61-78 (4th ed. 1968); H. G. HENN, AGENCY, PARTNERSHIP AND OTHER UNINCORPORATED BUSINESS ENTERPRISES 631-666 (2nd ed. 1985)。

(57)　総論文献として、Wrightington, *Voluntary Associations in Massachusetts*, 21 YALE L. J. 311-326 (1912); Wilgus, *Corporations and Express Trusts as Business Organizations*, 13 MICH. L. REV. 73-99 (1914), 205-238 (1915); Thulin, *A Survey of the Business Trust*, 16 ILL. L. REV. 370-377 (1922); Cook, *The Mysterious Massachusetts Trusts*, 9 A.B.A. J. 763-768 (1923); Hildebrand, *The Massachusetts Trust,—A Sequel*, 4 TEXAS L. REV. 57-69 (1925); Brown, *Common Law Trusts as Business Enterprises*, 3 IND. L. J. 595-626 (1928); Weissman, *A New Look at Business Trusts*, 49 ILL. B. J. 744 (1961); Rosenbalm, *The Massachusetts Trust*, 31 TENN. L. REV. 471-484 (1964)。

(58)　受益者の責任に関する文献として、Scott, *Liabilities Incurred in the Administration of Trusts*, 28 HARV. L. REV. 725-741 (1915); Aaron, *The Massachusetts Trust as Distinguished from Partnership*, 12 ILL. L. REV. 482-488 (1918); Judah, *Possible Partnership Liability Under the Business Trust*, 17 ILL. L. REV. 77-95 (1922); Blake, *Business Trusts: Validity of Liability of Shareholders*, 12 CORNELL L. Q. 198-203 (1926); Rowley, *The Influence of Control in the Determination of Partnership Liability*, 26 MICH. L. REV. 290-302 (1927); Note, *Massachusetts Trusts*, 37 YALE L. J. 1103-1121 (1928); Hill Jr., *Business Trusts: Liability of Shareholders: How Far May Corporate Advantages Be Acquired by Business Trusts?*, 18 CALIF. L. REV. 62-70 (1929); Note, *Liability of Shareholders in a Business Trust—The Control Test*, 48 VA. L. REV. 1105-1124 (1962)。

(59)　受託者の責任に関する文献として、Stone, *A Theory of Liability of Trust Estates for the Contracts and Torts of the Trustee*, 22 COLUM. L. REV. 527-545 (1922); White,

第2節　ビジネス・トラスト法に関する先行研究業績

不動産投資[61]や資産証券化[62]といった信託目的[63]、受託者の信認義務[64]、信託の存続期間[65]といった他の実体法的問題、さらには、手続法[66]、税法[67]、あるいは抵触法の問題が取り上げられている[68]。近年では、目覚し

Trustee's Avoidance of Personal Liability on Contracts, 3 TEMPLE L. Q. 117-142 (1928); JeanBianc, *Business Trusts—Personal Liability of Trustees and Beneficiaries*, 25 ILL. B. J. 112-114 (1936).

(60)　信託財産の責任に関する文献として、Hildebrand, *Liability of the Trustees, Property, Shareholders of a Massachusetts Trust*, 2 TEXAS L. REV. 139-182 (1924); Kanne Jr., *Business Trusts: Remedies of Creditors Against the Trust Estate or Capital Used in the Business*, 27 CALIF. L. REV. 432-438 (1939).

(61)　不動産投資信託に関する文献として、Channing, *Federal Taxation of the Income of Real Estate Investment Companies*, 36 TAXES 502-513 (1958); Committee on Partnerships & Unincorporated Business Associations, *Real Estate Investment Trusts*, 16 BUS. LAW. 900 (1961); Carr, *Federal Tax Aspects of Real Estate Investment Trusts*, 16 BUS. LAW. 934-941 (1961); Sobieski, *State Securities Regulation on Real Estate Investment Trusts—The Midwest Position*, 48 VA. L. REV. 1069-1081 (1962); Dockser, *Real Estate Investment Trusts*, 17 U. MIAMI L. REV. 115 (1962); Godfrey Jr., & Bernstein, *Real Estate Investment Trust*, 1962 WIS. L. REV. 637-671 (1962); R. T. GARRIGAN & J. F. PARSONS, REAL ESTATE INVESTMENT TRUSTS—STRUCTURE, ANALYSIS, AND STRATEGY (1997).

(62)　資産証券化信託に関する文献として、Partee, *Business Trusts, Bankruptcy and Structured Finance*, BUSINESS TRUSTS—A PRIMER (AMERICAN BAR ASSOCIATION, SECTION OF BUSINESS LAW, 1995 ANNUAL MEETING MATERIAL) 1-11 (1995); Boswell, *Uses of Business Trusts as Special Purpose Vehicles in Securitizations*, USES OF BUSINESS TRUSTS: CURRENT DEVELOPMENTS (AMERICAN BAR ASSOCIATION, SECTION OF BUSINESS LAW, 1998 ANNUAL MEETING MATERIAL) 1-8 (1998).

(63)　その他の信託目的に関する文献として、Note, *The Business Trust as an Organization for Practing Law*, 39 IND. L. J. 329-364 (1964); Schloss, *Some Undiscovered Country: The Business Trust and Estate Planning*, 22 TAX MAG. ESTATES, GIFTS & TRUSTS J. 83-95 (1997).

(64)　受託者の信認義務に関する文献として、Corliss, *ABA Panel Presentation—Delaware Business Trusts-A Primer: The Trustee*, BUSINESS TRUSTS—A PRIMER (AMERICAN BAR ASSOCIATION, SECTION OF BUSINESS LAW, 1995 ANNUAL MEETING MATERIAL) 1-13 (1995); Mullen, *Fiduciary Duties of Trustees of Business Trusts*, USES OF BUSINESS TRUSTS: CURRENT DEVELOPMENTS (AMERICAN BAR ASSOCIATION, SECTION OF BUSINESS LAW, 1998 ANNUAL MEETING MATERIAL) 97-109 (1998).

(65)　信託の存続期間に関する文献として、Whiteside, *Restrictions on the Duration of Business Trusts*, 9 CORNELL L. Q. 422-446 (1924); Note, *Trusts for Unincorporated Associations—Legal Entity and Perpetuity*, 35 VA. L. REV. 1068-1091 (1949).

(66)　訴訟法上の問題に関する文献として、Sturges, *Unincorporated Associations as Parties to Actions*, 33 YALE L. J. 383-405 (1924); Comment, *Trusts—Necessary Parties Plaintiff in Suit by Business Trust*, 39 YALE L. J. 915-916 (1930).

い展開をみせる第三期制定法を考察するものも少なくない⁽⁶⁹⁾。最近は統一ビジネス・トラスト法の報告者である Sitkoff が体系的研究の緒に就いている⁽⁷⁰⁾。

　ビジネス・トラスト法の研究業績の関心が集中する問題としては、組織の信託的特性が顕著に表れる信託当事者の責任、とりわけ受益者責任を指摘できる。Stevens⁽⁷¹⁾、Magruder⁽⁷²⁾、および Hildebrand⁽⁷³⁾ の各論説が著名であ

(67)　税法に関する文献として、Comment, *Massachusetts Trusts and the Income Tax*, 28 YALE L. J. 690-692 (1919); Rottschaefer, *Massachusetts Trust Under Federal Tax Law*, 25 COLUM. L. REV. 305-315 (1925); Comment, *Taxation—Taxability of Business Trusts as "Associa-tion" Within Meaning of Income Tax Act*, 84 U. PENN. L. REV. 666-667 (1936); Stephens, *Business Trusts—Taxability as an "Association"*, 27 GA. L. J. 800-801 (1939); Barrett, *Taxation of Business Trusts and Other Unincorporated Massachu-setts Entities with Transferable Shares*, 40 BOSTON U. L. REV. 329-348 (1960). ビジネス・トラストの連邦所得税法上の地位については多くの研究が著されている。法人税の回避はビジネス・トラストを選択する主要な誘引であったからである。しかしそのほとんどが、法人との類似性に基づく課税方法を採った旧法下での考察であり、法人格なき団体の法人税法上の取扱いが1997年のいわゆる check-the-box 規制によって変更を受け、納税者による自由選択が可能となって以後、従前の問題意識は歴史的な意義を有するに過ぎなくなっている。詳細は本書第5章第2節(145頁以下)参照。

(68)　抵触法に関する文献として、Comment, *Constitutional Law: Admission into the State of Foreign Business Trusts*, 16 CALIF. L. REV. 548-550 (1928); Note, *State Regulation of Foreign Business Trusts*, 41 HARV. L. REV. 86-90 (1927).

(69)　第三期制定法に関する文献として、Mazie & Habbart, *Introduction to the Business Trusts,* BUSINESS TRUSTS—A PRIMER (AMERICAN BAR ASSOCIATION, SECTION OF BUSINESS LAW, 1995 ANNUAL MEETING MATERIAL) 1-28 (1995); Fenton & Mazie, *Delaware Business Trusts,* (R. F. BALOTTI & J. A. FINKKELSTEIN eds.) THE DELAWARE LAW OF CORPORATIONS AND BUSINESS ORGANIZATIONS (2nd ed.) 25-1 to 25-25 (1997 Supp.), 19-1 to 19-21 (3rd ed. 1999 Supp.); Habbart & Mullen, *The Basics of Statutory Business Trusts,* USES OF BUSINESS TRUSTS: CURRENT DEVELOPMENTS (AMERICAN BAR ASSOCIATION, SECTION OF BUSINESS LAW, 1998 ANNUAL MEETING MATERIAL) 1-16 (1998); Welch & Jones, *Business Trust Act*, (E. P. WELCH & A. J. TUREZYN eds.) FOLK ON THE DELAWRE GENERAL CORPORATION LAW, at DBTA-Four-1 to 121 (4th ed. 1999 & 2001-1 Supp.); W. J. CAREY & E. O. HABBART, *Delaware Business* Trusts, DELAWRE LIMITED LIABILITY COMPANY—FORMS AND PRACTICE MANUAL 14-1 to 14-23 (Nov. 2000 Supp.); Frankel, *The Delaware Business Trust Act: Failure as the New Corporate Law*, 23 CARDOZO L. REV. 325-346 (2001).

(70)　Sitkoff, *Trust as Uncorporation: A Research Agenda*, 2005 U. ILL. L. REV. 31-48 (2005).

(71)　Stevens, *Limited Liability in Business Trusts*, 7 CORNELL L. Q. 116 (1921).

るが、実に全研究業績の三分の一近くはこの点に関連するものである。信託本来の法律構成によれば、受益者は受託者に対してのみ主張し得るエクイティ上の所有権たる受益権、すなわち対世的効力を有するコモン・ロー上の所有権にあらざる権利を有するに過ぎず、したがって、ビジネス・トラストの直接の相手方たる外部第三者に対して受益者が人的責任を負うことは考えられない。信託事務の執行に伴うコモン・ロー上の債務は、信託財産の名義人である受託者がこれを一身に負担するのである[74]。しかしながら、ビジネス・トラストは企業組織であり、その参加者たる受益者は、他の企業形態であれば認められるような支配的権限の留保を求める場合が少なくない。そこで多くの場合、受益者には、受益者総会の開催権、受託者の解任権や信託事務の承認権等の権限が与えられる。これらを、受託者の権限濫用を抑止しまたは牽制するための共益権と解すれば、ビジネス・トラストは純粋な信託の範疇に止まることになるが、逆にこれを受益者による受託者への指図権と解すれば、ビジネス・トラストは受託者を代理人とし受益者を本人とする一種の組合とみられることになる。こうしたビジネス・トラストの本質についての議論は、当然に受益者が負担すべき責任の範囲と内容の問題に波及し、他の信託当事者による責任負担のあり方とも不可分の問題となる。一方、責任制限特約に基づく契約法上の免責技術も、その射程に入ることになろう。このように、受益者の地位の理解にはじまり、信託財産および受託者の責任構成、はたまた責任制限特約の手続内容に至るまで、多様な論点がここに発生して、大きな学問的関心領域を形成するに至ったのである。ビジネス・トラスト法はこの問題を通じて形成され展開したといってよい。構成員の有限責任を制定法規定の法律効果と捉える会社法および組合法の立場からは、任意団体におけるその実現は特殊な法的現象と考えられ、かたや信託法の立場からは、営利を目的とするいわば特殊の信託において、一般信託法上の受益者の責任原則がそのまま妥当するか否かについて注目されたのは無理もない。

---

(72) Magruder, *The Position of Shareholders in Business Trusts*, 23 COLUM. L. REV. 423-443（1923）.
(73) Hildebrand, *The Massachusetts Trust*, 1 TEXAS L. REV. 127-161（1923）.
(74) 本書第2章第2節（66頁以下）参照。

(2) 我が国における研究業績

アメリカにおける研究動向を反映して、我が国でもビジネス・トラスト研究が継続的かつ活発に行われることはなかった。しかし、戦後間もなく大阪谷公雄博士によって先鞭をつけられた判例法分析が[75]、これを承けた海原文雄博士の一連の研究[76]によって相当の深化をみたことは特筆されてよい[77]。1960年代、アメリカで指導的な判例と有力な研究業績が一通り出揃

---

(75) 大阪谷公雄「アメリカに於ける企業と信託の利用」法律文化3巻2号（1948年）33－34頁、同「アメリカに於けるビジネス・トラスト」信託6号（1950年）2－5頁、同「ビジネストラストの諸問題（その1）」信託15号（1953年）9－15頁、同「企業組織としてのビジネス・トラスト」（勝本正晃他編）『私法学の諸問題（2）』（有斐閣・1955年）68－88頁。

(76) 海原文雄「ビジネストラストの法的地位」信託59号（1964年）2－23頁、同「ビジネストラストにおける受益者の有限責任」金沢法学10巻1号（1964年）1－42頁、同「ビジネストラストにおける受託者の責任」（金沢大学）法文学部論集（法経篇）12号（1964年）1－34頁、同「ビジネストラストにおける信託財産の責任」日本法学31巻2号（1965年）42－79頁、同「ビジネストラストの団体性と課税の問題」信託63号（1965年）23－35頁、同「ビジネストラストにおける相続税の準拠法」日本法学34巻2号（1968年）1－33頁、同「ビジネス・トラスト」国際商事法務2巻5号（1974年）3－17頁、同「ビジネス・トラスト」（土井輝生編）『アメリカ商事法ハンドブック』（同文館・1976年）358－381頁、同「ビジネス・トラストと土地信託」（高木文雄・小平敦雄編）『信託論叢』（1986年・清文社）130－150頁。

(77) その他判例法上のビジネス・トラストを主題としあるいはこれに言及する研究業績として、富山康吉「法人と信託についての一考察」立命館法学4・5号（1953年）144－159頁、小島昌太郎「企業形態としての事業信託」（神戸商科大学）商大論集17号（1956年）1－5頁、福井喬「ビジネストラストにおける有限責任の問題」島根大学論集（社会科学）4号（1958年）22－31頁、長浜洋一「アメリカにおける企業の法形態」海外商事法務47号（1966年）19－21頁、戸塚登「英米会社法における法人性の特質」阪大法学67号（1968年）36－41頁、佐藤英明「事業信託と法人の分類基準」ジュリスト998号（1991年）114－118頁、1001号（1991年）118－122頁、神作裕之「信託を用いて行う事業―その可能性と限界」信託法研究（信託法学会）18号（1994年）27－51頁、雨宮孝子・小泉邦子「ビジネス・トラストの研究」信託（信託協会）181号（1995年）4－13頁、今泉邦子「ビジネス・トラスト」（浜田道代他編）『現代企業取引法』（税務経理協会・1998年）203－217頁。

なお近時は、著者が以下において判例法の再検討および制定法の評価を試みてきたところである。坂田桂三・工藤聡一「衡平法上の会社の生成と展開」（日本大学）司法研究所紀要8巻（1996年）123－143頁、工藤聡一「ビジネス・トラストの受益者の責任を決する判例法則」青森法政論叢（青森法学会）3号（2002年）16－32頁、同「ビジネス・トラストにおける当事者の責任」青森法政論叢（青森法学会）4号（2003年）46-54頁、同「ビジネス・トラスト法の展開―受益者責任の問題を中心として」信託研究奨励金論集（信託協会）24号（2003年）18－49頁、同「ビジネス・トラストの制

うなかで、これらを総括した意義は大きい。そこでの主題が信託当事者の責任に置かれていたことはいうまでもない。

　ところで、我が国におけるビジネス・トラスト法研究の特徴というべきは、純理論的な問題意識に基づき、ビジネス・トラストをあくまでアメリカ法上の特異な法現象と捉え、その継受にほとんど関心を示してこなかったことである。こうした態度は、実務家の実際的な要請に基づき、具体的な紛争の解決に関心を寄せたアメリカでの傾向と対照をなす。そこには日米間の信託制度の本質的な差異が反映していたものと考えられる。すなわち、我が国でいう信託は、受託者の信認義務を基礎に当事者間の法律関係において構築される物権的取決めとしてtrustではなく、大陸法系の債権法上に、法律行為たる契約として位置付けられた信託であり、概念の内包を異にする(78)。また、我が国の信託法は民事目的の他益信託を前提としてきたうえに、いわゆる信託行為論に立って一般に信託宣言を認めなかったため(79)、ビジネス・トラストが法制度として直接的に移植される基盤がなかった。それゆえ純粋学問的関心に基づく研究の深化をみたものといい得る。もっとも、2005年の会社法および有限責任事業組合法(80)に基づくリミテッド・ライアビリティー・カンパニーおよびリミテッド・ライアビリティー・パートナーシップの法定に象徴されるように、企業組織法制がいわば流動化しようとしているなかで、さらには、2006年に改正信託法(81)が成立し信託の現代化が図られようとしている状況において、信託が企業組織としていかなる意味を持ち得るのかにつき、近年多方面からの研究が始まっている。

　その第一は、アメリカにおけるビジネス・トラスト制定法の新展開に評価

　　度化とその進展」私法（日本私法学会）67号（2005年）205－212頁。
(78)　この議論については、道垣内弘人『信託法理と私法体系』（有斐閣・1996年）とくに2頁参照。
(79)　信託宣言の意義については、本書序章第1節注(2)（1頁）参照。否定説（通説）として、四宮・前掲注(7)84－85頁、新井誠『信託法（第2版）』（有斐閣・2005年）122－123頁。肯定説として、大阪谷公雄「退職年金信託と信託宣言」商事法務研究269号（1963年）、田中實・雨宮孝子「いわゆる『信託宣言』の問題について」信託100号（1974年）39－52頁、米倉明「信託宣言の解釈可能性」（加藤一郎・水本浩編）『民法・信託法理論の展開（四宮和夫先生古稀記念論文集）』（弘文堂・1986年）335－366頁。
(80)　平成17年法律第86号、平成17年法律第40号。
(81)　平成18年法律第108号。

序　章

を加えようとするものである(82)。デラウェア州法に始まる第三期制定法は、判例法上のビジネス・トラストの延長線上に信託応用企業の新たな可能性を探ろうとするもので、信託法的にも企業組織法的にも多くの実験的要素を含んでいることから、多角的な検証が求められていることをうけたものである。第二は、信託が有する組織法としての機能を理論的に考究しようとするものである(83)。近時の我が国では、アメリカの動向と歩調を合わせ複数の企業組織法が新たに提供されてきており、こうした状況に対応して、各々の組織の法構造を基礎付ける法人、組合および信託という法形式の特性と異同を明らかにすることが、制度選択に必須の課題となっていることに対応するものである。第三は、ビジネス・トラストの我が国での利用可能性を実証的に裏付けようとするものである(84)。今般の改正信託法には、積極資産と消極資産とが有機的に結合した企業を包括的に受託するいわゆる事業信託を許容する規定、信託設定方式として従来消極視されてきた信託宣言（自己信託）を容認する規定、受益者の物的有限責任を原則化する規定、受託者の責任制限を許容する規定等が盛り込まれており、これらの基礎のうえにビジネス・トラストのような事業型の信託が生まれる可能性が高くなっていることをうけたものである(85)。こうして、我が国におけるビジネス・トラスト研究も新局面を迎えていることは疑いない。

(82)　工藤聡一「1998年改正デラウェア・ビジネス・トラスト法（1）（2・完）」私法学研究（駒澤大学大学院）24号（2001年）、同25号（2002年）、大塚正民「アメリカ信託法の歴史的展開と現代的意義」（大塚正民・樋口範雄編）『現代アメリカ信託法』（有信堂・2002年）17－32頁、工藤聡一「1997年改正ワイオミング・スタテュートリ・トラスト法」八戸大学紀要24号（2002年）55－69頁、今泉邦子「信託を利用した企業形態の特色」（奥島孝康・宮島司編）『商法の歴史と論理（倉澤康一郎先生古稀記念）』（新青出版・2005年）21－58頁、沖野眞已「米国の信託法制─米国のレギュレーション9」信託（信託協会）226号（2006年）143－146頁。
(83)　組織形態と法に関する研究会『「企業形態と法に関する研究会」報告書』金融研究（日本銀行金融研究所）22巻4号（2003年）1－136頁、今泉邦子「信託と法人」信託（信託協会）219号（2004年）92－113頁、森田果「組織法の中の信託」信託法研究（信託法学会）29号（2004年）41－63頁、同「組織法の中の信託」東北信託法研究会編『変革期における信託法』（トラスト60・2006年）1－30頁。
(84)　田中和明「事業の信託に関する一考察（上）」NBL829号（2006年）50－59頁。
(85)　信託法第2条1項、第21条1項3号、第3条3号、第48条、第216条1項。

第2節　ビジネス・トラスト法に関する先行研究業績

第2項　先行研究の到達点

　ビジネス・トラストが通常の信託から分岐し、かつ会社や組合といった隣接概念とも一応の区分をみて、独自の法領域として認識されるに至って一世紀余りの間に、その法的内容の解明はかなり進んだといってよい。とりわけ、判例法上のビジネス・トラスト最大の課題とされた責任構造、換言すれば、受託者、受益者および信託財産という信託当事者が負担すべき責任の態様についての顕著な分析成果を指摘できる。

　一般の民事信託においては、受託者こそが本人（principal）であり、その直接的第一義的な責任負担とその後の信託財産または受益者への求償（indemnification, reimbursement）のかたちで、信託責任が全うされる。受益者が有限責任を享受するとすれば、それは、受託者の責任負担を盾としてはじめて成り立つものである。これに対してビジネス・トラストにおいては、信託財産の実質的法主体性を中心とした法律関係が構築される。すなわち、受託者には信託財産に対する代表的資格（representative capacity）が擬制され、その機関としての地位に基づく行為は信託財産を直接的に拘束する。この結果、信託財産の責任負担の裏返しに受益者の有限責任が認められるが、他方で自益信託であるビジネス・トラストの受益者は、信託財産が負担した債務を受益権の客体の変動として究極的に負担することとなる[86]。こうした責任構造は、財産の保全または受動的管理を目的とする一般信託について発達した判例法理が、企業として利用されるビジネス・トラストにおいて修正を受けた結果であり、ビジネス・トラストの法構造の考察を通じて明らかにされたものといえる。

　当事者の責任のうち、研究の深化を顕著に示したのが、受益者責任の問題である。すなわち、ビジネス・トラストの実質を信託と組合のいずれに解するのか、そして、その構成員に有限責任または無限責任のいずれを負担させるのかについて、二つの判例法則が成立した[87]。マサチューセッツ法則とテキサス法則がそれである。前者は、受益者が信託経営に対する実効的な支

---

(86)　本書第2章第4節（72頁以下）参照。
(87)　本書第3章第2節以下（79頁以下）参照。

序　章

配権限を留保しない限り、ビジネス・トラストを信託とみなし受益者の組合員としての無限責任を排除するというものであり、後者は、受益者の支配的権限の留保いかんにかかわらず、これを組合とみなし、その構成員たる受益者に人的責任を課すものである。こうした理解は、もともと諸州の判例の相互干渉により形成されたものであるが、それを検証し理論的に確立したのは、学説の功績である。先行研究の到達点としては、このようなビジネス・トラストの核心ともいえる責任構造、とりわけ受益者の責任を決する判例法則の解明を挙げなければならない。

第3節　ビジネス・トラスト法の研究課題

第1項　判例法の評価および制定法との架橋

　信託当事者の責任に関する目覚しい理論展開にもかかわらず、ビジネス・トラストの法的地位については常に疑義が呈されてきた[88]。それは、ビジネス・トラストが任意団体として生成し、異なる州でそれぞれ個別に取り扱われ、しかも永らく判例法上認識されるに止まり、制定法上の制度とされてこなかったことによる。この結果、偶発的な問題処理のための断片的な判断の積み重ねから、州法の内部に法的主題の著しい偏在が生ずるに至った。こうしたビジネス・トラストの成立および発展の特異性に現れた法の欠缺を埋め、ゆらぎを矯正することに判例および学説が必ずしも自覚的に取り組んでこなかったために、組合法や会社法等、隣接する他の法領域との混同を許し、ビジネス・トラスト自体の内容の確定を困難にさせたと思われる。

　しかしながら、今日、ビジネス・トラスト法の統合のための契機が現れていることもまた確かである。すなわち、制定法主義を採用していないアメリカにあっても、数々の重要な法領域において制定法が結実しており、ビジネス・トラストもその例に漏れない。諸州におけるビジネス・トラスト制定法の統治範囲は年を追って拡大し、現在ビジネス・トラスト利用州のほとんど

---

(88)　Annot., *Massachusetts or Business Trusts*, 156 A.L.R. 51-52 (1945); Rohrlich, *supra* note 4, § 4.45 at 202; Mazie & Habbart, *supra* note 4, at 2.

にあたる37州が、これを律する独立の立法を有するに至っている[89]。制定法は判例法を止揚しつつ一定の体系性を有しており、しかも諸州の制定法は多かれ少なかれ共通の目的を持つために、結果として類似の性格を備えることになる[90]。それは、かつて各法域の判例法上個別に発達した法規範が、立法によって一定の方向性を持ち始めていることに他ならない。その意義を確認し判例法との理論的架橋をなさなければ、ビジネス・トラストの本質を見誤ることになろう。今まさに統一ビジネス・トラスト法（Uniform Statutory Entity Act）が結実しようとしていることは[91]、そうした視点の重要性を物語っている。判例法・制定法各法源の理論体系を究明し、かつそれを総括することは従来全く顧みられてこなかった問題意識であり、本書がまさに取り組もうとするものである。

第2項　本書の目的と構成

(1)　本書の目的

本書における考察の目的は、アメリカに起源し特異な発達をみた企業組織

---

[89] Ala. Code §§ 19-3-60 to 19-3-67; Ariz. Rev. Stat. §§ 10-1871 to 1879; Ark. Code Ann. §§ 4-31-401 to 4-31-406; Cal. Code §§ 23000 to 23006; Conn. Gen. Stat. §§ 34-500 to 34-547; Del. Code Ann. tit. 12, §§ 3801 to 3862; Fla. Stat. §§ 609.01 to 609.08; Geo. Code Ann. §§ 53-12-50 to 53-12-59; 745 ILCS 60/0.01 to 60/2; Ind. Code §§ 23-5-1-1 to 23-5-1-11; Kan. Stat. Ann. §§ 17-2027 to 17-2038; Ky. Rev. Stat. §§ 386.370 to 386.440; Md. Code Ann., Corps. & Ass'ns, §§ 12-101 to 12-810; Mass. Genn. Laws Ann. §§ 182-1 to 182-14; Minn. Stat. §§ 318.01 to 318.06; Miss. Code Ann. §§ 79-15-1 to 79-15-29; Mont. Code Ann. §§ 35-5-101 to 35-5-205; Nev. Rev. Stat. §§ 88A.010 to 88A.900; N.H. Rev. Stat. §§ 293-B:1 to 293-B:23; N.M. Stat. Ann. §§ 53-20-1 to 53-20-17; N.Y. Gen. Ass'ns Law §§ 29.1 to 29.19-a; N.C. Gen. Stat. §§ 39-44 to 39-47; N.D. Gen. Code §§ 10-34-01 to 10-34-09; Ohio Rev. Code §§ 1746.01 to 1746.99; Okla. Stat. tit. 60, §§ 171 to 174; Ore. Rev. Stat. §§ 128.560 to 128.600; 15 Pa. Cons. Stat. §§ 9501 to 9507; S.C. Code Ann. §§ 33-53-10 to 33-53-50; S.D. Codified Laws §§ 47-14-1 to 47-14-96; Tenn. Code Ann. §§ 48-101-201 to 48-101-207; Tex. Rev. Civ. Stat. Ann. § 6138A.1.10 to 6138A.28.10; Utah Code Ann. §§ 16-15-101 to 16-15-110; Va. Code §§ 13.1-1200 to 13.1-1284; Wash. Rev. Code §§ 23.90.010 to 23.90.900; W.Va. Code §§ 47-9A-1 to 47-9A-7; Wis. Stat. §§ 226.14(1) to 226.14(12)(c); Wyo. Stat. §§ 17-23-101 to 17-23-302.

[90] 本書第4章および第5章（107－133、149－175頁）における第一期ないし第三期制定法の類型分析参照。

[91] 本書第5章第3節（178頁以下）参照。

序　章

であるビジネス・トラストについて、その最大の課題とされてきた受益者の責任を主題として、過去一世紀にわたる制度的展開を描き出すことにある。そのために本書は、判例法と制定法というビジネス・トラストを基礎付ける二つの法源に光を当て、それぞれの論理構造とそれらの底流にある思想を統一的に解明しようとする。

　ビジネス・トラストは、法的範疇の特殊性、ならびに法制度および経済環境の変化の振幅の激しさから順調な発展をみることがなく、そのため今まで必ずしも活発な研究の対象とはされてこなかった。19世紀末以降現在に至るまでに多くの判例が現れたが、それらは理論的批判を完全に免れているわけではない。20世紀以降は数多くの州に制定法が誕生したが、それらも理論的な検証を充分に受けているわけではない。しかし我が国でも資産運用ないし管理機構としての信託は益々その重要度を増しており、信託による積極的資産運用の先駆的制度としてのビジネス・トラストを、単なる対岸の現象として看過することは許されない。それらの法原理を追究し、あるいは進んで制度としての当否を探ることの意義は小さくないものと考える。

　ビジネス・トラストは企業組織法としての一領域を形成するものであるから、その法的課題は本来多岐にわたる。これに対して本書は、ビジネス・トラスト法の細部までを網羅するものではない。しかしながら、ビジネス・トラストの生成から一貫してその中心的課題であり続け、ビジネス・トラスト法を展開させてきたのは信託当事者責任、なかんずく受益者責任の問題なのであって、判例法と制定法との理論的架橋もこれを主題とせずにはなし得ない。また、既存の論点を受け継いだことが、すなわち本書が先行研究の成果の総括に止まったことを意味しない。少なくとも以下のような未開拓の領域に踏み入っているからである。

　先行研究は、ビジネス・トラストの発生要因として、19世紀の法人規制の厳格性、とくに不動産取引に関する会社権能の制限を指摘するのみで、進んで信託の応用による企業組織形態の形成過程を解明する作業を怠ってきた。この点本書は、当事のマサチューセッツ州法を素材として法人規制の制限性を多面的に明らかにするとともに、組合法の運用に関する裁判所の抑制的態度をも明らかにし、構成員の有限責任に対する企業組織法の両面的な閉塞状

況において、ビジネス・トラストが発生した事実を浮き彫りにしている。また、先行研究は、ビジネス・トラストの評価にあたり、判例法上の地位の不明確性を指摘する一方で、その理由を突き詰めるまでは至らないか、あるいは後の制定法の展開に配慮することなく、あくまで判例法の中に解を求める態度を出ていなかった。この点本書は、ビジネス・トラストの中心的課題である受益者の責任について、判例法則がたしかに合理的な解釈に行き詰まり、まさにその打開のために制定法が必要とされたことを、判例法の論理構成の次元に踏み込んで闡明している。さらに、先行研究は、一世紀余りの間に複雑な様相をみせたビジネス・トラスト制定法に充分な注意を払ってこなかったばかりか、ましてそこに何らかの類型を見出すには至っていなかった。この点本書は、制定法の展開に則して三つの理論類型を提示するとともに、そこでの判例法の超克の論理を詳らかにしている。

　本書は、これまで異なる州で個別的に取り扱われ、しかも判例法と制定法という複合的法源が不揃いに展開し、その結果散漫な法的産物と考えられてきたビジネス・トラストを、法人と組合という隣接制度との対抗において独自の領域を形成した信託応用制度として説明すべく、自覚的に取り組んだ内外で最初の研究書である。前述のとおり、我が国における現時のビジネス・トラスト法研究は、アメリカ法上の一つの到達点である第三期制定法の検証、そして信託の組織法としての機能の抽出のうえに、その実際の継受可能性を占う段階に入っている。その基礎研究として本書の意義がある。

(2)　本書の構成

　本書は、本編5章からなる。第1章はビジネス・トラストの沿革を論じ、第2章および第3章は主として判例法の展開を、第4章および第5章は主として制定法の発達を扱う。それぞれの概略を述べれば次のとおりである。

　第1章「ビジネス・トラストの起源」は、ビジネス・トラストの起源を19世紀のマサチューセッツ州に叢生した法人格なき任意団体に求め、当時の同州における制限的法人政策および抑制的組合解釈にその発生要因を探求するものである。ビジネス・トラストはマサチューセッツ・トラストの異名をとり、同州を温床として生成発達したことが知られている。19世紀における諸

序　章

州の企業組織法はおしなべて未発達な状態にあり、規制も相当に厳格なものであったが、マサチューセッツは屈指の産業州でありながら、特許主義の維持、権利能力の制限、および構成員の無限責任といった突出して制限的な法人政策を有するという矛盾を抱えていた。しかも、本来であれば企業家の需要を汲むべき組合形式についても、同州の裁判所はその発達を阻害する抑制的な解釈態度をとっていた。そのため、制定法に基づく設立手続の履行や特許状の取得を必要とせず、事業目的を制限されず、しかも構成員の有限責任を実現し得る信託を、法人の代用とする発想が生じたものと考えられる。かくして本章において、ビジネス・トラストが会社法および組合法との対抗のなかで、企業組織法として独自の範疇を確立していった理由が明らかにされる。

　第2章「ビジネス・トラスト判例法における当事者責任論の形成」は、信託が企業組織として機能するためにその本来の責任構造をいかに改めたのかを、受託者、信託財産、受益者という信託当事者のそれぞれの責任について考究するものである。一般信託法においては、受託者の責任を軸に信託責任が構成される。すなわち、法律行為および不法行為に基づく責任は、受託者が信託財産の名義人としてこれを負担し、さらに法律行為に基づく債務につきこれを信託財産または受益者に求償する関係がみられる。しかしビジネス・トラストでは、信託財産の責任を中心とした信託責任の構造が採られる。すなわち、受託者は信託財産の機関たる地位に置かれ、信託財産は実質的法主体性を認められて企業責任の第一義的引当となる一方、受託者は人的責任を負担しない。しかも受託者の受益者に対する求償権は否定され、受益者は物的有限責任を享受することとなる。もとより、受託者は信託違反の責任を免れず、受益者も受益権と信託財産との物的相関関係を通じて究極的に責任を負担しているが、営利活動を大規模に行い多数の利害関係者を生起するビジネス・トラストにおいては、企業としてより客観化された責任構造が達成されているのである。かくして本章において、ビジネス・トラストが会社の責任構造を範とし、信託財産の実質的法主体性を実現させた理由が明らかにされる。

　第3章「ビジネス・トラストの受益者の責任を決する判例法則の展開」は、

第3節　ビジネス・トラスト法の研究課題

ビジネス・トラストにおける受益者責任決定基準を、適用法に則して3類型、すなわち組合法と信託法の選択的適用を行うマサチューセッツ法則、組合法の排他的適用を行うテキサス法則、および会社法の排他的適用を行うカンザス・ワシントン法則に分類したうえ、それぞれの意義を論究するものである。受益者が受託者の信託事務の遂行により生じた債務を負担しないことは一般信託法上の原則であり、委託者が受益者を兼ねるビジネス・トラストおいても、少なくとも物的有限責任が妥当するはずであるが、実際の判例法は、隣接法を適用しビジネス・トラストの実質を多様に解することで、信託由来の責任原理を一律に援用しないという展開をみせた。まず、マサチューセッツ法則は、受益者が受託者を超える実効的支配権を有する場合そこに代理関係を認め、そうでない場合は信託関係を認めて、受益者に対し前者では無限責任を、後者では有限責任をそれぞれ課した。ついで、テキサス法則は、受託者を受益者の代理人とみなし、本人たる受益者には無限責任を負わせた。そして、カンザス・ワシントン法則は、正規の会社設立手続によらないビジネス・トラストを不完全な会社とみて、会社不成立時の法準則である無限責任を構成員に課した。しかしながら、結果としていずれの考え方も、受益者責任についての確立した処理基準とはならなかった。マサチューセッツ法則は、受益者のいかなる権限を支配権と位置付けるかにつき混乱に陥った。テキサス法則は、その表向き厳格な態度とは裏腹に、他方で取引上の免責特約を通じた受益者の有限責任化を広く認めるという、矛盾を孕んでいた。カンザス・ワシントン法則は、ビジネス・トラストを法人の範疇に含め信託関係の存在を何ら考慮しないことで、企業組織としての妙味を著しく減殺した。このように営利企業体の核心ともいえる出資者の責任について、判例法が合理的な処理指針を構築できなかったために、後に制定法による規制が必要になったのである。かくして本章において、受益者責任を含むビジネス・トラストの法的構成につき、後に制定法が介入しなければならなかった理由が明らかにされる。

　第4章「制定法によるビジネス・トラストの制度化とその進展」は、20世紀初頭に現れた第一期ビジネス・トラスト制定法、および20世紀半ばに現れた第二期ビジネス・トラスト制定法の法律構造を論考するものである。任意

序　章

団体として発生したビジネス・トラストも、認知度が高まり利用範囲が拡大するにつれ社会との接点を増し、段階を踏んで制定法に包摂され制度化されていくという過程を辿った。まず、1900年代から1920年代にかけて生まれた第一期制定法は、ビジネス・トラストについての訴訟手続に困難を生じたために、信託自体に訴訟能力を認めたものである。もっともそれは、必要に迫られた手続法上の問題についてのみ対処したいわば弥縫的立法であり、組織法としての包括的な内容を有していなかった。ついで、1930年代から1970年代にかけて生まれた第二期制定法は、連邦所得税法上の特例措置を受ける投資信託としてビジネス・トラストを広く利用するために、受益者の有限責任性、信託の永続性など多くの実体法規定を置いてその組織法としての機能を拡充したものである。もっともこの段階の立法では、任意団体としての沿革に由来するビジネス・トラストの法的不安定性を払拭するために、会社法を準用するという形式が採られた。ビジネス・トラストと会社との機能的類似性が着目され、判例法上のカンザス・ワシントン法則の理論的延長線上で、ビジネス・トラストは会社規制に服せしめられその傍流に制度化されたのである。しかし、会社と実質的に同じ法的内容を有することとなり、したがって信託の妙味たる柔軟性や融通性が失われれば、あえてビジネス・トラストを選択する意味はなかろう。こうした組織法上の法律構成が消極的に作用し、以後ビジネス・トラストは衰微の一途を辿ることとなる。かくして本章において、ビジネス・トラストを律する制定法がまず会社法準拠の形式において発現した理由、およびそれが終局的立法形式たり得なかった理由が明らかにされる。

　第5章「ビジネス・トラスト制定法の新潮流」は、20世紀の終わりに現れた第三期ビジネス・トラスト制定法の法律構造の分析を通じて、現代の企業組織法における信託への要請と、その制定法上の発現態様を確認するものである。この段階の立法は第二期制定法の反省に立つことから出発している。すなわち、信託では受託者に大きな裁量権が与えられる一方、これに高度の信認義務が課されることから、機動的かつ安全な意思決定、転じて効率的で有利な資金運用が叶うとして、ビジネス・トラストは伝統的に投資媒体として利用されてきた。会社および各種の組合派生企業組織が高度な発達を遂げ

第3節　ビジネス・トラスト法の研究課題

たいまでも、こうした信託の特性は際立つ。ところが第二期制定法に基づくビジネス・トラストは、信託本来の妙味を失っていた。そこで金融取引の拡大に照応した法現象として、ビジネス・トラストを原点に立ち返って信託応用制度として再定義し、これを金融手段として機能的に特化させる趣旨で第三期制定法が現れたわけである。そこには性格の異なる二つの規定群がみられ、それらが階層をなしてこの目的を達している。信託の訴訟能力や永続性、受益者の有限責任等、過去に判例法上の争点を形成した諸課題を周到に克服し、さらには高度の定款自治を実現して、組織の安定性と柔軟性とを制度化するのが下部構造である。また、証券の複層化や投資単位間の相互責任制限によって投資の効率化や危険分散を行うことを可能にし、あるいは資産証券化に必須の倒産隔離性を強固に保障するのが上部構造である。現在、統一州法委員全国会議において進行している統一ビジネス・トラスト法の議論もこの方向性を維持しており、本立法の潮流がビジネス・トラストのあり方を支配していくであろうことは疑いない。ここにビジネス・トラストは、制定法上ようやく独立の範疇を獲得したのである。かくして本章において、今次に至りビジネス・トラストがかつての一般的企業組織形態から、金融分野のための特殊企業組織形態へと変容し、法人、組合に続く企業組織法の第三の極として位置付けられるに至ったことが明らかにされる。

第1章　ビジネス・トラストの起源

第1節　小　　序

　ビジネス・トラストとは、成文の信託証書または信託宣言に基づき創設され、信託財産上の受益権を表章する持分証券の所持人たる受益者のために、受託者によって運営される法人格なき団体である。元来が自然発生的な団体であるためその起源は必ずしも明らかでないが、こうした法形式は19世紀末のマサチューセッツ州において利用された法人代用組織に始まると考えられている[1]。

　複数人がその資源を結集して事業を営むための手段としては、当時でも法人たる会社（incorporated company, business corporation）が最も進んだ形態であった。これには法人格の付与に基づく組織の永続性や株式の発行による多額の資本の糾合など、自然人では実現不可能で、かつ大規模な企業活動に適した種々の特典が認められたためである[2]。しかし、法人制度は沿革的に公法の一領域をなし事業独占権等の特権と不可分の関係にあって[3]、設立に厳

---

[1] E. H. WARREN, CORPORATE ADVANTAGES WITHOUT INCORPORATION 382 (1929); Symmonds, *Business Trusts*, 15 MARQ. L. REV. 211 (1961); C. ROHRLICH, ORGANIZING CORPORATE AND OTHER BUSINESS ENTERPRISES 199 (4th ed. 1967); G. G. BOGERT & G. T. BOGERT, THE LAW OF TRUSTS AND TRUSTEES, § 247 at 164 (rev. 2nd 1992).

[2] Raymond, *The Genesis of the Corporation*, 19 HARV. L. REV. 354-358 (1906); H. W. BALLANTINE, LAW OF CORPORATIONS § 9 at 37 (rev. ed. 1946); J. S. DAVIS, ESSAYS IN THE EARLIER HISTORY OF AMERICAN CORPORATIONS § 1 at 3 (1965).

[3] イギリス植民地としてのアメリカは、主として会社（company）制という機構を通じて開拓された。会社は、国王の特許状（Royal Charter）により個人の集団が法律上一個の法人として結合せしめられたもので、自治法規を設け、税を徴収し、かつ一体として行動する行政上の諸権利を付与された公法的存在であった（D. VOTAW, MODERN CORPORATIONS 21 (1965)；浜田道代「会社制度と近代的憲法体制の交錯」（青竹正一他編）『現代企業と法（平出慶道先生還暦記念）』（名古屋大学出版会・1991年）229頁）。マサチューセッツもまた、1629年、商業的目的のために交付された特許状に基づくマサチューセッツ湾会社（The Governor and Company of the Massachusetts Bay in New-England: Massachusetts Bay Company）によってその礎が築かれた。それはい

第1章　ビジネス・トラストの起源

格な手続を要しその存在はあくまで法の格別の授権に依存するなど、共同企業を望む多くの者にとって必ずしも容易に利用し得る存在ではなかった(4)。これに対して、複数人が連名で活動する組合（partnership）も古くから知られはしたが、それは当事者間の契約のみで組織し得る反面、出資者が自ら事業をなすことから資源的限界を生じやすく、しかも構成員から独立した単一の人格を有しないために内外の法律関係が複雑化するといった欠点を有しており(5)、共同企業への需要に充分応ずることはできなかった。

　この間隙に現れたのがビジネス・トラストに他ならない。法的基盤を信託に置くことで、法人としての要件を充足せず任意行為によって組織化し、経営管理の権限と事業財産の権原とを受託者に帰せしめることで経営の集中と事業の単一化とを図り、さらには譲渡可能な受益証券を発行して資本の集中を強化するなど、法人類似の構造を当事者間の合意によって作り出したのである。

　19世紀の後半、とくに南北戦争終結後、アメリカ経済は飛躍的な成長を遂げたが、マサチューセッツはニュー・ヨークやペンシルヴァニアなどと並んで、多様な産業において主導的な地位を占めており、共同企業組織に対する差し迫った需要を抱えていた。以下本章では、ビジネス・トラストがマサチューセッツに出現した背景を、当時の経済と企業組織法の状況に探り、そ

　　　わゆるプランテーションによる契約奴僕の手法を採らずに、宗教的圧政から逃れる意図をもって、支配階級を含む清教徒が会社株式を取得し自ら開拓の担い手となることを宣誓して入植したものである。その初期の統治形態は近代的会社法人の形態に極めて近く、自由公民（freemen）は株主に、総督（governor）は取締役になぞらえて把握されたが、集会の場所が特許状に規定されなかったため、会社全体をアメリカに移転することができたのである（H. U. FAULKNER, AMERICAN ECONOMIC HISTORY 52（8th ed. 1960）；ハロルド・U・フォークナー（小原敬士訳）『アメリカ経済史（上）』（至誠堂・1968年）69頁；C. J. HILKEY, LEGAL DEVELOPMENT IN COLONIAL MASSACHUSETTS 1630-1686, at 9（1967）.

（ 4 ）　See Trustees of Dartmouth College v. Woodward, 17 U. S. 518（1819）. 19世紀に入っても、こうした法人の設立目的は、とくに資金の大規模な集約が要請される銀行や鉄道・運河のような社会基盤整備に限られた。それは企業組織と営業の独占権等の特権が結合したもので、私的資本をもって構成されるとはいえ、依然として公法人に近い存在であった（M. J. HORWITZ, THE TRANSFORMATION OF AMERICAN LAW, 1780-1860, at 116-118（1977）.).

（ 5 ）　BALLANTINE, *supra* note 2, § 2 at 6.

の起源に迫る作業としたい。

第2節　近代アメリカの経済状況

　アメリカ経済はイギリスの重商主義政策の範疇で開始された。重商主義の基調は、植民地を本国の原料および特産物の供給地として、そして同時に工業製品の市場地として独占的に把握し編成することにあった。イギリスが17世紀から18世紀にかけて行った、航海条例（Navigation Acts）による植民地貿易独占政策、そして毛織物条例（Woolen Act）や鉄条例（Iron Act）による植民地工業抑圧政策は、同体制を維持強化する趣旨に出たものである[6]。アメリカ独立革命は、こうした植民地政策に対する反抗であり、植民地の政治的経済的自立の戦いであった。植民地体制の枠内で徐々に発達していった工業生産力は、やがて重商主義政策と矛盾対立するようになり、ついには植民地体制そのものを揚棄するに至ったのである[7]。

　植民地工業は、ニュー・イングランドを中心とする北部の定住植民地に発生した。そこでは早くから自由な小土地所有者が多様な社会的分業を展開させており[8]、独立手工業者による商品生産も漸次拡大していった。また、北部では南部のプランテーション植民地のように本国の必要とする原料・特産物が産出されなかったため、いわゆる三角貿易（triangular trade）によって工業製品を輸入しその支払手段獲得を目的として西インド諸島や南ヨーロッパ貿易への輸出を増加させるか、または必要な工業製品を自給するかを選ばざるを得なかった[9]。そして彼らは諸産業の自給化の途を選択したのである。

　こうしたアメリカ工業の展開において、常に枢要な地位を占めたのがマサチューセッツである。17世紀の中心的工業であった毛織物業と製鉄業については、それぞれ内陸部のノーザンプトン、沿岸部のリンが先駆けた[10]。18

---

(6)　M. G. BLACKFORD & K. A. KERR, BUSINESS ENTERPRISE IN AMERICAN HISTORY 50 (1986)；鈴木圭介編『アメリカ経済史』（東京大学出版会・1972年）56頁〔宮野啓二執筆〕。
(7)　鈴木〔宮野啓二執筆〕・前掲注(6)56頁。
(8)　後掲注(40)参照。
(9)　FAULKNER, supra note 3, at 81；フォークナー・前掲注(3)108頁。
(10)　鈴木〔宮野啓二執筆〕・前掲注(6)61-67頁。

世紀までの貿易は、セイラム、プリマスその他の海港都市を拠点に発達し、19世紀に入る頃にはボストンに集積された[11]。19世紀前半の木綿工業の発展は、北マサチューセッツのウォルサムが担った[12]。それは、ボストン商人（Boston Associates）がかつての利益基盤であった中立貿易の崩壊をうけ、商業資本の再投資の意味をもって、近代的工場の経営を開始したことを起源とする[13]。伝統的な利潤の機会が衰えると、商業資本は、新しくそして一層利潤の多い投資の機会を見出し、工業資本に転化したのである[14]。小工場の所有者はこれに触発され操業を活発化させた。彼らは当初資本の裏付けを持たなかったが、自らの企業が充分な大きさに達するまでその富を再投資した。また、製造工業の成功は多額の利潤をもたらし、ときに、事業拡張のための内部留保のみならず、部外者に対する投資刺激をも与えた。製造工業への資金の動員は南北戦争を挟んで大きく伸長したが、その相当部分がマサチューセッツに投下されていたのである。

　ここで重要な意味を持ったのが、事業資金を集約し管理運用するための企業組織である。少数者による同族的な経営については組合、多数者の資金導入による集中的な経営については法人が、それぞれ既存の企業組織形態として存在していた。しかし続いてみるように、マサチューセッツではそのいずれについても制限的な立法政策が敷かれまたは抑制的な判例解釈が採られていた。1861年に勃発し1865年に終結した南北戦争（civil war）は、すでに経済的自立の傾向をみせていた北部工業州と、植民地的経済で利潤を得ていた南部農業州との利害対立が激化した末の出来事であったが、北軍の勝利によりこの後アメリカは本格的な産業革命期を迎え経済の急激な拡大をみせた。そして新しい企業組織形態としてのビジネス・トラストもまた、そのなかでマサチューセッツに現れたのである。

---

(11)　FAULKNER, *supra* note 3, at 234；フォークナー・前掲注(3)310頁。
(12)　平出宣道『アメリカ資本主義成立史研究』（岩波書店・1994年）133−134頁。
(13)　BLACKFORD & KERR, *supra* note 6, at 100-101；FAULKNER, *supra* note 3, at 248, 250。
(14)　FAULKNER, *supra* note 3, at 242；フォークナー・前掲注(3)305−306、319頁。

第3節　制限的法人政策の諸相

第1項　近代アメリカ法人政策の一般的傾向

　1776年の独立宣言前のアメリカにあっては、植民地の一部がそれ自体イギリスの特許法人であり(15)、その他もおおむねイギリスの直接的な統治または間接的な支配下に置かれていたため、特に権限の委譲を受けない限り自ら法人を設立することはできなかった(16)。法人はさらに他の法人を設立することができないというコモン・ロー上の原則により、植民地は各々の必要に応じて会社法人をつくることを妨げられたのである(17)。また、この時代イギリス本土での法人設立抑制策が反映し、アメリカにおいて法人の設立が認められた例は稀であった(18)。

　独立後、法人認可の一般的な権限は諸州に移管され、法人格の付与は州立法府が特別法を制定して特許状(charter)を交付するか、または特許状付与の権限を州知事に与えることによりなされることとなった(19)。その初期にみられたのが、有料道路や運河等の国土開発、あるいは銀行や保険のように、巨額な資金の集中を要する準公的存在（*quasi* public）としての法人であったが(20)、18世紀を通じて南西部開発に伴う通商の拡大および工場制工業の発

---

(15)　A. B. Levy, Private Corporations and Their Control, vol.2, at 103-104（1950）; Davis, *supra* note 2, at 6-7.

(16)　W. M. Fletcher, Cyclopedia of the Law of Private Corporations § 1 at 6（perm. ed. 1983 & 1999 rev. vol.）; Levy, *Id.* at 103; 酒巻俊雄「株式会社の本質観と会社法理」『英米会社法の論理と課題（星川長七先生還暦記念）』（日本評論社・1972年）6頁。

(17)　Levy, *supra* note 15, at 103-104; 本間輝雄『英米会社法の基礎理論』（有斐閣・1986年）153頁。

(18)　J. S. Davis, Eighteenth Century Business Corporations in the United States 7, 24 tbl. I（1917）; S. Livermore, Early American Land Companies: Their Influence on Corporate Development 75-80（1939）; Blair, *Locking in Capital: What Corporate Law Achieved for Business Organizers in the Nineteenth Century*, 51 UCLA L. Rev. 415（2003）.

(19)　A. W. Machen, A Treatise on the Modern Law of Corporations § 3 at 4（1908）; Ballantine, *supra* note 2, § 9 at 37; Levy, *supra* note 15, at 105; 浜田・前掲注（3）249頁。

(20)　J. W. Hurst, The Legitimacy of the Business Corporation in the Law of the United States 1780-1970, at 4（1970）; Votaw, *supra* note 3, at 23.

第1章　ビジネス・トラストの起源

達が国内でも着実に進行し、社会に散在する資本を結集して強力なものとする会社法人への需要が高まった(21)。その結果、19世紀に入る頃には、製造業その他の営利事業で法人の活発な設立をみはじめ、それらを担い手とする産業経済が進展していくこととなった(22)。

　こうした法人設立需要の急激な増加の前に、従来の認可法制の維持は不可能となった。すなわち、個々の申請に応じて特別立法をなすことが困難となり、しかも、特別法の制定に関連して多くの不正を生んだことから、1811年のニュー・ヨーク州製造会社法（Manufacturing Corporation Act, 1811）を嚆矢として、多くの産業州が準則主義を採用したのである(23)。さらに、1830年代にいわゆるジャクソニアン・デモクラシー（Jacksonian Democracy）の勃興をみると、平等の旗印の下に法人の利用機会の開放を求める声が強まり、大多数の州が一般会社法（general corporation law）を成立させることとなった(24)。

　しかし、この時期の一般会社法の展開には、法人設立についての一見許容的な態度とは裏腹に、その活動を束縛する政策が組み合わされていた。法人という存在は一部の個人に対して他にはない権力を与えるもので、本質的に平等を害するとの考え方が支配的であったためである(25)。その趣旨を徹底するならば、本来法人の設立そのものを抑制すべきところであるが、経済の

(21)　Livermore, *Unlimited Liability in Early American Corporations*, 43 J. POL. ECON. 674-675 (1935).

(22)　LEVY, *supra* note 15, at 109; BALLANTINE, *supra* note 2, §9 at 37.

(23)　VOTAW, *supra* note 3, at 23. 同法の詳細につき、伊藤紀彦『ニュー・ヨーク事業会社法史研究』（信山社・2004年）114-121頁、準則主義の始期につき、伊藤紀彦「アメリカにおける事業会社の設立に関する準則主義の成立時期について」中京法学31巻3号（1997年）6頁以下参照。

(24)　A. M. SCHLESINGER, THE AGE OF JACKSON 336-337 (1945); H. HOVENKAMP, ENTERPRISE AND AMERICAN LAW 1836-1937, at 36-39 (1991); Horwitz, *Santa Clara Revisited: The Development of Corporate Theory*, 88 W.WA. L. REV. 181 (1985); モートン・J・ホーウィッツ（樋口範雄訳）『現代アメリカ法の歴史』（弘文堂・1998年）90頁；浜田道代「アメリカにおける会社制度の歴史的展開—独立から合衆国憲法体制の定着まで」（名古屋大学）法政論集142号（1992年）365-368頁、本間・前掲注(17)179頁。この時期の鉄道開発熱が会社制度の発達を後押しした面もある（Dodd, *Statutory Developments in Business Corporation Law*, 50 HARV. L. REV. 28 (1936).)

(25)　HURST, *supra* note 20, at 43; FLETCHER, *supra* note 16, §2 at 8. See Head v. Providence Ins. Co., 6 U.S. 127 (1804).

急速な発展に直面し法人設立の認可を個別手続から一般基準の充足へと緩和せざるを得なくなったことで、上記の理念を貫徹するため必然的に、その活動の自由を事後的に抑制し濫用を防止する態度に傾斜していったのである[26]。州政府による規制は、議会の特別法に基づく特許状または一般会社法に基づく基本定款の内容の制限として現れた。事業目的、資本金額、および存続期間のいずれについても、厳格な制限がみられた。事業目的はこれを明確にしなければならず、州によっては営利法人が営むことのできる事業をただ一つに限定するものすらあった[27]。資本金額は、一般会社法の制定後もなおその上限を設けるというかたちで制限された。同様に組織の存続期間も、銀行等特殊なもので50年から99年、一般事業では20年から30年に制限されるのが常であった。

こうして諸州の19世紀半ばまでの法人政策は一様に制限的なものであったが、中でもマサチューセッツは早くから産業州として知られながら、ビジネス・トラストの生成に直接作用したとみられる突出して厳格な態度をもって法人規制を行っていた。ビジネス・トラストは Massachusetts trust とも称されるように、その直接の起源はマサチューセッツに起こった任意団体に求められる。続いては、ビジネス・トラストが案出され利用されるに至った理由を、同州議会の法人政策に尋ねることにする。

第2項　設立特許主義

マサチューセッツは、家内制手工業から工場制機械工業への転換が他州に先んじてなされた州として知られている。動力機械の使用は工場という組織的な施設を要し、綿工業の分野でその傾向が顕著にみられた[28]。同産業はロード・アイランドですでに開始されていたが、豊富な労働力と動力源となる水資源に恵まれ、設備投資に必要な資金を商業資本において獲得していた

---

(26)　正木久司「株式会社の歴史」同志社商学38巻3号（1986年）177－178頁、久保田安彦「初期アメリカ会社法上の株主の権利（1）」早稲田法学74巻2号（1999年）88、90頁。

(27)　E. M. DODD, AMERICAN BUSINESS CORPORATION UNTIL 1860 WITH SPECIAL REFERENCE TO MASSACHUSETTS 386 (1954); HURST, *supra* note 20, at 45.

(28)　DODD, *Id*, at 365; 平出・前掲注(12)129、134頁。

マサチューセッツが間もなくこれを凌駕して、19世紀初頭には綿織物の主要生産地となった[29]。

こうした経済活動の活発化を背景としてマサチューセッツ州立法府が製造業者に対して行ったのが、製造会社設立特許状（manufacturing corporation charter）の付与である。1789年から1808年の20年間に僅か10件の特許状を付与したに過ぎない同州が、1809年には8件、その後1815年までに107件の法人設立特許状を織物事業者に与えたことは、同産業がこの頃急激に発達したことを意味する[30]。そうした法人設立の高揚は1850年代まで続いた。ただし留意すべきは、この時期の同州において、近代的法人の一般的な開放を拒む制限的な政策が採られていたことである。

マサチューセッツの法人政策を特徴付けるものとして、まず設立立法主義たる特許主義の維持を挙げることができる。同州は、1809年には製造会社法（Manufacturing Corporation Act, 1809）を、1851年には一般事業会社法（General Corporation Act, 1851）をそれぞれ成立させていた[31]。しかし、一般会社法の制定後もなお、しばらく特別法に基づく法人設立の途が残されたばかりか、むしろ特許に基づく法人が重用されていたことが指摘されなければならない。形式上、法人格の取得は一般に開放されていたが、19世紀の後半に入っても、実際には同州における法人設立の4分の3は特別法に基づくものであった[32]。

その背景には、立法府が特許状に基づく法人のみを本来の法人と考え、一般会社法に基づく法人の権能を制限的に解する観念を払拭できなかったことがある[33]。そこで、一般会社法に基づく場合には授権資本総額に上限が付

---

(29) Dodd, *The Evolution of Limited Liability in American Industry: Massachusetts*, 61 HARV. L. REV. 1352（1948）; 本間・前掲注(17)151頁。

(30) 本間・前掲注(17)155頁。

(31) Kessler, *Incorporation in New England*, 8 J. ECON. HIST. 44（1948）; Sowards & Mofsky, *Factors Affecting the Development of Corporation Law*, 23 U. MIAMI L. REV. 483（1969）; 小山賢一「マサチューセッツ株式会社形成史（2）」大阪経大論集87号（1972年）72、78頁。

(32) Kessler, *Id.*, at 40; 本間・前掲注(17)181頁。

(33) たとえば1851年法は授権資本の最高額を20万ドルとしており、この額は漸次引上げられたものの最終的に撤廃されたのは1903年である（DODD, *supra* note 27, at 386; 本間・前掲注(17)181、183頁注(12)。）。

され、あるいは広範な行為能力は特許を通じてのみ得られるという状況が生じていた[34]。かかる特許主義の維持が一般会社法の発達を阻害したことにより、当事者の意思のみに基づき自由な活動を行うことができ、存立の基盤を制定法に求めることのない信託に注意が向けられることとなったのである。

第3項　制限的権利能力主義

マサチューセッツの法人政策の制限性を表すいま一つの特徴が、事業目的の厳格運用による権利能力の限定である。1874年マサチューセッツ州事業会社法（Business Corporation Act, 1874）の成立前、同州一般会社法に基づく法人にあっては、その目的が、農業および園芸、採鉱および採石、印刷、運河、ガス製造販売、ならびに運送といった特定分野に限られ、それら以外の活動は認められなかった[35]。これに対して1874年法は、旧法のように事業目的を限定せず、「いずれかの合法的目的（any lawful purpose）」を行い得るものとした点で画期的なものであった[36]。

ところが1874年法も、不動産取引については、これを法人が行い得る目的から除外していた。特許状に基づく不動産法人（real estate corporation）がそれ以前から複数設立されていたように、法人による不動産の売買が一般的に違法とされていたわけではなかったが[37]、法人設立特許状を交付する権限はかつて立法府が独占的に有しており、その政策は不動産法人を設立する特許状の付与に極めて消極的であったことが反映して、後の同州制定法も法人による不動産取引の自由を拒むこととなった[38]。特許法人に加えられていた種々の制限が一般会社法によって次第に取り除かれていくなかで、このような制限が依然効力を持ち続けたのは、不動産取引の商業化は投機を呼び弊害が少なくないと考えられ[39]、またイギリスのいわゆる死手法（mortmain laws）[40]の影響下にあって、法人の所有に帰すことで土地の流通が遮断され

---

(34)　L. E. Ribstein & P. V. Letsou, Business Associations § 1.04 at 10-11 (3rd ed. 1996).
(35)　Mass. House Legislative Doc. No. 1646, at 13 (1912).
(36)　Id.
(37)　Mass. House Legislative Doc. No. 1646, at 14 (1912); Davis, supra note 2, at 97.
(38)　Mass. House Legislative Doc. No. 1646, at 14 (1912).
(39)　Id.

第1章　ビジネス・トラストの起源

不動産分布が恒久的に固定されることがおそれられた結果と思料される[(41)]。もとより、かつての封建制度下の教会におけるのと異なり、近代法人によって保有される不動産は動産と同様に譲渡の対象となり、また自然人のそれと同じく課税の対象となるのであって、こうした考え方はいよいよ社会の実情に合わなくなり、1912年に制限は撤廃された[(42)]。しかし、成長著しい工業都市を数多く擁するマサチューセッツ、とりわけ産業社会の拠点として土地開発需要が高揚していた州都ボストンでは、そうした法規制の緩和に先んじ

---

(40) 教会等の法人に対して不動産権を移転することは、その不動産があたかも死人の手に帰したように相続等が行われない状態になるため、死手と呼ばれた。封建制下のイギリスでは、教会や法人に土地の譲渡がなされると相続や婚姻に伴う課税（feudal incidents）の機会が失われることから、1215年の大憲章（Magna Carta）以来数次にわたって、このような死手たる教会等への土地の譲渡を国王の許可なく行うことを禁じる法が制定された（K. E. DIGBY, AN INTRODUCTION TO THE HISTORY OF THE LAW OF REAL PROPERTY, ch. III § 8 at 98-99 (1875); J. R. DOS PASSOS, COMMERCIAL MORTMAIN 1-2 (1916); VOTAW, supra note 3, at 23; 水島廣雄『信託法史論（改訂版）』（学陽書房・1967年）109頁）。そして、マサチューセッツ州は少なくとも18世紀末まではその直接的効力を認めており、その後の同州でも会社設立特許状ないし制定法中に同趣旨の条項が含まれることが少なくなかった（Bartlet v. King, 12 Mass. 536 (1815); J. K. ANGELL & S. AMES, A TREATISE ON THE LAW OF PRIVATE CORPORATIONS AGGREGATE 113-115 (3rd ed. 1846); V. MORAWETZ, A TREATISE ON THE LAW OF PRIVATE COPORATIONS 312 (2nd ed. 1886).）。ところで、マサチューセッツを含むニュー・イングランド植民地において採られた土地分与方法は、タウン（town）と呼ばれる小規模・平等なものであり、土地保有方法は、自由鋤奉仕保有（free socage）と呼ばれる非宗教的・非軍事的性格の農事奉仕を中核とするものであった。いずれも故国でのそれを踏襲した制度であったが、入植の大部分を占めた中産階級（yeoman）に属する清教徒の意図したところは、封建的土地所有に基底された社会を植民地に移植することではなく、むしろそれを桎梏と捉えるがゆえに新社会を創造することにあった。したがって、土地制度の形態上の類似性にも関わらず必然的に封建的隷属とは逆の方向性が現れ、タウンの核である共同地は消滅していき、奉仕に代わる免役地代（quitrent）も実質的には徴収されずに、近代的土地保有（freehold）が確立されていくこととなった（鈴木〔鈴木圭介・楠井敏郎執筆〕・前掲注(6)10、18－19、33－34頁、金山正信『アメリカ近代土地所有権序論』（法律文化社・1984年）132、252頁）。こうした事実は、封建的拘束の保存を目的とする死手法の援用を排除するかにみえるが、彼らにとって、法人への土地の集中と固定は、前近代的土地制度への回帰と封建的隷属を想起させる現象であり、本来の趣旨から離れてその効果に正当性を認めたものと考えられる。

(41) Mass. House Legislative Doc. No. 1646, at 13-14 (1912).

(42) H. G. HENN & J. R. ALEXANDER, LAWS OF CORPORATIONS AND OTHER BUSINESS ENTERPRISES § 58 at 117 n.2 (3rd ed. 1983). もっともその後も現在に至るまで不動産法人の存続期間は最長で50年を超えることを得ないものとされている（MASS. GEN. LAWS, ch. 156 § 7.）。

第 3 節　制限的法人政策の諸相

て、不動産の取得または取引を事業化する必要が生じていた[43]。創設目的を制限されない信託が、法人の代替作用を営むものとして脚光を浴びたのはそのためである[44]。

　ところで、南北戦争以前は小規模な製造工場の黄金時代であって、典型的な企業組織としては同族または一握りの関係者による組合的共同経営（co-partnership）が採られていた。しかし1870年代以降はこの傾向に変化が現れた。企業の活動範囲と規模が拡大し、企業間競争が一層不確実で激しいものになるにつれ、少数者による共同出資共同経営の方法による伝統的な手法は不適当なものとなっていったのである。事業用設備、在庫品等のために必要な資金は個人には余りに大き過ぎ、あるいは急速な産業化の結果として発生した激烈な生存競争という危険の前に個人は余りに小さ過ぎた。その結果、会社形態が選択されはじめ、さらには、激しい競争の中で窮地に陥ることから逃れるために、企業合同（combination）の途が模索されることとなった[45]。

　ところが、当時の州会社法はほとんど例外なく、権限踰越（*ultra vires*）を根拠に、法人が他の法人の株式を取得すること、他の法人と組合契約を締結し合弁事業を行うこと、および他州において営業し資産を取得することを禁止しまたは制限していた。いわゆる持株会社（holding company）が許容されたのは1897年のニュー・ジャージーが最初であるから[46]、長い間、法人同士の結合は不可能な状況にあったわけである。受託者が株式の管理の委託を受けることで持株会社類似の機構となし得る信託が、州会社法の適用を受けな

---

(43) Wrightington, *Voluntary Associations in Massachusetts*, 21 YALE L. J. 312 (1912). Wrightington によれば、当時のマサチューセッツにおける近代的構造物の建設資金は、法人に対するこうした制限のために、ビジネス・トラストをもって調達されることが多く、したがって投資家もまたその発行する証券に精通していたとされる。

(44) Minkin v. Comm'r, 425 Mass. 174, 680 N.E.2d 27 (1997); Mass. House Legislative Doc. No. 1646, at 13-14 (1912); Comment, *Massachusetts Trust*, 37 YALE L. J. 1106 (1928); Jones, *Moret & Storey, The Massachusetts Business Trust and Registered Investment Companies*, 13 DEL. J. CORP. L. 426 (1988); HENN & ALEXANDER, *supra* note 42, at 117; Symmonds, *supra* note 1, at 211; 大阪谷公雄「アメリカに於けるビジネス・トラスト」信託 6 号（1950年）2 頁、雨宮孝子・今泉邦子「ビジネス・トラストの研究」信託181号（1995年）5 頁。

(45) FAULKNER, *supra* note 3, at 420, 426; フォークナー・前掲注(3)550頁。

(46) Luce, *Trends in Modern Corporation Legislation*, 50 MICH. L. REV. 1926 (1952); FAULKNER, *supra* note 3, at 427-428; フォークナー・前掲注(3)557－558頁。

い企業結合手段として衆目を集めた理由である(47)。

第4項　株主無限責任主義

マサチューセッツにおける法人政策のいま一つの制約的部面として、無限責任主義の堅持を看過することができない。その構成員たる株主の有限責任は法人の絶対的属性とは考えられてはいなかったが、アメリカ法が継受した時点のイギリス法は、すでに法人格の作用としての株主責任の対外的遮断を認識していた(48)。マサチューセッツにおける19世紀初頭の判例にも、未弁済債務の履行のために法人が株主に追徴を課すことを否定する判例が複数みられた(49)。にもかかわらず同州が立法政策として採用したのは、無限責任法人（unlimited-liability corporation）という考え方であった。

その理由としてDoddは、無限責任を負う個人または組合による営業者が多数を占めるなかで、競合関係に立つ一部の者に有限責任を認めるのは平等の理念に反し、そして、予測し難い市況の変化によって業績が左右される営

---

(47)　H. B. THORELLI, THE FEDERAL ANTITRUST POLICY: ORIGINATION OF AN AMERICAN TRADITION 76 (1954); W. R. SPRIEGEL, PRINCIPLES OF BUSINESS ORGANIZARION AND OPERATION 36 (3rd ed. 1960); 谷原修身『独占禁止法の史的展開論』（信山社・1997年）93－94頁。会社株主がトラスト協定（trust agreement）に参加して、所有株式を受託者会（board of trustees）に預託し、代わりに信託受益証券（trust certificate）を交付されて受益者（beneficiary）となるという信託形成が19世紀の終わりに多数表れた（H. R. SEAGER & C. A. GULICK, JR., TRUST AND CORPORATION PROBLEMS 49-50, 110-112 (1929); 谷原・前掲119頁）。そうしたものでは1879年のStandard Oil Trustが著名であるが、受託者に絶対的な権限を与えたため独占につながり、そして強大化した経済力に対する反感が1889年以降幾つかの州で規制法を生んで、1890年には連邦政府の手でシャーマン反トラスト法（Sharman Anti-Trust Act, 1890）が制定された（Dana, *The Supreme Court and the Sherman Anti-Trust Act*, 16 HARV. L. REV. 178 (1903).）。もっともこれが公序に反するとされたのは競争制限的結合（combination in restraint of competition）にあたるからであり、信託機構そのものが違法とされたわけではない（People *ex rel.* Peabody v. Chicago Gas Trust Co., 130 Ill. 268, 22 N.E. 798 (1889); State *ex rel.* Attorney Gen. v. Standard Oil Co., 49 Ohio St. 137 (1892); State *ex rel.* Knox v. Edward Hines Lumber Co., 150 Miss. 1, 115 So. 598 (1928); Watkins, *The Changes in Trust Policy*, 35 HARV. L. REV. 819 (1922).）。

(48)　Dodd, *supra* note 29, at 1356.

(49)　Ellis v. Marshall, 2 Mass. 269 (1807); Nichols v. Thomas, 4 Mass. 232 (1808); Andover v. Medford Turnpike Corporation v. Gould, 6 Mass. 40 (1809); Commonwealth v. Blue-Hill Turnpike Corp., 5 Mass. 420 (1809).

第3節　制限的法人政策の諸相

利事業において、株主の責任負担以外に債権者を保護する有効な手段がないと考えられたことなどを挙げる。そのため、法人設立特許状に株主無限責任条項が挿入されることが通例となり、しかも間接責任ではなく株主の直接責任が規定される例さえみられることとなったというのである[50]。一方 Handlin & Handlin は、無限責任が採用された理由を別の視点から分析する。すなわち、法人制度は自治体や教会などの公的な価値を実現する手段から私的な利益を促進する仕組へと転用されたが、独立戦争の終結まで、自治体法人はその債務の履行のために住民から徴税しまたは賦課金を徴収する権限を有しており、この関係が私法人にも類推されることで、株主への追徴ないしその追加払込義務が肯定されたという[51]。

　いずれにせよ無限責任政策は制定法にも踏襲されることとなった。つまり、会社設立の特許申請が急増してきたことから、議会は1809年、以後特許製造会社のすべてに適用される製造会社法を制定したが、それは債務の弁済を目的として株主に追徴をなすことを許容するうえに、法人に債務の弁済を要求しても履行されない場合、債権者が直接当該法人の株主の身体・財産に強制執行をなすことを認めた[52]。同法を文言通りに解釈すると、強制執行時点の株主のみが責任を負うことになり不合理である。そこで1822年に、債務発生当時の株主にも責任が及ぶとの改正がなされた[53]。この時マサチューセッツにおける無限責任政策は最高潮を示した。

---

(50)　Dodd, *supra* note 27, at 230; 小山賢一『アメリカ株式会社法形成史』（商事法務研究会・1981年）183-184頁、本間・前掲注(17)164、166-167頁。

(51)　O. Handlin & M. F. Handlin, Commonwealth 140-141 (1969). 対して Dodd は自治体の徴税権と私法人の追徴権とを関連付ける議論を避けている（Dodd, *supra* note 27, at 368-370.）。

(52)　Mass. Laws 1808, c. 66; Angell & Ames, *supra* note 40, at 548; Livermore, *supra* note 21, at 678; 本間・前掲注(17)180頁。この立法の評価を示す判例がある。Marcy v. Clark, 17 Mass. 330 (1821) において Parker 判事は、「議会は組合の原理を働かせ、賢明にも製造会社の構成員をして法人債務についての責任を負わせるのが適当であると考えた。増大しつつある企業家精神が生み出す特許法人の多数を考慮し、社会の利益のために共同財産に投資して広く信用を得ることを可能にしたとしても、その構成員はあくまで私的団体の構成員として負うべき責任を免れない」と述べた。

(53)　Mass. Laws 1821, c. 38. なお、Angell & Ames, *supra* note 40, at 548 および Livermore, *supra* note 21, at 678 は、1818年法（Mass. Laws, 1818, c. 183）に同趣旨の規定の存在を認めている。

第1章　ビジネス・トラストの起源

　18世紀において、特許会社を最も多く擁したのはマサチューセッツであったが、その後はニュー・ヨークに大きく遅れをとった。前者が製造会社に対して保守的な無限責任政策を採用したのに対し、後者は進取的な有限責任政策を採っており、企業家および投資家の保護の点で際立った対照をみせたためである。州外への産業と資本の逃避を危惧し、1830年に至ってマサチューセッツでも有限責任が採用されたが、それさえも特許製造会社に限定されていた[54]。同州で最初に準則主義を採用した1851年の一般会社法（General Corporation Act, 1851）に受け継がれたのは、有限責任ではなく無限責任の原則であった[55]。自己の引受株式についての払込義務を履行した株主が、他の未払込株式または法人債務につき一切の責任を負わないとされたのは、1870年の同法改正法においてである。他州の一般会社法における無限責任主義の撤廃が、たとえばニュー・ハンプシャーで1837年、ロード・アイランドで1847年であった[56]ことと比べると、無限責任がマサチューセッツでいかに強く信奉されていたかがわかる。こうした状況の下で、信託の法律効果である受益者の有限責任が、投資家誘引手段として着目されるのは当然であった。

第4節　抑制的組合解釈の諸相

　産業社会の進展を背景とする企業組織への高度な需要と、法人制度の発達を妨げる制限的な政策とがマサチューセッツにおいて同時に発現したことこそ、信託をもって法人に代替させる発想を生み、ビジネス・トラストを考案させた最大の要因ということができる。しかし、任意に組織化し団体を構成し得る点で、法の格別の授権を要する法人の対極に位置づけられるべきは信託に限られない。むしろ、企業組織としてより一般的な組合（partnership）において、かかる需要を汲むための展開がなかったのかどうか、別途検討する必要があろう。結論を先取りするならば、組合についてもマサチューセッ

---

(54) Mass. Laws, 1828, c. 53; Warren, *Safeguarding the Creditors of Corporations*, 36 HARV. L. REV. 525 (1923).
(55) Mass. Acts 1870, c. 224, § 39; DODD, *supra* note 27, at 386.
(56) N.H. Laws 1837, c. 322, p. 297; R.I. Pub. Laws 1847, c. 698; DODD, *supra* note 27, at 387-388.

ツの裁判所は抑制的な解釈を行ってその発達を阻害し、これが信託に法的基盤を置くビジネス・トラスト発生のもう一つの要因となったのである。以下では、組合およびその派生形態に対する同州裁判所の態度についてみていくことにする。

第1項　任意組合と有限組合

組合の基本型は任意組合（general partnership）と呼ばれるものである。それは、複数人が営利の目的をもって金銭、労務等を出資して事業を行う契約である。その構成員たる組合員(partner)は出資によって共同財産を形成しこれを運用するが、各組合員はそれぞれ本人として組合財産を合有しかつ組合の業務を執行して、組合員全員が利益の配分と損失の分担に与ることになる[57]。

任意組合の利点はその簡易性にある。植民地の規約においても、さらには独立後の連邦および州憲法においても、市民の契約自由は保障されており、当事者の意思に基づき文字通り任意に組合を組成することができ、かつその運営についても何ら法の制約を受けることがなかった。したがって法人規制の厳格期に、これが一般の商工業者が利用し得る最も手近な企業組織として広く利用されたことは疑いない[58]。ただ当時の任意組合は、いわゆる擬制説（aggregate theory）の下で自然人の集合体に過ぎないとみられたために[59]、

---

(57) HENN & ALEXANDER, *supra* note 42, §20 at 66-67; 戸塚登「英米会社法における法人性の特質」阪大法学67号（1968年）37頁。

(58) 20世紀に入るまで一般的な営利事業の多くは組合またはその派生形式をもって行われたといわれる（A. D. CHANDLER, JR., THE VISIBLE HAND: THE MANAGERIAL REVOLUTION OF AMERICAN BUSINESS 36 (1977); Sowards & Mofsky, *supra* note 31, at 478.）。

(59) その後、1914年の統一組合法（Uniform Partnership Act）は、組合を訴訟手続上の主体と認めて伝統的な組合法理である擬制説を改める第一歩を刻み（Crane, *The Uniform Partnership Act—A Criticism*, 28 HARV. L. REV. 762 (1915); Lewis, *The Uniform Partnership Act—A Reply to Mr. Crane's Criticism*, 29 HARV. L. REV. 158 (1915).）、1994年の改正統一組合法（Revised Uniform Partnership Act）はその指導理念として、組合を構成員から独立の法主体と認める実体説（entity theory）を採るに至った(W. A. GREGORY & T. R. HURST, UNINCORPORATED BUSINESS ASSOCIATIONS 479 (3rd ed. 2006); Uniform Partnership Act, Prefatory Note（http://www.law.upenn.edu/bll/ulc/fnact99/1990s/upa97fa.htm (visited Dec. 1, 2006).）なお、國生一彦『アメリカのパートナーシップの法律』（商事法務研究会・1991年）39頁以下、須藤徹『米国のパート

種々の運営上の欠点を負っていた。たとえば、その名において財産の所有権を取得できない、訴訟に際して、原告となる場合には全組合員が参加し、被告となる場合には全組合員が必要的共同被告とならなければならない、一組合員の死亡の場合も組合の解散となるといった点である[60]。また、任意組合の基本的性質としての無限責任は、多くの投資を取り込むについての障害となっていた。

このうち、企業経営上とくに深刻な無限責任の問題を立法によって解決しようとしたのが有限組合（limited partnership）である。それは、事業運営に関与する組合員（無限責任組合員 general partner）が無限責任を負担する反面、事業の運営に関与しない組合員（有限責任組合員 special or limited partner）については各自の出資額をもって責任が制限されるという組合契約である[61]。1822年にニュー・ヨーク州が大陸法上のコンメンダ（commenda）の制度を継受してこれを認めてから多くの州が続き、会社設立特許状が容易に得られない状況下で、有限責任を是認される共同企業組織としてアメリカ全土で広範な利用をみた[62]。

有限組合は、州制定法の規定に準拠しなければ存在自体が認められないものとされた[63]。法律上要求される事項には、次のものがみられた。その第一は、規約証書の作成と届出である。すなわち、組合員の氏名、住所、組合員の責任の別、商号、組合財産総額、事業目的、ならびに組合契約の始期および終期を記載した証書を作成し、届け出ることを要する。第二は、商号規

ナーシップ』（中央経済社・1994年）8－9頁参照。
(60) Schenkl v. Dana, 118 Mass. 236 (1875);ハンター・ヘイル（小沢優一・小田木毅訳）「米国のパートナーシップ（1）」国際商事法務3巻2号（1975年）24－25頁。
(61) F. R. MECHEM, ELEMENTS OF THE LAW OF PARTNERSHIP § 310 at 204 (1896); J. A. CRANE, HANDBOOK ON THE LAW OF PARTNERSHIP AND OTHER UNINCORPORATED ASSOCIATIONS § 26 at 112-114 (2nd ed. 1952); W. A. GREGORY, THE LAW OF AGENCY AND PARTNERSHIP § 264 at 435 (3rd ed. 2001); HENN & ALEXANDER, *supra* note 42, § 28 at 85.
(62) Lewis, *The Uniform Limited Partnership Act*, 65 U. PA. L. REV. 716 (1917); Kessler, *Limited Liability in Context: Lessons from the French Origins of the American Limited Partnership*, 32 J. LEGAL STUD. 530 (2003); HENN & ALEXANDER, *supra* note 42, § 28 at 86; CRANE, *Id.*, § 26 at 113 n.10.
(63) MECHEM, *supra* note 61, § 311 at 204; CRANE, *supra* note 61, § 26 at 114; HENN & ALEXANDER, *supra* note 42, § 28 at 89.

制である。すなわち、商号は「有限（limited）」の語を含み、かつ無限責任組合員全員の氏名を表出させることを要する。第三は、出資の目的の制限である。すなわち、責任財産の確保のため、無限責任組合員による出資は金銭によることを要する(64)。

有限責任組合員の責任制限が承認されるには、これらの要件のすべてについて現実の充足がなければならなかった(65)。およそ組合員はその本質において無限責任であり、責任制限は制定法の充足に基づく特権に過ぎず、したがって要件を満たさない場合彼らは組合債権者に対して当然に人的無限責任を負うものと考えられたのである(66)。ここには、判例法を緩和する制定法は厳格に解釈されなければならないとする原則が反映していた(67)。一般に、こうした解釈は漸次緩和され、特定の状況下で制定法が規定する範囲でのみ、有限責任組合員は責任を負担するとされるようになった(68)。それが企業家の事業拡大のために必要であり投資家の希望でもあったからである。しかし、マサチューセッツの裁判所は従来からの原則を適用し続け、債権者保護の名の下に新しい企業組織の利用を制限した(69)。反対に同州の投資家にしてみ

---

(64) Lineweaver v. Slagle, 64 Md. 465, 2 A. 693 (1886); *In re* Allen, 41 Minn. 430, 43 N.W. 382 (1889); MECHEM, *supra* note 61, § 312 at 204-205.

(65) Purdy v. Lacock, 6 Pa. 490 (1847); Haddock v. Grinnell Mfg. Co., 109 Pa. 372, 1 A. 174 (1885); Lineweaver v. Slagle, 64 Md. 465, 2 A. 693 (1886); White v. Eiseman, 134 N.Y. 101, 31 N.E. 276 (1892); Tindel v. Park, 154 Pa. 36, 26 A. 3007 (1893); Comment, *The Limited Partnership*, 45 YALE L. J. 896-8997 (1936); R. E. SEAVOY, THE ORIGINS OF THE AMERICAN BUSINRSS CORPORATION, 1784-1855, at 97 (1982); MECHEM, *supra* note 61, § 313 at 205; CRANE, *supra* note 61, § 26 at 116 n.18.

(66) Andrews v. Schott, 10 Pa. 47 (1848); Haggerty v. Foster, 103 Mass. 17 (1869); Sheble v. Strong, 128 Pa. 315, 18 A. 397 (1889); Vanhorn v. Corcoran, 127 Pa. 255, 18 A. 16 (1889); Manhattan Co. v. Laimbeer, 108 N.Y. 578, 15 N.E. 712 (1888); Briar Hill Coal & Iron Co. v. Atlas Works, 146 Pa. 290, 23 A. 326 (1892); Blumenthal v. Whitaker, 170 Pa. 309, 33 A. 103 (1895); MECHEM, *supra* note 61, § 313 at 205-206; CRANE, *supra* note 61, § 26 at 116 n. 8.

(67) Note, *Partners and Limited Partners Under the Uniform Acts*, 36 HARV. L. REV. 1016-1017 (1923); Coleman & Weatherbie, *Special Problems in Limited Partnership Planning*, 30 SOUTH. L. J. 888 (1976).

(68) Allegheny Nat'l Bank v. Bailey, 147 Pa. 111, 23 A. 439 (1892); White v. Eiseman, 134 N.Y. 101, 31 N.E. 276 (1892); CRANE, *supra* note 61, § 26 at 116 n.18.

(69) Pierce v. Bryant, 87 Mass. 91 (1862); Note, *supra* note 67, at 1017. 有限組合に対する法曹の関心も限定的なものであった（J. STORY, COMMENTARIES ON THE LAW OF PART-

第1章　ビジネス・トラストの起源

れば相対的に大きな潜在的危険を負わされていたわけである。

第2項　副次組合と利益参加基準

　有限組合の経営は、無限責任組合員のみによって行われるものとされ、有限責任組合員がこれに関与した場合、無限責任組合員とみなされることは確立した原則であった(70)。加えて前述のとおりに有限組合を通じた責任制限が絶対的なものでないことは、同趣旨を契約によって実現するという発想に結びついた。19世紀後半以降、副次組合（sub-partnership）と呼ばれる契約手法が任意組合を補い、外部資金の導入が行われていったのである(71)。

　副次組合とは、組合の一部構成員（普通組合員 common partner）が第三者（副次組合員 sub partner）との間で締結する、組合持分に由来する収益を分配

NERSHIP § 78 at 110-111（1841）.）。

(70)　Nutting v. Ashcroft, 101 Mass. 300（1869）; Sharp v. Hutchinson, 100 N.Y. 533, 3 N.E. 500（1885）; Columbia Land & Cattle Co. v. Daly, 46 Kan. 504, 26 P. 1042（1891）; Mann & Roberts, *Unincorporated Business Associations: An Overview of Their Advantages and Disadvantages*, 14 TULSA L. J. 30（1978）; Coleman & Weatherbie, *supra* note 67, at 897; MECHEM, *supra* note 61, § 315 at 206. 下って1985年改正1976年統一有限組合法（Revised Uniform Limited Partnership Act（RULPA）of 1976（amended 1985）.）において、経営に関与した有限責任組合員は責任制限を援用し得ないことが原則として確認されたものの（RULPA, § 303(a)）、その例外も明示されて従来の法理に緩和の方向性が現れた。すなわち、組合の解散、営業の全部または一部の譲渡等といった組合の基礎的変更についての承認という間接的なものについては、有限責任組合員の経営関与が例外的に許容された（RULPA, § 303(b)）。さらに、2001年の統一有限組合法（Uniform Limited Partnership Act（ULPA）of 2001）は、この態度を推し進めて、有限責任組合員が組合の経営に関与しまたは組合を支配したとしても、無限責任を招来しない旨規定するに至った（ULPA, § 303）。特段の要件を課されず全構成員の有限責任が認められるリミテッド・ライアビリティー・カンパニー（limited liability company）が法定されたことで、従来の基準をもって組合員の責任態様を制度的に切り分けることの合理性が失われたためである。

(71)　Burnett v. Snyder, 81 N.Y. 550（1880）; Cantara v. Blackwell, 14 Wash. 294, 44 P. 657（1896）; Channel v. Fassitt, 16 Ohio 166（1847）; Henry v. Evans, 95 Iowa 244, 63 N.W. 687（1895）; Mathewson v. Clark, 47 U.S. 122（1848）; Meyer v. Krohn, 114 Ill. 574, 2 N.E. 495（1885）; Newland v. Tate, 38 N.C. 226（1844）; Nirdlinger v. Bernheimer, 133 N.Y. 45, 30 N.E. 561（1892）; O'Connor v. Sherley, 107 Ky. 70, 52 S.W. 1056（1899）; Reynolds v. Hicks, 19 Ind. 113（1862）; Riedeburg v. Schmitt, 71 Wis. 644, 38 N.W. 336（1888）; Shearer v. Paine, 94 Mass. 289（1866）; Setzer v. Beale, 19 W.Va. 274（1882）; Replogle v. Neff, 176 Okla. 333, 55 P. 2d 436（1936）; Rowley, *Risk Evasion Through Sub-Partnership*, 30 COLUM. L. REV. 674（1930）.

第 4 節　抑制的組合解釈の諸相

しまたは同損失を分担することを内容とする合意 (agreement) である[72]。副次組合員は普通組合員間の合意ないし契約の当事者ではない。普通組合員と副次組合員との間には、組合を創設する意図も協同もないからである[73]。かくして副次組合は、受動的な投資家が過大な危険を回避するために選択可能な手段ということになる。すなわち理論上、副次組合員となる投資家は利益に参加する一方、契約で画された範囲でのみ債務についての責任を負うに過ぎない。そしてこの副次組合員の責任は、あくまで副次組合という契約関係によって基礎付けられるために、契約の一方当事者である普通組合員により約定の範囲でのみ強制され、基本組合の債権者によっては強制され得ないと考えられたのである[74]。

ところがマサチューセッツの裁判所は、契約に基づく組合員の責任制限に対しても否定的な態度で臨んだ。利益参加基準 (profit sharing test) に照らし、副次組合員は普通組合員と並んで組合契約の当事者としての責任を負うべきであるとしたのである[75]。利益参加とは、イギリスの先例 Grace 対 Smith 事件[76]および Waugh 対 Carver 事件[77]によって確立された組合関係決定基準

- [72] GREGORY, *supra* note 61, § 268 at 452; CRANE, *supra* note 61, § 28 at 123-124.
- [73] Burnett v. Snyder, 81 N.Y. 550 (1880); Setzer v. Beale, 19 W.Va. 274 (1882); Meyer v. Krohn, 114 Ill. 574, 2 N.E. 495 (1885); Riedeburg v. Schmitt, 71 Wis. 644, 38 N.W. 336 (1888); MECHEM, *supra* note 61, § 30 at 22 (1896); GREGORY, *supra* note 61, § 268 at 452; CRANE, *supra* note 61, § 28 at 124.
- [74] Burnett v. Snyder, 81 N.Y. 550 (1880); Setzer v. Beale, 19 W.Va. 274 (1882); Rowley, *supra* note 71, at 674; GREGORY, *supra* note 61, § 268 at 453.
- [75] Fitch v. Harrington, 79 Mass. 468 (1859); Pratt v. Langdon, 94 Mass. 544 (1866); Rowley, *supra* note 71, at 675.
- [76] Grace v. Smith [1775], 2 W. Blackstone.
- [77] Waugh v. Carver [1793], 2 H. Blackstone. 本件は、共同事業に由来する利益を一定の基準に従って分配する一方、各々の一般事業に由来する債務については互いに影響を受けないとする、事業者 Giesler と Carver との間の契約の効力が争われたものであったが、両者の関係が組合にあたり Giesler が負担した債務につき Carver が責任を負うかどうかにつき、Eyre 卿は以下のように述べて Carver の責任を認めた。「本件契約を文言通りに理解すれば、それは Giesler と Carver との間の、互いに組合関係に立たない旨の宣言である。両者は各々の事業の危険をあくまで各々で負担し、相手の事業に影響させないことを意図していた。しかし本件で問題となっているのは、彼らが互いにどのような関係に立つかではなく、彼らが第三者との関係でどのような地位に立つかである。したがって、ここで検討すべきは、Carver が Giesler の事業所の生み出す利益に多少なりとも参与していたかどうかであるが、その問いに対する答えが肯

(partnership test) であり、「当事者間に明示の組合契約が存しない場合であっても、事業における利益に参加する者はそれに伴う責任をも対外的に負担すべきである」とする理論である。当時、アメリカの多くの州はこれに倣っており(78)、その意味ではマサチューセッツの態度もことさら厳格なものではなかった。しかしイギリスで1860年の Cox 対 Hickman 事件(79)により、「ある者が組合員として責任を負う根拠は、その者が他の者を代理人として用い事業を行ったという点に求められる。これこそが組合責任の有無についてのあるべき基準であり、明示または黙示の権限付与に由来する責任である」(80)との理解が示され、単純な利益参加はもはや組合関係決定基準とはみられなく

定的なものであることは本件契約書から明らかである。すると Grace 対 Smith 事件判決の傍論で示されたように、利益の一部に参加する者は同時に損失の分担についてもこれを免れないことになる。なぜなら、事業利益を原資とする組合財産は債権者に対する弁済の引当となるべきものであり、利益分配を受けた事実に基づき、その者もまた債権者に対して人的責任を負うのである」。

(78) Dob v. Hasley, 16 Johns. (N.Y. 1819); Tappan v. Bailey, 45 Mass. 529 (1842); Sheridan v. Medara, 10 N.J. Eq. 469 (1855); Bromley v. Elliot, 38 N.H. 287 (1859); Pratt v. Langdon, 97 Mass. 97 (1867); Crane, *Are Limited Partnership Necessary?—The Return of the Commenda*, 17 MINN. L. REV. 353 (1933); MECHEM, *supra* note 61, §§ 56-57 at 41-44.

(79) Cox. v. Hickman [1860], 8 H. L. 268. 本件は、資金難に陥った事業所 Smith & Son の全財産が、債権者によって選任された受託者に譲渡され、その管理の下で Stanton Iron Company として経営されていたところ、利益の一部が Smith & Son に分配されたために取引債権者である Hickman の債権が回収不能となり、Hickman が利益参加基準に依拠しつつ債権の弁済を求めて Smith らを訴えたものである。Cranworth 卿は以下のように述べて、代理法理に基づき Smith らの責任を否定した。「組合事業に基づく利益に関係を有していることをもって彼らを組合員であるとするのは謬論である。表面上組合員でないものを法の適用上組合員とみなす場合の基準として、しばしば利益参加という点が説かれる。それは一般的にいって十分に妥当な基準である。利益を生み出した取引と負わせるべき債務との牽連性が認められる場合には、とくに説得的で決定的な要素となる。しかし、実際に発生する責任の基礎は、取引がその者を代理してなされたことにある。その場合本人は、取引債務につき責任を負いまたその取引に由来する利益に参加する資格を有する。このように、彼が利益に参加することが彼の責任の源であるということは正確ではない。むしろ、形式上取引当事者として責任を発生させた者と、これを代理人として使用する本人との関係がまず存在し、その関係の帰結として利益が生み出され分配されるのである。本件の場合、取引は受託者の名の下になされ、受託者は Smith の代理人ではない。したがって、その組合員としての責任を問うことはできない」。

(80) Harvey v. Childs, 28 Ohio St. 319 (1876) の要約による。

(81) MECHEM, *supra* note 61, §§ 58- 61 at 44-48; Crane, *Unintended Partnership*, 31

なると⁽⁸¹⁾、アメリカにおいても利益参加基準に基づく判例は改められていった⁽⁸²⁾。ところが、ニュー・ヨーク⁽⁸³⁾、ペンシルヴァニア⁽⁸⁴⁾などでは、古い考え方が変更不可能なほどに深く浸透しており、法律家の考え方は容易には変わらなかった⁽⁸⁵⁾。そして、マサチューセッツにおいても利益参加基準が維持されたことで⁽⁸⁶⁾、任意組合を通じた有限責任の実現の途は閉ざされることになったのである。

第3項　2つのアソシエーション形式

(1)　パートナーシップ・アソシエーション

利益参加基準と決別できずにいた州のなかには、パートナーシップ・アソシエーション (partnership association)⁽⁸⁷⁾と呼ばれる任意組合とも有限組合とも異なる新たな企業組織を制定法上定義して、この問題を解決しようとするところが現れた。パートナーシップ・アソシエーションとは、制定法の規定に基づき設立された法人格なき団体であり、構成員の責任が当初出資額を限度とする有限責任となるものをいう⁽⁸⁸⁾。1874年ペンシルヴァニア⁽⁸⁹⁾、1877

W. VA. L. Q. 6 (1924).
(82) Richards v. Grinnell, 63 Iowa 44, 18 N.W. 668 (1884).
(83) Leggett v. Hyde, 58 N.Y. 272 (1874); Hackett v. Stanley, 115 N.Y. 625, 22 N.E. 745 (1889); Hawkins v. Campbell 48 A.D. 43, 62 N.Y.S. 678 (1900).
(84) Wessels v. Weiss, 166 Pa. 490, 31 A. 247 (1895).
(85) Beecher v. Bush, 45 Mich. 188, 7 N.W. 785 (1881); Brandon & Dreyer v. Conner, 117 Ga. 759, 45 S.E. 371 (1903); Koppa v. Yocky, 76 Ind.App. 218, 131 N.E. 828 (1921); MECHEM, *supra* note 61, § 62 at 48.
(86) Lancaster v. Choate, 87 Mass. 530 (1863); Whitcomb v. Converse, 119 Mass. 38 (1875); Phillips v. Blatchford, 137 Mass. 510 (1884).
(87) BALLANTINE, *supra* note 2, § 3 at 10; CRANE, *supra* note 61, § 26 at 118; Note, *The Joint Stock Company and the Problems of the Close Corporation*, 50 IOWA L. REV. 127 (1964). 後のリミテッド・ライアビリティー・カンパニー (limited liability company) の原型がこれである (Gazur & Goff, *Assessing the Limited Liability Company*, 41 CASE W. RES. L. REV. 393-394 (1991); Sheffield, *New Jersey and Limited Liability Company—Perfect Together?*, 25 RUTGERS L. J. 165 (1993).)。
(88) Z. CAVITCH, BUSINESS ORGANIZATIONS WITH TAX PLANNING § 40.01 (1970).
(89) Pa. Laws 1874, Act 153, §§ 1-9, at 271-273. 同州のパートナーシップ・アソシエーションは、その後職業的専門家のための professional partnership association へと改組され (Pa. Laws 1970, Act 461, § 15(a)(1)-(5).)、一般企業組織としては廃止された (Pa. Laws 1970, Act 1305, § 50(g)(1).)。

年ミシガン⁽⁹⁰⁾、1880年ニュー・ジャージー⁽⁹¹⁾および1881年オハイオ⁽⁹²⁾がこうした規定を置いた⁽⁹³⁾。

　パートナーシップ・アソシエーションの最大の特徴は構成員責任の画一的制限が認められる点であるが、それに止まらず、集中的経営、団体持分の譲渡性、団体としての訴訟当事者能力、団体名義による財産所有など、法人類似の性質が数多く与えられていた⁽⁹⁴⁾。構成員の選択（*delectus personae*）が組合の唯一のなごりであり、持分の譲受人は組合員の過半数による承認なき限り、有効に組合員となり得ないものとされた⁽⁹⁵⁾。

　この制度の創設の元々の理由が利益参加基準の判例変更にあったことは明らかであるが⁽⁹⁶⁾、責任制限を全構成員にまで拡大し、その他種々の法人類似の性質をも付与した理由は、厳格かつ複雑な会社制度に対する反動であったとする見方が強い⁽⁹⁷⁾。たとえばペンシルヴァニアでは1873年の州憲法が、一般会社法規制の潜脱がなされることをおそれて、法人を設立するいかなる

---

(90)　Mich. Laws 1877, Act 191, at 207-210. 現行法につき Mich. Comp. Laws Ann. §§ 449.301-449.373.

(91)　N.J. Laws 1880, ch. 204, §§ 1-10, at 304-307. 同州のパートナーシップ・アソシエーションは、1984年以降新規の設立が認められず、その最長存続期間は20年であることから、2004年をもって廃止された（N.J Laws 1988, c.130: N.J. Stat. Ann. § 42.3-1; Sheffield, *supra* note 87, at 164.）。

(92)　Ohio Laws 1881, §§ 1-2, at 248-252. 現行法につき Ohio Rev. Code Ann. §§ 1783.01-1783.12.

(93)　Annot., *Limited Partnership Associations*, 59A Am.Jur.2d § 1408 at 957 (1987); Note, *supra* note 87, at 126. なお、Burke, Jr. & Sessions, *The Wyoming Limited Liability Company: An Alternative to Sub. S and Limited Partnerships?*, 54 J. Tax. 233 n.3 (1981) は、同種の制度がヴァージニアでも1874年から1918年の間存在したと指摘しているほか、1995年にはコロラド州がリミテッド・パートナーシップ・アソシエーション法を新設している（Colo. Rev. Stat. §§ 7-63-101 to 7-63-117）。

(94)　Cavitch, *supra* note 88, § 40.02; Crane, *supra* note 61, § 26 at 119; Note, *supra* note 87, at 126-127.

(95)　Carter v. Producers' Oil Co., 200 Pa. 579, 50 A. 167 (1901); Goodspeed v. Wayne, 199 Mich. 273, 165 N.W. 943 (1917); Schwartz, *The Limited Partnership Association—An Alternate to the Corporation for the Small Business with "Control" Problems?*, 20 Rutgers L. Rev. 30 (1965); Crane, *supra* note 61, § 26 at 119 n.26; Note, *supra* note 87, at 129.

(96)　Hill v. Stetler, 127 Pa. 145, 13 A. 306 (1889).

(97)　Note, *The Limited Partnership Association in New Jersey*, 10 Rutgers L. Rev. 701 (1956); Crane, *supra* note 61, § 26 at 118.

議会特別法も制定し得ない旨規定し[98]、これをうけて同州は翌1874年に一般会社法（General Corporation Law, 1874）を成立させた[99]。ところが会社法は法人の事業目的を限定列挙しており用途が限られたので、より許容的で有限責任を一般的に享受できる代替組織が求められたというのである[100]。

しかしながら、一部構成員の有限責任を定める有限組合についてさえ根強い抵抗があった当時、全構成員の有限責任を簡易な手続をもって認めることに反論がみられたのは当然である。有限組合の場合と同様、パートナーシップ・アソシエーションにおいても、法定要件が完全に充足されない限り、構成員の責任制限は認め得ないものとされた[101]。また、構成員の員数の上限、経営者の員数および選任方法、ならびに組織の存続期間には規制が加えられ[102]、しかも営業地はその設立州に限られた[103]。これら厳重な規制が影響して、パートナーシップ・アソシエーションは広範な認知を獲得し一般化することに失敗した。そしてマサチューセッツは、これに関する制定法を設けないばかりか、他州設立のパートナーシップ・アソシエーションを任意組合として扱うことで、有限組合に対するのと同様の抑制的態度に出たのである[104]。

(2)　ジョイント・ストック・アソシエーション

上記のように、制定法上の組合派生組織の利用には多々障害が存したが、反面法人の利用にも数々困難が伴った。そのため多くの企業家は、私的な契

---

(98)　PA. CONST. art. 3, § 7（1873）.
(99)　Pa. Sess. Laws 1874, No. 32.
(100)　Note, *supra* note 87, 126; Gazur & Goff, *supra* note 87, at 393 n.26. 当時のペンシルヴァニア州会社法が、労働者等の非任意債権者に対する株主の二重責任を規定していたこと（WARREN, *supra* note 1, at 508-514）は一つの例である。
(101)　Eliot v. Himrod, 108 Pa. 569（1885）; Sheble v. Strong, 128 Pa. 315, 18 A. 397（1889）; Note, *Business Associations in Pennsylvania*, 82 U. PENN. L. REV. 153（1933）; Note, *supra* note 97, at 704.
(102)　Gazur & Goff, *supra* note 87, at 394; Sheffield, *supra* note 87, at 165 n.100.
(103)　Gazur & Goff, *supra* note 87, at 394; Sheffield, *supra* note 87, at 165, Note, *supra* note 97, at 709.
(104)　Edwards v. Warren Linoline & Gasoline Works, 168 Mass. 564, 47 N.E. 502（1897）; HENN & ALEXANDER, *supra* note 42, § 43 at 102-103.

約によって自らの事業拡大の需要を充たしていった⁽¹⁰⁵⁾。任意組合を変質させて、ジョイント・ストック・アソシエーション（joint-stock association or company）として利用したのである。

　ジョイント・ストック・アソシエーションとは、事業の遂行により収益を得る目的で創設される法人格なき任意団体であり、構成員により拠出された資本が譲渡可能な持分に分割されるものをいう⁽¹⁰⁶⁾。その事業目的、組織の構成、および構成員の権利義務等の事項は、定款（articles of association）によって規律される⁽¹⁰⁷⁾。ジョイント・ストック・アソシエーションは自然人の任意の結合（voluntary association of individuals）で組合の一種であるが、法人の特徴の多くを備える⁽¹⁰⁸⁾。まさにそれらの中間に位置付けられるべき企業組織である⁽¹⁰⁹⁾。

　この団体の法人類似性の第一は、持分の譲渡が自由で構成員が容易に変更され得る点である⁽¹¹⁰⁾。これは団体の結合関係のあり方を構成員自身が決定するという構成員の選択（*delectus personae*）の原理を契約によって排除し、任意組合を変質させた効果に他ならない⁽¹¹¹⁾。組合では他の組合員の承認な

---

(105)　R. E. SEAVOY, THE ORIGINES OF THE AMERICAN BUSINESS CORPOREATION 1784-1855, at 65 (1982); Blair, *supra* note 18, at 416.

(106)　People *ex rel*. Winchester v. Coleman, 133 N.Y. 279, 31 N.E. 96 (1892); People *ex rel*. Power v. Rose, 219 Ill. 46, 76 N.E. 42 (1905); Evans, *The Evolution of the English Joint Sock Limited Company*, 8 COLUM. L. REV. 339 (1908); Lobingier, *The Natural History of the Private Artificial Person: A Comparative Study in Corporate Origins*, 13 TULANE L. REV. 58 (1938); Schmitthoff, *The Origin of the Joint Stock Company*, 34 TORONTO L. J. 74 (1939); Note, *The Joint Stock Company and the Problems of the Close Corporation*, 50 IOWA L. REV. 121 (1964); Campaigne, *Joint-Stock Companies*, 46 AM.JUR.2d § 3 at 4 (1994); Note, *supra* note 87, at 125; CAVITCH, *supra* note 88, at § 42.02.

(107)　Campaigne, *Id*., § 5 at 6.

(108)　I. M. WORMSER, DISREGARD OF THE CORPORATE FICTION AND ALLIED CORPORATION PROBLEMS 101-102 (1927); Campaigne, *supra* note 106, § 2 at 3; GREGORY, *supra* note 61, at 488.

(109)　Lyon v. Denison, 80 Mich. 371, 45 N.W. 358 (1890); *In re* Jones, 28 Misc. 356, 59 N.Y.S. 983 (1899); FLETCHER, *supra* note 16, § 21 at 450; GREGORY, *supra* note 61, at 488.

(110)　Hammond v. Otwell, 170 Ga. 832, 154 S.E. 357 (1930); GREGORY, *supra* note 61, at 489.

(111)　Hossack v. Ottawa Development Ass'n, 244 Ill. 274, 91 N.E. 439 (1910); GREGORY, *supra* note 61, at 489; CRANE, *supra* note 61, § 34 at 156.

くして組合員の変更をなし得ないが、ジョイント・ストック・アソシエーションでは持分が自由に譲渡され、他の構成員による承認に拠らずしてその譲受人は当然に団体の構成員となる(112)。このことは、不特定多数の投資家の資金を集約し得るという組織の拡張性、および構成員の死亡も団体の解散に帰結しないという組織の永続性に結びつく(113)。法人類似性の第二は、所有と経営の分離ないし集中的経営が採用される点であるが、これも共同出資共同経営という任意組合の性質を契約によって変更したものである。組合では組合員間に相互代理の関係がみられるのに対して、ジョイント・ストック・アソシエーションでは、その事業は理事会（board of managers）と呼ばれる自然人の集団の指揮の下になされ、これらの者の行為だけが団体を法的に拘束するものとされる(114)。このことは、規模の拡大と経営の複雑化に対処し得るという組織の発展性に結びつく。

　上述のように、ジョイント・ストック・アソシエーションは、何ら立法の援助を必要としないにもかかわらず実質的に法人の機能を享受し得るという利点を有していたが、同時に深刻な欠点も有していた。一つは構成員が無限責任を負うことであり、いま一つは団体名義で財産を保有できないことであった。前者に関しては、事業の共同所有者として代理人を用いて営利事業を行う限り、その構成員が本人として人的責任を免れることはできないというのが原則であった(115)。かりに内部的に構成員間で異なった債務負担割合

---

(112) Dinsmore v. J. H. Calvin Co., 214 Ala. 666, 108 So. 583 (1926); GREGORY, *supra* note 61, at 489; HENN & ALEXANDER, *supra* note 42, § 55 at 116.

(113) Willis v. Chapman, 68 Vt. 459, 35 A. 459 (1896); Spraker v. Platt, 158 App.Div. 377, 143 N.Y.S. 440 (1913); Dinsmore v. J. H. Calvin Co., 214 Ala. 666, 108 So. 583 (1926); GREGORY, *supra* note 61, at 489; HENN & ALEXANDER, *supra* note 42, § 56 at 116.

(114) McConnell v. Denver, 35 Cal. 365 (1868); McFadden v. Leeka, 48 Ohio St. 513, 28 N.E. 874 (1891); Spotswood v. Morris, 12 Idaho 360, 85 P. 1094 (1906); FLETCHER, *supra* note 16, § 21 at 454; GREGORY, *supra* note 61, at 487, 488-490; Note, *supra* note 87, at 118-119, 122; HENN & ALEXANDER, *supra* note 42, § 53 at 1114; Campaigne, *supra* note 106, § 6 at 7.

(115) Tappan v. Bailey, 45 Mass. 529 (1842); People *ex rel.* Winchester v. Coleman, 133 N.Y. 279, 31 N.E. 96 (1892); Ashley v. Dowling, 203 Mass. 311, 89 N.E. 434 (1909); Note, *supra* note 87, at 123; HENN & ALEXANDER, *supra* note 42, § 54 at 115; Campaigne, *supra* note 106, § 11 at 10; GREGORY, *supra* note 61, at 489; CRANE, *supra* note 61, § 34 at 157.

を定めても外部第三者に対抗できないものとされた⁽¹¹⁶⁾。後者に関しては、ジョイント・ストック・アソシエーションは構成員から独立の法主体とはみられず、したがって団体として訴訟の当事者となれないことはもちろん⁽¹¹⁷⁾、団体名義で財産を取得し所有しまたは譲渡することも認められなかった⁽¹¹⁸⁾。これらは組合の短所を受け継いだものであり、実際、多くの州のコモン・ロー上、ジョイント・ストック・アソシエーションは組合とみなされた⁽¹¹⁹⁾。マサチューセッツの裁判所の見方も同様であった⁽¹²⁰⁾。

　しかし、大規模な企業組織となるとそれに比例して不確実性も増大することから、投資家への適切な保護が不可欠となり、加えて対外関係を円滑化し法律関係の帰属を簡便化することも強く求められることになる。この必要を充たすものとしてジョイント・ストック・アソシエーション形式と組み合わせて利用されることになったのが信託である。すなわち、投資家を委託者兼受益者とし理事を受託者とすることで自益信託を構成し、受益者には物的有限責任が認められるようにした。また、財産を保有するため受託者を選任し、あるいは理事を代理人兼受託者として、これに事業財産の権原を帰属させたのである⁽¹²¹⁾。

---

(116) Farnum v. Patch, 60 N.H. 294 (1880); Note, *supra* note 87, at 123.
(117) Note, *supra* note 87, at 123.
(118) Beaman v. Whitney, 20 Me. 413 (1841); Burnside v. Merrick, 45 Mass. 537 (1842); Batty v. Comm'rs of Adams County, 16 Neb. 44, 20 N.W. 15 (1884); Byam v. Bickford, 140 Mass. 31, 2 N.E. 687 (1885); R. R. FORMOY, HISTORICAL FOUNDATIONS OF MODERN COMPANY LAW 33-36 (1923); FLETCHER, *supra* note 16, § 21 at 454; GREGORY, *supra* note 61, at 489; Note, *supra* note 87, at 119, 124.
(119) Carter v. McClure, 98 Tenn. 109, 38 S.W. 585 (1897); People *ex rel.* Power v. Rose, 219 Ill. 46, 76 N.E. 42 (1905); J. STORY, COMMENTARIES ON THE LAW OF PARTNERHIP § 77 at 108-109 (1841); FLETCHER, *supra* note 16, at 451; GREGORY, *supra* note 61, at 489; CRANE, *supra* note 61, § 34 at 156.
(120) Hoadley v. County Comm'rs of Essex, 105 Mass. 519 (1870); Ashley v. Dowling, 203 Mass. 311, 89 N.E. 434 (1909).
(121) Hart v. Seymour, 147 Ill. 598, 35 N.E. 246 (1893); Reffon Realty Corp. v. Adams, 128 Md. 656, 98 A. 199 (1916); Flint v. Codman, 247 Mass. 463, 142 N.E. 256 (1924); Spotswood v. Morris, 12 Idaho 360, 85 P. 1094 (1906); Dodd, *Dogma and Practice in the Law of Associations*, 42 HARV. L. REV. 977 (1929); LIVERMORE, *supra* note 18, at 276; FLETCHER, *supra* note 16, at 454-455; BALLANTINE, *supra* note 2, § 5 at 14; Note, *supra* note 87, at 124; Blair, *supra* note 18, at 416. なお、この方式は非営利目的の任意団体に

それまでの組合および同派生形態に対する態度とは対照的に、こうした信託の応用についてマサチューセッツは寛大であり、むしろ積極的でさえあった。信託は、母国イギリスの基幹的法制度として継受されて以来彼らの法意識に深く根付いており、一般的にいって諸州の裁判所はその商事適用に違和感を覚えることがなかったが[(122)]、イギリス法の影響を強く残していたが故に、マサチューセッツにその傾向が強く現れたと考えられる。同州の企業家にとって、任意行為だけで簡易に利用できる近代的企業組織は、この狭隘ともいえる方途にのみ見出し得たのである。

第5節　企業組織への信託法理の浸潤

第1項　設立証書による会社の経験

　特許主義の維持、権利能力の制限および株主無限責任に象徴されるマサチューセッツ州の制限的法人政策が反映し、同州において事業活動を法人以外の法形式に担わせる発想が生じたわけであるが、かたや各種の組合についても同州は抑制的な解釈を確立しており、いわば企業組織における両面的な閉塞状況のなかで、信託の応用に活路が求められていくこととなった。もっとも、その手本となるべき経験はイギリスに既に存在していた。産業革命後の同国で著しい拡大をみせた、いわゆる設立証書による会社（deed of settlement company）である。

　1600年設立の東インド会社（East India Company）、1670年設立のハドソン湾会社（Hudson's Bay Company）といったイギリスの貿易企業は、国王大権に基づく特許法人として、事業家のもとに多額の余剰が生まれ、海外進出が投資機会として姿を現しはじめた頃に承認されたものである。こうした初期の法人は国家の重商主義政策の範疇でのみその正当性を与えられたのであって、

　　おいても広くみられた（Note, *Unincorporated Associations in New England*, 37 BOSTON U. L. REV. 353（1957）.）。
（122）　F. W. MAITLAND, 3 COLLECTED PAPERS 304, 321（H. A. L. Fisher ed. 1911）; WARREN, *supra* note 1, at 338 n.23.

第1章　ビジネス・トラストの起源

　私的資本をもって組織されながらも、企業の永続性、訴訟能力、構成員の有限責任といったその属性は、当該事業の公共的色彩に由来する特権とみなされた(123)。

　後の産業興隆の機運に接し、一般事業においても活動の拡大のためになすべき資金の集約には、これら法人の特権が決定的な力をもち得ることは明らかであった。しかし特許主義の下では、複雑な手続と多額の費用、さらにその許可を得るまでの多くの日数を要するのが普通であり、しかもその公法的性質ゆえに法人格付与の基準が極めて厳格であったため、独占機能に支えられた特許法人は、産業革命以後の事業会社の展開には適合し得なかった(124)。もとより通常の任意組合をもってしても、その限られた資源および構成員の無限責任という属性のため企業の要請に充分には応えられず、そこで共同事業のための組織を欲する企業家および有利な投資先を求める資本家ならびに法律家の協同によって、構成員の多様性、持分の自由譲渡性、構成員の死亡ないし脱退による非解散性の諸点で営利法人に近似する企業形態が、信託の応用により案出されるに至った。法人格なき会社 (unincorporated joint-stock company) たる設立証書による会社がそれである(125)。

　それは、株式会社の基本定款に相当する、設立証書 (deed of settlement) に

---

(123)　Williston, *History of the Law of Business Corporations Before 1800*, 2 HARV. L. REV. 109-110 (1888); Sowards & Mofsky, *supra* note 31, at 476; Evans, *supra* note 106, at 339-349; 大隅健一郎『新版株式会社法変遷論』(有斐閣・1987年) 33−34頁、丸山秀平「株式制度の生成と株式制度の意義」(中央大学) 比較法雑誌14巻1号 (1980年) 46頁注 (46)。

(124)　Shannon, *The First Five Thousand Limited Companies and Their Duration*, 2 ECON. HIST. 396-397 (1932); A. B. DUBOIS, THE ENGLISH COMPANY AFTER THE BUBBLE ACT 1720-1800, at 269 (1938); 荒井政治『イギリス近代企業成立史』(東洋経済新報社・1963年) 60頁。

(125)　MACHEN, *supra* note 19, at 7-8; DUBOIS, *Id.*, 34-41; 山口幸五郎「イギリスにおける取締役制度の系譜」甲南法学2巻3号 (1961年) 35−36、42頁、荒井・前掲注(124)57−58頁、酒巻・前掲注(16) 3頁。

(126)　そうした団体は詐欺的な目的に利用されることがあり、泡沫会社禁止法 (Bubble Act, 6 Geo. I, c. 18, 1719) をもって形式上は禁止されていた。しかし、組合の延長にある任意の人的結合を法人格の権威をおかすものとして断ずることには困難が伴い、ついにはコモン・ロー上違法とはみなされなくなった (C. A. COOKE, CORPORATION, TRUST AND COMPANY 84 (1950); Evans, *supra* note 106, at 358.)。なお、この団体の内部関係について管轄権を行使したのは衡平法裁判所 (Court of Chancery)

第 5 節　企業組織への信託法理の浸潤

署名した社員（proprietor）からなる団体であって、実質は組合であった[126]。しかし資本の運用を取締役会（board of directors）に委ね、同時に彼らを信託法上の受託者(trustee)としてこれに財産を帰属させ、また企業のために訴訟する権限を与えることにより、法人格の欠如に伴う考え得る多くの欠点を克服し、なお出資者には、等額面にして譲渡自由の出資証券を与えて設立証書にその有限責任をも約定し、会社に比肩する経済的機能を発揮した点で、画期的な試みであった[127]。

設立証書による会社は、1844年法以降の一連の近代会社立法[128]を通じて法人の範疇へ発展的に吸収されるまで、一般営利事業に適用可能な組織形態として広範に利用された[129]。この経験は、イギリスに遅れて同じく制限主義的法人政策に直面し、近代的な企業組織の利用を閉ざされたマサチューセッツの事業家および法律家に、信託の商事適用という格好の着想を与えたのである。

である (DuBois, *supra* note 124, at 220-222.)。組合と信託とを共に管轄する衡平法裁判所が、その内部で両概念の混合を援助したのである。

(127)　D. LLOYD, THE LAW RELATING TO UNINCORPORATED ASSOCIATIONS 99 (1938); W. R. SCOTT, THE CONSTITUTION AND FINANCE OF ENGLISH, SCOTTISH AND IRISH JOINT-STOCK COMPANIES TO 1720, vol. 1, at 44-45 (1951); Gower, *The English Private Company*, 18 L. & CONT. PROB. 535 (1953); Horwitz, *Historical Development of Company Law*, 62 L. Q. REV. 376 (1946); Anderson & Tollison, *The Myth of the Corporation as a Creation of the State*, 3 INT'L REV. L. & ECON. 107 (1996); Mahoney, *Contract or Concession?― An Essay on the History of Corporate Law*, 34 GA. L. REV. 883 (2000); DuBois, *supra* note 124, at 217-128; COOKE, *Id.*, at 84-85, 87; 星川長七『英国会社法序説』（勁草書房・1960年）238頁、本間輝雄『イギリス近代株式会社形成史論』（春秋社・1963年）35－37頁。設立証書による会社は、こうして株式を公開し、資本の集中を遂げる近代的会社の先駆となる一方、持分の譲渡を制限して組合（partnership）の閉鎖性と法人的な各種の利点とを併せ持つ、後のいわゆる私会社（private company）の源ともなった（BALLANTINE, *supra* note 2, § 5a at 17; D. FOX & M. BOWEN, THE LAW OF PRIVATE COMPANIES 1 (1991); Gower, *Id.*, at 535-536.)。

(128)　1844年登記法（Joint Stock Companies Registration Act, 7& 8 Vic., c. 110, 1844）は設立証書による会社に法人格を与えて組合と区別し、続いて1855年会社法（Limited Liability Act, 18 & 19 Vic., c. 133, 1855)は、これに構成員の有限責任を認めた。こうした立法によりイギリスにおける私会社制度の基礎が作られた（FORMOY, *supra* note 118, at 67, 114; LEVY, *supra* note 15, at 57-79; 大野正道「イギリス小規模会社の法構造 (1)」富大経済論集26巻1号（1980年）27－29頁）。

(129)　B. C. HUNT, THE DEVELOPMENT OF THE BUSINESS CORPORATION IN ENGLAND 1800-1867, at 20-22 (1936); Horwitz, *supra* note 127, at 375-376.

第1章　ビジネス・トラストの起源

第2項　ビジネス・トラストの萌芽

　アメリカの19世紀後半は、かねてイギリスにおいてみられたように、組合と信託の結合という代替手段によって、法人に課される義務は負わずにその機能を近似的に達成する、ジョイント・ストック・アソシエーションが数多く生み出された時代である[130]。かつてのように特許状に付随する特権を及ぼすことのできない事業分野が拡大するとともに、会社法人はその設立についての差別的な慣行と運営に対する過度の規制が際立ち、立法による制約を受けない組織形態はむしろ好適なものと捉えられたのである[131]。変化の激しい経済活動のためには、当時の会社法はあまりに厳格であり硬直的であった。20世紀に入り会社の設立と運営とが真の意味で私的な権利として約束されるまでの間に、そうした団体はおびただしい数に達し、合法性を獲得するに至った[132]。もっともマサチューセッツでは、事業財産を団体として共同で管理するにせよ[133]、受託者を選任してその名において管理するにせよ[134]、商事に関する任意団体はみな組合であると判断されていた[135]。そのため同州のジョイント・ストック・アソシエーションの一部が、信託法構成の先鋭化によるビジネス・トラストへの変態という経過を辿ったものと考えられる。

　ジョイント・ストック・アソシエーションは定款（articles of association）ないし合意書（agreement）に従って設立されるのが普通であり[136]、財産の

---

(130)　Note, *Partnership—Modern Tendency of the Law of Limited Partnership Liability*, 14 GEO. L. J. 209 (1925); Coleman & Weatherbie, *supra* note 67, at 888.
(131)　Sowards & Mofsky, *supra* note 31, at 481; LIVERMORE, *supra* note 18, at 215.
(132)　Tappan v. Bailey, 45 Mass. 529 (1842); Tyrrell v. Washburn, 88 Mass. 466 (1863); Hoadley v. County Comm'rs of Essex, 105 Mass. 519 (1870); Bodwell v. Eastern, 106 Mass. 525 (1871); Taft v. Ward, 106 Mass. 518 (1871); Gott v. Dinsmore, 111 Mass. 45 (1872); Boston & Albany Rail. v. Pearson, 128 Mass. 445 (1880); Gleason v. McKay, 134 Mass. 419 (1883); Phillips v. Blatchford, 137 Mass. 510 (1884); LIVERMORE, *supra* note 18, at 273.
(133)　Alvord v. Smith, 22 Mass. 232 (1827); Taft v. Ward, 106 Mass. 518 (1871).
(134)　Phillips v. Blatchford, 137 Mass. 510 (1884).
(135)　Wrightington, *supra* note 43, at 314.
(136)　Pinch v. Anthony, 92 Mass. 470 (1865); Taft v. Ward, 106 Mass. 518 (1871); Bodwell v. Eastman, 106 Mass. 525 (1871); Whitman v. Porter, 107 Mass. 522 (1871);

第 5 節　企業組織への信託法理の浸潤

一元化の要請が強い場合は別途捺印証書を作成のうえ財産を受託者に信託譲渡していたが[137]、財産の帰属関係を当初から信託で説明するため、設立行為についても信託証書 (trust instrument) ないし信託宣言 (declaration of trust) の書面を利用することが通例となった[138]。これにより、組織の法的性質が信託に純化され、法律関係が単純化されたほか法人課税の免除等の利点が生まれた。ジョイント・ストック・アソシエーションでは当初、団体外部者として受託者が選任されていたが[139]、次第に内部化されていき経営者であり財産管理人でもある代理人兼受託者 (agent-trustee) が数多く見られるようになり[140]、最終的に受託者 (trustee) が経営者と財産管理人とを兼ねつつ事業を遂行するようになった[141]。これにより、団体内外の法律関係が受託者に集中し、その人格に依拠した企業の実際上の法主体性が実現した。また、ジョイント・ストック・アソシエーションの定款にも、取引に際して契約相手方の悪意を導く趣旨で構成員の有限責任を謳うものがあったが、後の信託証書では、その出資者は受益者であり受託者を代理人として使用する本人でないことを宣明することとなった[142]。これにより、単なる契約効果としてではなく、信託の法律効果として有限責任を確保する道筋がつけられた[143]。

　　　　Ricker v. Am. Loan & Trust Co., 140 Mass. 346 (1885).
(137)　Whitman v. Porter, 107 Mass. 522 (1871); Ricker v. Am. Loan & Trust Co., 140 Mass. 346 (1885). マサチューセッツで設立され活動の場を他州に求めたものとして、Mallory v. Russell, 71 Iowa 63, 32 N.W. 102 (1887).
(138)　Hoadley v. County Comm'r of Essex, 105 Mass. 519 (1870); Smith v. Moore, 129 Mass. 222 (1880); Gelason v. McKay, 134 Mass. 419 (1883); Phillips v. Blatchford, 137 Mass. 510 (1884); Mayo v. Moritz, 151 Mass. 481 (1890); Howe v. Morse, 174 Mass. 491, 55 N.E. 213 (1899); Bank of Topeka v. Eaton, 100 F. 8 (D. Mass. 1900); Hussey v. Arnold, 185 Mass. 202, 70 N.E. 87 (1904); Taber v. Breck, 192 Mass. 355, 78 N.E. 472 (1906).
(139)　Shoe Leather Nat'l Bank v. Dix, 123 Mass. 148 (1877); Howe v. Morse, 174 Mass. 491, 55 N.E. 213 (1899).
(140)　Smith v. Moore, 129 Mass. 222 (1880); Phillips v. Blatchford, 137 Mass. 510 (1884).
(141)　Mayo v. Moritz, 151 Mass. 481 (1890); Mason v. Pomeroy, 151 Mass. 164, 24 N.E. 202 (1890); Bank of Topeka v. Eaton, 100 F. 8 (D. Mass. 1900); Hussey v. Arnold, 185 Mass. 202, 70 N.E. 87 (1904).
(142)　Bank of Topeka v. Eaton, 100 F. 8 (D. Mass. 1900); Hussey v. Arnold, 185 Mass. 202, 70 N.E. 87 (1904).

団体の法基盤の信託への移行は単純な収束をみたものではなく、上記のような変化は漸次混合的に起こっていたことから、信託の応用に基づく組織の有利性について、先駆者が完全に自覚的であったとはいい切れない。ただ、そうした団体を利用する裾野が極めて広かっただけに、通常のジョイント・ストック・アソシエーションと区別されるべき団体の性質について、共通認識が形成されるまでには日子を要しなかったと想像される。そして、後続者はそうした団体をビジネス・トラストまたはマサチューセッツ・トラストと呼んだのである。20世紀に入ってからも、ジョイント・ストック・アソシエーションとの境界がしばしば争われたが[144]、ビジネス・トラストという法的範疇はそれ以前に確実に萌芽をみていたと考えられる。

第6節 小 括

ビジネス・トラストの起源については、これを、往年の設立証書による会社に倣ってアメリカに叢生した、ジョイント・ストック・アソシエーションそのものに求める見解が従来有力に主張されてきた[145]。しかしこの団体がコモン・ロー上あくまで組合とみなされたことを看過してはならない。その経営者たる理事（manager）は第一義には出資者の代理人であったほか[146]、後にこれに信託譲渡された事業財産も、はじめは捺印証書（deed）に基づく組合的結合において、出資当事者間の合有（tenant in common）のかたちで形成されるに過ぎなかったのである[147]。そこに実現された出資者の有限責任も、多数当事者間の訴訟が技術的に困難であったがための、事実上の有限責任であった。この点、受託者が出資者の代理人としてではなく本人として経営にあたり、組織の創設から財産の管理まで一貫して信託の構成が採られるほか、

(143) BALLANTINE, *supra* note 2, §5 at 15.
(144) Williams v. Inhabitants of Milton, 215 Mass. 1, 102 N.E. 355 (1913); Bouchard v. First People's Trust, 253 Mass. 351, 148 N.E. 895 (1925).
(145) Wrightington, *supra* note 43, at 311-312.
(146) BALLANTINE, *supra* note 2, §5 at 14.
(147) Mass. House Leg. Doc. No. 1646, at 4 (1912); L. C. B. GOWER (P. L. DAVIES ed.), PRINCIPLES OF MODERN COMPANY LAW 299 (6th ed. 1997)；龍田節「株式会社と所有の序論的考察」『京都大学法学部創立百周年記念論文集（第3巻）』（有斐閣・1999年）273頁。

第6節　小　括

　信託の二重所有権の効果として受益者の有限責任が是認されるビジネス・トラストは、信託法理を組織法上徹底した別異の企業組織形態といい得る。むしろ、組合の亜種に過ぎなかった法人格なきジョイント・ストック・アソシエーションに信託法理が徐々に浸潤し、法人へと接近するその進化の終局として現れたのがビジネス・トラストなのである。このためビジネス・トラストの起源は、法的構造を信託に完全準拠させるに至った時点の任意団体に求めなければならない[148]。

　その発生時期については諸説あるが[149]、19世紀の中頃までは、たとえ信託証書に基づく団体の形式をとっていても、当事者はこれを co-partnership と呼んでおり、信託法理が貫かれる団体として意識していたかどうかは疑わしい。マサチューセッツの裁判所もこれを組合と呼ぶことをはばからなかった。その一方で、20世紀に入るとこうした形式を Massachusetts Trust などと称し他州も利用し始めており、既に企業組織の一類型として発展段階を迎えていたものと考えられる。したがって、他の企業組織の法的展開が閉塞状況に陥った19世紀の末、信託の法律構成に純化させる明確な意図をもって組織された任意団体の出現をもって、ビジネス・トラストの始期とみるのが正当である。同州における共同企業組織への需要の高まりも時代的に附合する。すなわち、19世紀の初めまでは特許会社の流れを汲む少数の商業資本が経済主体を掌握しており、その後暫くの間の産業躍進も、交易による利益機会の喪失を契機とする、商業資本の工業資本への転成という内実を有していた。ところが、産業成長が本格的な軌道に乗った南北戦争後には、経済主体が多元化し経営規模も大型化して競争が激しくなった。それに応じて必要とされ

---

(148)　J. H. SEARS, TRUST ESTATES AS BUSINESS COMPANIES 357-361 (2nd ed. 1921); Annot., *Massachusetts or Business Trusts*, 156 A.L.R. 22, 28-29 (1945); Annot., *Business Trusts*, 13 AM.JUR.2d § 34 (1964); WARREN, *supra* note 1, at 382. こうした沿革からビジネス・トラスト法への組合法と会社法の混入という状況がつくられた。法的混成体としてのビジネス・トラストの性質は、その利点であるとともに欠点としても作用することになる。詳しくは本書第3章第2節（79頁以下）参照。

(149)　18世紀末（LIVERMORE, *supra* note 18, at 276.）、19世紀中頃（LEVY, *supra* note 15, at 326.）、19世紀後半（Hamill, *The Origins Behind the Limited Liability Company*, 59 OHIO ST. L. J. 1502 n.194 (1998).)、20世紀初頭（海原文雄「ビジネス・トラスト」国際商事法務2巻5号（1974年）4頁）などとされる。

たのは、永久存続を前提とし、大規模経営にも耐え得る資本導入力と経営機構、そして法的簡明性を備えた企業組織であったはずである。法人は容易に選択し得ず、組合ではこれに適合し得ず、そして信託がこの要請に応えたことは先に述べたとおりである。

　ビジネス・トラストは、近代アメリカの制限的法人政策と抑制的組合解釈の反動的所産であるということを許されるであろう。それが瞬く間に全米に伝播したことは、諸州が少なからず経済的・法的事情を共有していたことの証左である。しかしビジネス・トラストを案出し育んだのが、とりわけマサチューセッツであったことには理由がある。すなわち、同州の開発は、国王大権と密接な植民地会社の主導によってなされ、保守的政治基盤が形作られた。それには清教徒による強力な神政政治という側面もあった。このことから、いきおい一般市民の需要と乖離した政策が生まれることとなった。近代的法人の利用開放を拒む諸種の制限的政策は、権力担当者の保守性と宗教性の現れであり、その反射現象として、企業活動における公権からの自由を体現する任意組織が発達するのは当然といえた。また同州がイギリス系移民の主要な入植地として、その強い法的影響下にあったこともビジネス・トラストの生成と無縁ではない[(150)]。法人規制に作用した死手法はその一例であり、また、その回避手段としての信託もイギリス法の産物に他ならず、信託の商事適用さえイギリスの経験の上に立つものであった。組合法規制を基礎付けた利益参加基準もまたイギリス判例法の産物に相違ない。こうしていわば歴史上の必然として、ビジネス・トラストは、19世紀末のマサチューセッツに出現したのである。

---

　(150)　植民地会社の規約においては、植民地議会（General Court）が採択する一切の法はイギリスのそれに抵触することを得ず、かつ入植した臣民は本国に在る場合と同様の自由および免責特権とを有するものとされるなど、本国と植民地との法的一体性が強調されていた。その後入植者が実際に行ったのは、本国法の合目的的な取捨選択というものであったが、法制度と法思想の大部分を占めたのは永らく本国のそれであった（HILKEY, *supra* note 3, at 10, 66.）。

第2章　ビジネス・トラスト判例法における
　　　　当事者責任論の形成

　　　　　　　　第1節　小　　序

　一般に信託とは、委託者が受託者に信託財産を帰属させ、同時にその財産を一定の目的に従い受益者のため管理処分すべき拘束を加えることにより成立する法的関係である(1)。この枠組みにおいては、委託者の存在は信託目的中に埋没し、代わって受託者の人格に依存する当事者関係が構築される。すなわち受託者は、委託者または受益者の代理人（agent）ではなく信託財産に対する本人（principal）として行為し、信託事務の執行による危険は全て自らこれを負担する(2)。他方受益者は、たとえ信託に由来する利益を一身に受けようとも、信託の運営に伴うコモン・ロー上の債務からは捨象され、受託者に対するエクイティ上の損失補填（indemnity）を超えるいかなる義務も負うことがない。

　この責任原理は、委託者と受益者とが別人格で財産の保全ないし受動的管理を目的とする信託の原型から乖離し、委託者が自ら受益者となりその利益のために受託者に資本団体の経営を委ねるという企業の実質を有するビジネス・トラストにあっても、そのまま妥当するといえるのであろうか。以下本章では、ビジネス・トラストが企業の要請をその組織構造にいかに反映させたのかを、信託設定後の信託当事者、すなわち、受託者、信託財産(3)および受益者の責任に関する判例法の中に確認することとする。

---

(1)　Thulin, *A Survey of the Business Trust*, 16 ILL. L. REV. 372 (1922)；G. T. BOGERT, TRUSTS §1, at 1 (6th ed. 1987)；海原文雄『英米信託法概論』（有信堂・1998年）1－2頁。

(2)　Taylor v. Davis, 110 U.S. 330 (1884); Hildebrand, *Liability of the Trustees, Property, and Shareholders of a Massachusetts Trust*, 2 TEXAS L. REV. 140 (1924); Note, *Business Trusts−Trustee's Personal Liability on Contracts−Methods of Avoiding*, 18 MINN. L. REV. 861-862 (1934); Rosenbalm, *The Massachusetts Trust*, 31 TENN. L. REV. 477 (1964).

第2章 ビジネス・トラスト判例法における当事者責任論の形成

第2節 受託者の責任

　信託法の一般原則によれば、信託業務遂行上の契約を原因とする債務は、信託財産の権原（title）を有する受託者が人的無限責任をもって負担し、外部第三者は、受託者のこうした責任について得た確定判決により、受託者の固有財産に求償し得る[4]。これは受託者の本人たる地位から導かれる法律構成上の必然的帰結であり、かりに信託証書に免責条項を挿入し責任を一方的に否定しても効力を生じない[5]。委託者、受託者および受益者の間の単なる内部的合意は、法が外部第三者に対して与えたる権利をいかなるかたちでも制限しないのである[6]。

　しかし、一般の信託に比して企業財産の経営という点ではるかに大きな危険にさらされ、他方、参与し得る利益を報酬というかたちで限界付けられるビジネス・トラストの受託者にとって、その責任を無限とする上記信託法の

(3)　判例法上のビジネス・トラストが近代的法人におけるような完全な単一性を有する法主体たり得ないことは明らかであるが、他方で信託財産の実質的法主体性を前提とした責任構成が採られることも事実であり、法的関係の統一的理解のためこれを信託当事者に含めて考えたい。

(4)　Taylor v. Davis, 110 U.S. 330 (1884); McGovern v. Bennett, 146 Mich. 558, 109 N.W. 1055 (1906); Sleeper v. Park, 232 Mass. 292, 122 N.E. 315 (1919); Palmer v. Taylor, 168 Ark. 127, 269 S.W. 996 (1925); White, *Trustee's Avoidance of Personal Liability on Contracts*, 3 TEMPLE L. Q. 117-118 (1928); Kanne, Jr., *Business Trust: Remedies of Creditors Against the Trust Estate or Capital Used in the Business*, 27 CALIF. L. REV. 433 (1939); Symmonds, *Business Trusts*, 15 MARQ. L. REV. 214 (1961); Annot., *Business Trusts*, 13 AM.JUR.2d § 67 at 287 (2000); 大阪谷公雄「ビジネストラストの諸問題（その1）」信託15号（1953年）12頁、海原文雄「ビジネストラストにおける受託者の責任」（金沢大学）法文学部論集（法経篇）12号（1964年）1頁。

(5)　Hussey v. Arnold, 185 Mass. 202, 70 N.E. 87 (1904); Carr v. Leahy, 217 Mass. 438, 105 N.E. 445 (1914); Knipp v. Bagby, 126 Md. 461, 95 A. 60 (1915); Baker-McGrew Co. v. Union Seed & Fertilizer Co., 125 Ark. 146, 188 S.W. 571 (1916); Fisheries Co. v. McCoy, 202 S.W. 343 (Tex.App. 1918); Boyle v. Rider, 136 Md. 286, 110 A. 524 (1920); Darling v. Buddy, 318 Mo. 784, 1 S.W.2d 163, 58 A.L.R. 493 (1927); Dolven v. Gleason, 291 Mass. 511, 198 N.E. 762 (1935); Smith v. Chambers, 117 W.Va. 204, 185 S.E. 211 (1936); *In re* Estate of Conover, 295 Ill.App. 443, 14 N.E.2d 980 (1938).

(6)　Hunter v. Winter, 268 Ill.App. 487 (1932); Keystone Pipe & Supply Co. v. Zweifel, 127 Tex. 392, 94 S.W.2d 412 (1936); Am. Mining & Smelting Co. v. Converse, 175 Mass.449, 59 N.E. 564 (1937); Hildebrand, *supra* note 2, at 145; Kanne, *supra* note 4, at 433.

一般原則は、過酷に失するものといわなければならない[7]。経営上の危険は個人の資力の限界を超えて増幅するのであるから、企業の浮沈を決する受託者に有効な救済手段を講じなければ経営は萎縮し、ビジネス・トラストの発展が阻害されるのは必至である。そこで、受託者の責任負担を軽減する措置として用いられたのが、信託財産に対する損失填補請求権および取引上の責任免除明示特約である。

第1項　損失填補請求権

受託者は、信託財産から当然に生ずる諸経費や信託事務を処理するための費用につき、外部第三者に対する債務者たるべく信託法上予定されているが、同時に受託者は、信託財産の収益および元本にかかる先取特権（lien）を付与されている[8]。この一般信託法上の原則は、ビジネス・トラストにも適用がある[9]。受託者は外部第三者に対して債務を負担する反面、その固有財産を債務の弁済の用に供した場合には、エクイティ上の財産権として与えられた損失填補請求権（right to indemnity）ないし費用返還請求権（right to reimburse）を通じて信託財産に求償し得るのであり[10]、したがって受託者債務の実質は、いわば負担部分なき連帯債務に過ぎなくなるのである[11]。

受託者は、以上のような信託財産に対する物的な請求権のみならず、委託

（7）　海原・前掲注(4) 3頁。
（8）　Warburton v. Perkins, 150 Md. 304, 133 A. 141 (1926); Town of Hull v. Tong, 14 Mass.App. 710, 442 N.E.2d 427 (1982).
（9）　Taylor v. Davis, 110 U.S. 330 (1884); Austin v. Parker, 317 Ill. 348, 148 N.E. 19 (1925); Annot., *Massachusetts or Business Trusts*, 156 A.L.R. 142 (1945).
（10）　Stevens, *Limited Liability in Business Trusts*, 7 CORNELL L. Q. 121 (1921)；四宮和夫「信託法における信託違反受託者の賠償責任の性質」『信託の研究』(有斐閣・1965年)169頁。かかる損失填補請求権は、その創設について信託証書におけるいかなる明示的宣言も必要とされない。なお、信託証書中、受託者に対して免責権（right to exoneration）、すなわち間接的にせよ自身の固有財産を引き当てとして責任を果たすことを強制されないという権利を与えれば、信託債務はまずもって信託財産から直接に支払われることになり、損失填補請求権を通じた場合よりも徹底した企業責任が実現しよう（Scott, *Liabilities Incurred in the Administration of Trusts*, 28 HARV. L. REV. 730 (1915)；海原・前掲注(4) 13－14頁）。
（11）　Land v. Winchester, 64 Mich. 23, 30 N.W. 896 (1897); Symmonds, *supra* note 4, at 215；四宮和夫『信託法（新版）』（有斐閣・1995年）73頁。

者兼受益者に対する損失填補を内容とする人的な請求権をも有する場合がある。つまり、企業運営に伴う損失はその運営管理者ではなく企業利益に与るその参加者にこそ帰すべきであり、少なくとも信託証書中に明示の合意が存する場合には、信託財産を超過した部分について、受託者は受益者にその責任負担を求め得ると考えられたのである(12)。

第2項　責任制限明示特約

　信託財産に対する損失填補請求権の行使によって、受託者の債務は一般的に信託財産に移転するが、問題となるのは信託財産が債務の弁済に充分でない場合である。受託者には、信託財産に対する損失填補請求権のみならず、受益者に対する損失填補請求権をも与えられるが、複数の受益者を擁するビジネス・トラストにおいてはその行使が容易でなく、資本集中の要請に基づいて、信託証書中、同請求権自体が排除されることも多い。そこで用いられることとなったのが責任制限明示特約である。

　責任制限明示特約（express stipulation）とは、文字どおり責任負担を契約法上回避する手段である。すなわち、外部者との取引条項に、当該取引にかかる受託者の契約上の責任を免除し求償の対象を信託財産に限定する旨定める、いわゆる免責特約を挿入するものである(13)。それは、「個人でなく受託者と

---

(12) Stevens, *supra* note 10, at 116; Scott, *supra* note 10, at 730; Hildebrand, *supra* note 2, at 171；海原・前掲注(4)14－16頁。

(13) Taylor v. Davis, 110 U.S. 330, 4 S.Ct. 147 (1884); Mitchell v. Whitlock, 121 N.C. 166, 28 S.E. 292 (1897); Adams v. Swig, 234 Mass. 584, 125 N.E. 857 (1920); Neville v. Gifford, 242 Mass. 124, 136 N.E. 160 (1922); Betts v. Hackerthorn, 159 Ark. 621, 252 S.W. 602, 31 A.L.R. 847 (1923); Austin v. Parker, 317 Ill. 348, 148 N.E. 19 (1925); Goldwater v. Oltman, 210 Cal. 408, 292 P. 624, 71 A.L.R. 871 (1930); Larson v. Sylvester, 282 Mass. 352, 185 N.E. 44 (1933); Slatt v. Thomas, 95 Colo. 382, 36 P.2d 459 (1934); Andrews v. Horton, 8 Cal.App.2d 40, 47 P.2d 496 (1935); Tebaldi Supply Co. v. Macmillan, 292 Mass. 384, 198 N.E. 651 (1935); Downey Co. v. 282 Beacon St. Trust, 292 Mass. 175, 197 N.E. 643 (1935); Wilgus, *Corporations and Express Trusts as Business Organizations*, 13 MICH. L. REV. 226 (1913); Everberg, *Advantages and Disadvantages of Common Law Trust Organization*, 50 COMM. L. J. 5 (1945); H. G. HENN & J. R. ALEXANDER, LAWS OF CORPORATIONS AND OTHER BUSINESS ENTERPRISES 121-122 (3rd ed. 1983); White, *supra* note 4, at 121; Symmonds, *supra* note 4, at 214-215, 217; Annot., *supra* note 4, § 69 at 288；福井喬「ビジネス・トラストにおける有限責任の問題」島根大学論集（社会科学）4号（1958年）25頁。

して(as trustees but not individually)」あるいは「もっぱら受託者として(as trustees and not otherwise)」のような文言を用いて明示的になすこと、および個々の取引においてその都度挿入することを要するが[14]、受託者の個人的責任を問わぬ旨約した相手方は、契約による禁反言(estoppel by contract)[15]に拘束されることとなるのである。この手法の有効性に争いはないといってよい。Dolven 対 Gleason 事件[16]は、「信託財産のために受託者がなした契約に関する訴訟において、受託者が人的責任を負担することは確定した原則である。しかし、契約が受託者の責任を否定する合意を含む場合に、受託者がその責任を免れるのも当然である」としている。

もっとも、受託者の信託違反により信託財産が害され、そのため債権者が信託財産より充分の満足を得ることが妨げられる場合には、黙示の担保(implied warranty)が推定され、受託者は個人的責任を負担することになる[17]。それは信託財産の管理者として企業に関与するものに、むしろ当然に課される責任というべきであろう。

---

(14) Shoe & Leather Nat'l Bank v. Dix, 123 Mass. 148, 25 Am.Rep. 49 (1871); Hussey v. Arnold, 185 Mass. 202, 70 N.E. 87 (1904); Rand v. Farquhar, 226 Mass. 913, 115 N.E. 286 (1917); H. G. REUSCHLEIN & W. A. GREGORY, THE LAW OF AGENCY AND PARTNERSHIP 499 (2nd ed. 1990); HENN & ALEXANDER, *Id.* at 122; Rosenbalm, *supra* note 2, at 478; BOGERT, *supra* note 1, § 126, at 454; Kanne, *supra* note 4, at 433. 単に「受託者(trustee)」または「受託者として(as trustee)」とするのみでは充分でない(McIntyre & Wardwell v. Williamson, 72 Vt. 183, 47 A. 786 (1900); Hall v. Jameson, 151 Cal. 606, 91 P. 518 (1907); Knipp v. Bagby, 126 Md. 461, 95 A. 60 (1915); Phillip Carey Co. v. Pingree, 223 Mass. 352, 111 N.E. 857 (1916).)とされる。

(15) 契約においてある事実を真実として受け入れた当事者は、それに反する主張をなし得ない(Dolven v. Gleason, 292 Mass. 511, 198 N.E. 763 (1935); Jones, Moret & Story, *The Massachusetts Business Trust and Registered Investment Companies*, 13 DEL. J. CORP. L. 434 (1988).)。

(16) Dolven v. Gleason, 291 Mass. 511, 198 N.E. 762 (1935).

(17) Equitable Trust Co. v. Taylor, 330 Ill. 42, 161 N.E. 62 (1928); Vanneman, *Liability of the Trust Estate for Obligations Created by the Trustee in Ohio*, 9 U. CIN. L. REV. 10-11 (1935); BOGERT, *supra* note 1, § 126, at 456; Note, *supra* note 2, at 867；海原・前掲注(4)167頁。

第2章　ビジネス・トラスト判例法における当事者責任論の形成

第3節　信託財産の責任

　ビジネス・トラストでは、多くの場合外部取引における責任制限特約が認められ、受託者の信託債務は免除される。この場合外部第三者は、債権の引当を信託財産に求めることになるが、ついては受託者の信託財産に対する損失填補請求権に代位し得るに止まるのか、あるいは信託財産に対し直接に請求訴権を行使し得るのかで見解の対立をみる。

第1項　信託財産間接責任論

　初期の判例[18]は、イギリス法[19]の影響下で信託財産間接責任論に立った。すなわち、信託を信託財産の完全権者たる受託者を中心とした純個人法的構成において把握し、外部第三者はあくまで受託者の損失填補請求権に代位するに止まると解したのである[20]。この立場によれば、受託者の責任制限特約は、単に受託者の固有財産を責任から免除するものに他ならず、外部第三者に対し信託財産へのいかなる直接の権利をも与えないとされる[21]。

　しかしながら、受託者の行為が信託の本旨に反する場合には、外部第三者が依拠すべき損失填補請求権自体が排除され、信託財産から債権の満足を得る機会は奪われる[22]。上記代位手続（subrogation）は、このように煩瑣であるばかりか実効にも疑義を免れないのである。ことにビジネス・トラストは、事業活動による利潤の獲得を目的とし、対外的取引を大量かつ反復継続的に

---

(18)　Mason v. Pomery, 151 Mass. 164, 24 N.E. 202（1890）; King v. Stowell, 211 Mass. 246, 98 N.E. 91（1912）.

(19)　*In re* Johnson [1880], 15 Ch.D. 548; Newton v. Rolfe [1902], 1 Ch.D. 342.

(20)　Hildebrand, *supra* note 2, at 156；海原文雄「ビジネス・トラストにおける信託財産の責任」日本法学31巻2号（1966年）44、50頁。

(21)　海原・前掲注(4)25頁。

(22)　Sykes v. Parker, 250 Ill.App. 299（1928）; Downey Co. v. 282 Beacon St. Trust, 292 Mass. 175, 197 N.E. 643（1935）; Weissman, *A New Look at Business Trusts*, 49 Ill. B. J. 749（1961）; Symmonds, *supra* note 4, at 215；大坂谷・前掲注(4)14頁、福井・前掲注(13)28頁。また、受託者の不法行為に基づく受益者の責任についても、ビジネス・トラストの受託者は受益者の代理人ではなく被害者はそもそも受託者に代位できないという理由により、これを否定する判例がある（Faladeau v. Boston Art Students Ass'n, 182 Mass. 45, 65 N.E. 797（1903）; Curry v. Dorr, 210 Mass. 430, 97 N.E. 87（1912）.）。

行うことが予定されているのであり、必然的に外部第三者の保護の必要性が大きくなる。信託財産からの損失填補をこうした派生的権利として構成するだけでは企業組織として充分とはいえず、より便宜でかつ簡明な責任構造が求められる。かくして、外部第三者が債権の満足を得るに足るより実効ある方法として、代位以外の法律関係すなわち信託財産の直接責任が認められるに至る。

第2項　信託財産直接責任論

　信託財産直接責任論とは、受託者の信託事務処理に伴う債務負担行為がそのまま信託財産を拘束すると解する理論である。その萌芽は、古く1838年イギリスのBlundell対Blundell事件[23]に見出し得るが、確立をみたのは主としてビジネス・トラストに関する後のアメリカの判例においてである[24]。この立場によれば、受託者の責任制限特約は、債権の満足を受くべき直接の権利を外部第三者に与えるものであると解され、信託目的を遂行する受託者の行為すなわち信託財産の責任となり、受託者による任務懈怠の有無にかかわらず、債権者は信託財産に直接に求償し得ることになる。

　ここで問題となるのは、受託者と信託財産との関係の法律構成である。現実に企業活動の任に当たるのは受託者であるが、その結果を信託財産自体の負担に帰せしめようとすれば、直接的債務帰属を理由付ける両者間の関係が必要となる。そこで判例は、受託者と信託財産との間に一種の代理関係を想定し、信託財産に対する代表的資格（representative capacity）を受託者に擬制して[25]、これを契機として信託財産に実質的法主体性を認めたのである[26]。

---

(23)　Blundell v. Blundell [1838], 40 Ch.D. 377.
(24)　たとえば Purdy v. Bank of Am. Nat'l Trust & Savings Ass'n, 2 Cal.2d 298, 40 P.2d 481 (1935); People ex rel. Nelson v. Home Bank & Trust Co., 300 Ill.App. 611, 21 N.E.2d 809 (1939);海原・前掲注 (20) 58頁。
(25)　Adams v. Swig, 234 Mass. 584, 125 N.E. 857 (1920); Bowen v. Farley, 256 Mass. 19, 152 N.E. 69 (1926); Charles Nelson Co. v. Morton, 106 Cal.App. 144, 288 P. 845 (1930); Magallen v. Gomes, 281 Mass. 383, 183 N.E. 833 (1933); Larson v. Sylvester, 282 Mass. 352, 185 N.E. 44 (1933); Ballentine v. Eaton, 297 Mass. 389, 8 N.E.2d 808 (1937).
(26)　Stone, *A Theory of Liability of Trust Estates for the Contracts and Torts of the Trustee*, 22 COLUM. L. REV. 531 (1922); Annot., *supra* note 4, §§ 74-75, at 290; H. W.

ビジネス・トラストによる契約においては、通常、信託を代表して受託者がなす債務負担につき受託者本人は人的責任を負わず、契約の相手方は単に信託財産のみを引当とするに止まる旨の条項が挿入される(27)。これは上記の法律構成を前提とするものである。信託財産の直接責任を明記することにより、企業活動の第一義的な責任を受託者でなく信託財産に帰せしめ、取引の安全と確実とを図っているのである。

第4節　受益者の責任

　企業活動に由来する収益を享受するとともに損失を負担することは、営利企業体の構成員であれば当然のことであり、この理はビジネス・トラストの受益者にも妥当する。損失填補および責任制限特約を通じて受託者の責任が信託財産に転嫁され、債務が信託財産によって償われることは、受益権の客体が変動することに他ならず、企業責任は究極的には事業財産の拠出者である受益者の負担に転化されるのである(28)。

　しかし、信託債務が信託財産の総額を超過する場合、受益者は信託財産または外部第三者といかなる関係に立たされることとなるのであろうか。かりに信託に対する追加出資を求められ、または外部第三者に対する人的責任を課されるとすれば、ビジネス・トラストの受益者は、物的有限責任を定める他の企業形態の構成員に比して不利な立場に置かれることになるのではなかろうか。

第1項　物的有限責任

　一般信託法の基本原則によれば、受益者は信託に由来する利益を受けるのみで、信託の運営上受託者によって負担された債務について人的責任を負わない(29)。受益者はコモン・ロー上の一切の権利を有せず、信託財産は受託者

　　BALLANTINE, LAW OF CORPORATIONS 23 (rev. ed. 1946)；木下毅「英米信託法の基本構造(2・完)」信託法研究7号（1983年）100頁。
(27)　JeanBianc, *Business Trusts—Personal Liability of Trustees and Beneficiaries*, 25 ILL. B. J. 112-113 (1936); White, *supra* note 4, at 130.
(28)　HENN & ALEXANDER, *supra* note 13, at 121；四宮・前掲注(11)76-77頁。

の財産に帰している。受託者は、受益者からエクイティ上の諸義務の履行を請求されるものの、受益者の代理人ではなくあくまで信託における本人として外部第三者に対する責任を負担するのである。ところがビジネス・トラストの受益者は、企業参加者の能動的性格からして、上記の枠組みにおいては本来与えられない支配的権限の留保を求めることが少なくない。そこで、ビジネス・トラストの設定にあたっては受託者の選解任権や信託事務承認権等、他の企業形態であれば認められるような経営に関与する権限が信託証書に挿入されることになる。この場合、受託者はある種受益者の指図に従うともいえ、こうした権限の捉え方次第では、受益者と受託者との関係が信託ではなく代理と評価されかねない(30)。

この問題について、発生史的にビジネス・トラストが最も多く活用されたマサチューセッツ州では、受益者による支配的権限の留保と組織の信託たる実質とは一定の範囲で両立し得るとの見解が示された。すなわち、同州の先例である Williams 対 Inhabitants of Milton 事件(31)は、受益者総会の開催権、受託者の更迭権等を受益者が留保する場合であっても、それのみをもって、こうした団体を信託の領域から放逐するに足る充分な支配権 (sufficient control) とはいえないとした(32)。投資家に過ぎない受益者に対して出資額以上の債務を負担させようとすれば、企業組織としての信託はその価値の著しい減殺を免れない(33)。そこで、受益者に留保された支配権が信託の運営そ

---

(29) Hildebrand, *supra* note 2, at 140; Rosenbalm, *supra* note 2, at 477.
(30) Goldberg, *Trust or Partnership?−Business Trust−Liability of Members*, 27 GEO. L. J. 103-104 (1938); Note, *Liability of Shareholders in a Business Trust−The Control Test*, 48 VA. L. REV. 1107 (1962); Wilkins & Moses, *Real Estate Investment Trusts in South Carolina*, 24 S. CAROLINA L. REV. 743 (1972); REUSCHLEIN & GREGORY, *supra* note 14, at 496.
(31) Williams v. Inhabitants of Milton, 215 Mass. 1, 102 N.E. 355 (1913).
(32) Cook, *The Mysterious Massachusetts Trusts*, 9 A.B.A. J. 764 (1923);大阪谷・前掲注(4)11頁、海原・前掲注(4) 5 頁。受益者による受託者選任権の留保は組合を創設するとした Ricker v. Am. Loan & Trust Co., 140 Mass. 346, 5 N.E. 284 (1885) 判決はここに変更された。本書第 3 章第 3 節 (83頁) 参照。
(33) 海原文雄「ビジネストラストにおける受益者の有限責任」金沢法学10巻 1 号 (1964年) 4 頁。受益証券の流通可能性ひいては遊休資本の集中可能性は、責任の切断に依存するからである (Weissman, *supra* note 22, at 744.)。

のものに干渉しない限り(34)、つまりそれが潜在的かつ間接的である限り、ビジネス・トラストの実体を信託と解し、代理法理に基づく受益者の人的無限責任を排除する解釈を樹立したのである(35)。たとえば受益者は、受託者更迭権の行使によって、差止等の煩雑なエクイティ上の救済手続によることなく効果的に保護されるのであって、判例は、このような権利を受益者に対して信託の運営に関する実質的支配権を付与するものとしてでなく、いわば団体の内部関係における権衡手段と位置付けたわけである(36)。

この解釈が妥当する限り、すなわちビジネス・トラストの本質が信託と解される範囲では、受益者は外部第三者と直接の法的関係に立つことなく信託内部の求償関係のみに配慮すれば足り、さらに求償権すなわち受託者の受益者に対する損失填補請求権を契約によって排除すれば、結果として、受益者は持分の引受価額を限度とするいわゆる物的有限責任の利益を享受できることになる。実際、諸州のビジネス・トラスト実務においては、信託証書上、受託者に対する損失填補義務を否定して受益者の責任を内部的に制限するのが常である(37)。受益者の有限責任を保障し、ビジネス・トラストにおける資

---

(34) Frost v. Thompson, 219 Mass. 360, 106 N.E. 1009 (1914); Riley, B*usiness Trusts; Their Relation to West Virginia Law*, 28 W.Va. L. Q. 289 (1922); Note, *Massachusetts Trusts*, 37 Yale L. J. 1112 (1928).

(35) Judah, *Possible Partnership Liability Under the Business Trust*, 17 Ill. L. Rev. 84 (1922); Comment, *Business Trust: Validity of Liability of Shareholders*, 12 Cornell L. Q. 198, 202-203 (1926); Comment, *Business Trusts: Liability of Shareholders: How Far May Corporate Advantages Be Acquired by Business Trusts ?*, 18 Calif. L. Rev. 68 (1929); Comment, *Business Trust: Liability of Shareholders: Regulation and Taxation*, 19 Calif. L. Rev. 43-44 (1930); Reuschlein & Gregory, *supra* note 14, at 496, 500; Henn & Alexander, *supra* note 13, at 122-123；海原・前掲注(33) 8－9頁。

(36) Daxbury, *Business Trusts and Blue Sky Laws*, 8 Minn. L. Rev. 465, 482 (1924); E. H. Warren, Corporate Advantages Without Incorporation 375, 382 (1929); Ballantine, *supra* note 26, at 21；海原・前掲注(33)10－12頁。

(37) Roger Williams Nat'l Bank v. Groton Mfg. Co., 16 R.I. 504, 17 A. 170 (1889); Coffman v. Gates, 110 Mo.App. 475, 85 S.W. 657 (1905); Symmonds, *supra* note 4, at 215-216. その一方、制定法上受益者の個人的責任を免ずる規定の存する場合であっても、受益者・受託者間に損失填補特約がある限り、受託者の補償権（right to reimbursement）ないし免責権（right to exoneration）に基づく派生訴訟を通じて、信託債権者は受益者の固有財産に到達し得る、とする説もとなえられている（Rosenbalm, *supra* note 2, at 484）。

第4節　受益者の責任

本集中の可能性を強化しようとしているのである。

　第2項　責任制限明示特約

　ビジネス・トラストの受益者には、その責任を免れる他の手段も認められている。信託証書中に免責条項を、また契約条項中に責任制限明示特約を、それぞれ挿入することにより受益者はその責任負担を回避し得るというものである(38)。受託者の責任回避の際にもみられた契約法上の技術がここでも利用されていることになる。通常、ビジネス・トラストを創設する信託証書には、このような特約条項が置かれるとともに、受託者が行なう外部取引においては、その都度、契約条項に受託者免責特約が挿入される。前者は、信託内部者のみならず(39)当該条項の存在について悪意の外部第三者をも拘束し(40)、後者は、代理人の代理権に対する制限が悪意の第三者に対して有効であるのと同様に、取引相手方を拘束する(41)。いずれも、受益者の責任を強固に制限すべく機能するのである。

---

(38)　Ind. Lumber Co. v. Texas Pine Land Ass'n, 72 S.W. 875 (Tex.Civ.App. 1903); Hibbs v. Brown, 190 N.Y. 167, 82 N.E. 118 (1907); Crehan v. Megargel, 234 N.Y. 67, 136 N.E. 296 (1922); Betts v. Hackerthorn, 159 Ark. 621, 252 S.W. 602, 31 A.L.R. 847 (1923); Darling v. Buddy, 318 Mo. 784, 1 S.W.2d 163, 58 A.L.R. 493 (1927); Brown, *Contractual Limitation of Liability by the So-Called "Massachusetts Trust", Under the Indiana Law*, 3 IND. L. J. 320-321 (1927); Annot., *supra* note 9, at 119-121.

(39)　Hardee v. Adams Oil Ass'n, 254 S.W. 602 (Tex.App. 1923); Oden v. Bone, 263 S.W. 640 (Tex.App. 1924).

(40)　McCarthy v. Parker, 243 Mass. 465, 138 N.E. 8 (1923); Darling v. Buddy, 318 Mo. 784, 1 S.W.2d 163, 58 A.L.R. 493 (1927); Farmers' & Merchants' Nat'l Bank of Fort Worth, Texas v. Anderson, 216 Iowa 988, 250 N.W. 214 (1933).

(41)　Industrial Lumber Co. v. Texas Pine Ass'n, 72 S.W. 875 (Tex.Civ.App. 1903); West Side Oil Co. v. McDorman, 244 S.W. 167 (Tex.App. 1922); George v. Hall, 262 S.W. 174 (Tex.App. 1924); Dayle L. Smith Oil Co. v. Continental Supply Co., 268 S.W. 489 (Tex.App. 1924); Shelton v. Montoya Oil & Gas Co., 292 S.W. 165 (Tex.Com.App. 1927); Annot., *supra* note 9, at 127-128, 165-166. なお、契約条項中明示されなくとも、四囲の状況から責任制限が肯定される場合がある (Farmers' State Bank & Trust Co. v. Gorman Home Refinery, 3 S.W.2d 65 (Tex.Com.App. 1928); Annot., *supra* note 4, § 40 at 270.)。

第2章　ビジネス・トラスト判例法における当事者責任論の形成

第5節　小　　括

　ビジネス・トラストにおいては、受託者および受益者の有限責任を達成するために、受託者を中核として構成される信託責任の原則が、信託財産を中心とした関係に改められる。すなわち、受託者による損失填補請求権の行使によってその契約債務を信託財産に一般的に帰属させ、責任制限明示特約による免責をも認める結果、受託者は信託財産の機関たる地位に立つこととなる。他方受益者は、受託者に対する損失填補を免ぜられ、かつ信託証書および契約に免責の明示特約を挿入する結果、持分の引受価額を限度とする有限責任のみを負担することとなる。こうしてビジネス・トラストの信託財産は実質的法主体性を具有するに至り、あたかも会社財産のように、受託者を機関とし、そして構成員たる受益者からも独立した責任財産が形成されることとなるのである。

　もっとも、このビジネス・トラストの責任構成は、近代法人におけるような完全なる法主体性に裏付けられたものではない。たしかに、法律行為に関する限り受託者の行為の効果は信託財産に帰属することとなるが、受託者の不法行為についてまでは、その負担を信託財産は許容しない[42]。信託の運用に際して受託者が外部第三者に不法行為をなせば、受託者は行為者として、かつ信託財産のコモン・ロー上の所有者として、これに対する責任を問われ[43]、被用者の過失に起因する損害についても受託者は使用者責任を免れない[44]。そして、権限踰越行為（*ultra vires* act）は厳格なる信託目的に服す

---

(42)　First Eastern Bank, N. A. v. Jones, 413 Mass. 654, 602 N.E.2d 211（1992）.

(43)　Fisheries Co. v. McCoy, 202 S.W. 343（Tex.App. 1918）; Sleeper v. Park, 232 Mass. 292, 122 N.E. 315（1919）; Marchuronis v. Adams, 97 W.Va. 517, 125 S.E. 340（1924）; Stone, *supra* note 26, at 527；大賀祥充「権利能力なき社団と信託法理」（慶応義塾大学）法学研究36巻2号（1963年）207頁。自らの過失に起因する不法行為責任について信託財産に求償し得ないとすれば、信託条項中、かかる債務につき賠償責任保険によって保護されるものとし、かつその費用は信託財産から支払われる旨約しておくことが望ましいとされる（Symmonds, *supra* note 4, at 215.）。

(44)　Prinz v. Lucas, 210 Pa. 620, 60 A. 309（1905）. ここに損害を受けた者は、信託の外部者たるか内部者たるかを問われない（Falardeau v. Boston Art Students' Ass'n, 182 Mass. 405, 65 N.E. 797（1903）; Fisheries Co. v. McCoy, 202 S.W. 343（Tex.App. 1918）; Sleeper v. Park, 232 Mass. 292, 122 N.E. 315（1919）.）。

第5節 小　括

るところの信託財産を拘束しないことから、それに起因する債務は、受託者のみが負担することになるのである[45]。しかし、こうして権限外の行為および違法行為に対する補償を行為者本人のみに求め、これを信託財産に帰せしめないことは、企業財産の完全性の維持に資するとしても、他面債権者を企業経営上の失策から保護するには充分でない。しかもビジネス・トラストにおいては、一般信託法が想定する受動的な財産管理ではなく、より積極的能動的な営利活動の遂行が予定されており、受託者の保護措置を積極的に講ずる必要がある。ビジネス・トラストは、これらにつき適切な配慮を欠いていたのである[46]。たしかに、学説は受託者の信託事務処理につき違法行為の存する場合にも信託財産の責任負担を肯定し、信託債権者は受託者による懈怠の有無にかかわらず受託者の信託財産に直接に求償し得るものと解するが[47]、これを確認する判例は存在しないといわなければならない。

他方、受益者の有限責任も不徹底の誇りを免れない。法は受益者の責任負担を回避するために、信託証書による責任の内部的制限に止まらず、外部取引における免責特約の挿入等の周到な方策を講じている。しかしそうした手当ての存在自体が、ビジネス・トラストの法律構成の曖昧さを反映したものである。ビジネス・トラストが通常の信託の責任構造をそのまま受け継いでいるとすれば、あえて契約法上の手続に頼る必要は認められないからである。たしかに、前述 Williams 事件は、受益者が留保する支配的権限を許容的に捉えたが、その解釈はマサチューセッツ州判例の一断面を出るものではなく、あるいは、他州ではこれと全く異なる理論が構築されていった[48]。ビジネス・トラストには、信託由来の受益者責任を一様に援用できない憾みがあっ

---

(45) コモン・ロー上の訴訟を受託者に対して提起した契約債権者または不法行為債権者は、個人としての受託者に対する確定判決を得てその固有財産から回復を得ることができるが、それは信託関係または信託財産についての法の知るところではない。なぜなら、信託財産それ自体は、いかなる契約もなさず、いかなる不法行為もなさないからである(Schmidt v. Kellner, 307 Ill. 331, 138 N.E. 604 (1923); G. T. BOGERT, CASES AND TEXT ON THE LAW OF TRUSTS § 129 at 463 (6th ed. 1991).).
(46) Brown, *supra* note 38, at 323; Annot., *Business Trusts*, 13 AM. JUR. 2d § 34 (1964); Wilkins & Moses, *supra* note 30, at 743; Stone, *supra* note 26, at 529.
(47) Stone, *supra* note 26, at 531, Hildebrand, *supra* note 2, at 159.
(48) 本書第3章第4節および第5節（88頁以下）参照。

第2章 ビジネス・トラスト判例法における当事者責任論の形成

たわけである。

　ビジネス・トラストは、少なくともこうした責任構造上の欠点を抱えており、とりわけ受益者の責任が、その本質を画する問題として判例および学説の関心を集めていくこととなる。

第3章　ビジネス・トラストの受益者の責任を決する判例法則の展開

第1節　小　　序

　ビジネス・トラストの諸機能[1]は、あるときは法人の長所に倣い、あるときは組合の短所に学び得るという、信託法理の応用による法律構成上の融通性に負うものである。この意味でビジネス・トラストは、多分に混成的な法的基盤を有している。しかし、組合法や会社法といった隣接法に頼り得ることはその長所である反面、組織法としての全体がそれら隣接法による補完なくして把握できないという短所としても作用する。そのためビジネス・トラストには法的地位の不明確さが付きまとい、ときに他法との適用上の混乱を招いて、それが一般的な企業形態となるための障害となった。

　そうしたビジネス・トラストの課題の多くは、後に制定法によって解決が図られることとなった。しかし、ビジネス・トラストが判例を母体に形成された企業形態であることからすれば、まずは諸州の判例法がいかなる流れを形成しつつ確立をみ、そしてこれといかなる関係において制定法が生成したのかについて検討すべきことになろう。以下本章は、ビジネス・トラストの法律構成において最も激しく論争されてきたところの、受益者責任に関する判例法則を考察し、後に制定法による規制を呼んだ理由を探ろうとするものである。

第2節　受益者の責任を決する判例法則の生成

　ビジネス・トラストの利用が拡大するなか諸州で鋭く顕在化したのが、同じく任意団体としての組合との境界の不明確さであった[2]。伝統的な理解

（1）　本書序章第2節（7－8頁）参照。
（2）　Aaron, *The Massachusetts Trust as Distinguished from Partnership*, 12 Ill. L.

によると、組合（partnership）とは、構成員の合意に基づき創設され、金銭獲得を目的として合法的事業を遂行する法人格なき団体（unincorporated association）ないし法的結合（legal relation）であり、共有財産（common property）を備え構成員自らが本人（principal）として義務を負うものをいうものとされる[3]。これに対してビジネス・トラストは、財産の権原（title）を有する受託者によって、受益者の利益のために事業が遂行される団体であり、そこでは、信託財産は完全なる受託者財産とされ、かつ受託者は受益者の影響外で彼らの指図を受けることなく行動するのであって、組合に特有の諸要素のうち、少なくとも共有財産および本人による事業運営の特徴を欠いている[4]。このように、組合とビジネス・トラストとは本来混同されるべき概念ではない。しかし、ビジネス・トラストの受益者は、企業参加者の能動的性格からして、収益の享受と同時に企業に対し一定の支配権を留保し、間接的にせよ経営に関与することを欲することが少なくない。ビジネス・トラストの信託証書では、受託者の更迭権、信託条項の修正に関する発議権等、通常の信託において受益者が信託の設定に際して与えられる以上の支配的な権限（power）がその受益者に与えられるのである[5]。こうした場合、信託財産の真の所有者は誰となり、信託業務の実質的な執行は誰によってなされることとなるのであろうか。ここに、ビジネス・トラストを信託と解すべきか、あるいは受託者を代理人（agent）とし受益者を本人（principal）とする一種の組合と解すべきかの争いが生ずることとなる[6]。

それが純粋の信託であるならば、受益者には利益享受の資格があるのみで、信託事務の執行による危険はすべて受託者が負うべきであり、受益者が損失を分担するなどということはあり得ない[7]。他方、それが組合であって、受

  REV. 483 (1918); Judah, *Possible Partnership Liability Under the Business Trust*, 17 ILL. L. REV. 78 (1922).
(3) F. MECHEM, ELEMENTS OF THE LAW OF PARTNERSHIP § 2 at 2-3 (1896).
(4) Aaron, *supra* note 2, at 483-484.
(5) Weissman, *A New Look at Business Trusts,* 49 ILL. B. J. 745 (1961).
(6) JeanBianc, *Business Trusts―Personal Liability of Trustees and Beneficiaries*, 25 ILL. B. J. 112 (1936); Note, *Liability of Shareholders in a Business Trust―The Control Test*, 48 VA. L. REV. 1107 (1962); Weissman, *Id.*
(7) A. W. SCOTT & W. F. FRATCHER, THE LAW OF TRUSTS § 274 at 519-520 (4th ed. 1988).

益者が代理人たる受託者に指図を与える代理法上の本人と評価されるならば、受益者は無限責任を免れない[8]。かりに後者の見解に立って、ビジネス・トラストに企業体としての役割を期待しながら構成員の責任免除を認めないとすれば、投資家がこれに参加することはそれだけ自己の危険を増大せしめることになり、信託としての他の利点などはほとんど価値を有しないことになる。こうした関心を背景に、受益者が留保する支配的権限をいかに評価し、これを組織の法的性質、ひいては構成員の責任といかに関らしめるかにおいて、ビジネス・トラスト判例法は大きく展開し、やがてマサチューセッツ法則とテキサス法則と呼ばれる二潮流を形成することとなる。

第3節　マサチューセッツ法則

　ビジネス・トラストの受益者の責任に関するマサチューセッツ法則とは、受益者に留保された支配権が企業経営そのものに干渉しない限り、つまりこれが潜在的かつ間接的である限り、ビジネス・トラストの実体を信託とみ、組合法理に基づく受益者の無限責任を排除する理論をいう[9]。その名のとおり、マサチューセッツ州を中心に発達をみた。この考え方によれば、信託と組合とを分かつ基準は、「結合（association）」および「支配（control）」である。すなわち、信託証書の条項において受益者が総会を開催して互いに「結合」することを約し[10]、しかも受益者が信託財産の管理において受託者

（8）　Annot., *Massachusetts or Business Trusts*, 159 A.L.R. 105 (1945).

（9）　Williams v. Inhabitants of Milton, 215 Mass. 1, 102 N.E. 355 (1913); Frost v. Thompson, 219 Mass. 360, 106 N.E. 1009 (1914); Betts v. Hackerthorn, 159 Ark. 621, 251 S.W. 602 (1923); Goldwater v. Oltman, 210 Cal. 408, 292 P. 624 (1930); The First Nat'l Bank of New Bedford v. Chartier, 305 Mass. 316, 25 N.E.2d 733 (1940); Commercial Casualty Ins. Co. v. Pearce, 320 Ill.App. 221, 50 N.E.2d 434 (1943); Federal Deposit Ins. Corp. v. Slinger, 913 F.2d 7 (1st Cir. 1990); Riley, *Business Trusts and Their Relation to West Virginia Law*, 28 W.Va. L. Q. 289 (1922); Blake, *Business Trust: Validity of: Liability of Shareholders*, 12 Cornell L. Q. 198, 202-203 (1926); Hill, Jr., *Business Trusts: Liability of Shareholders: How Far May Corporate Advantages Be Acquired by Business Trusts?*, 18 Calif. L. Rev. 68 (1929); Comment, *Business Trust: Liability of Shareholders: Regulation and Taxation*, 19 Calif. L. Rev. 43-44 (1930); Judah, *supra* note 2, at 84.

（10）　Annot., *supra* note 8, at 100; Nini v. Cravens & Cage Co., 253 S.W. 582 (Tex. App.

第3章　ビジネス・トラストの受益者の責任を決する判例法則の展開

を超える「支配」権を留保する場合、この組織は組合として扱われ、反対に、受益者が「結合」しておらず、そこに受益者の「支配」権の存在も認められない場合、この組織は純粋の信託として扱われる(11)。現実に行使される権限ではなく信託証書の条項に注意が向けられるのは、信託証書こそ、当事者の意思を表し当該信託における契約内容を体現するものと解されるからである(12)。そこに組合が認められるならば、構成員たる受益者は相互代理の関係に立ち、代理法の原則に従い無限責任を課されることになるが、純粋の信託が認められるならば、一般信託法の原則に従い受益者の信託債務に対する人的責任は否定される。マサチューセッツ法則は、結合と支配の存否を基準に、構成員の責任の法律構成について、代理法理と信託法理とを選択的に用いるわけである。

第1項　ウィリアムス事件

Williams 対 Inhabitants of Milton 事件(13)が、結合と支配とに着目するマサチューセッツ法則の先例とされている(14)。その争点は、信託宣言に基づく

1922) での Walker 判事の整理によれば、組合の亜種であるジョイント・ストック・アソシエーションに近い団体も含めると、この意味での結合がみられた事例では組合との判定が下された（Tyrrell v. Washburn, 88 Mass. 466(1863); Hoadley v. County Commissioners of Essex, 105 Mass. 519(1870); Whitman v. Porter, 107 Mass. 522(1871); Gleason v. McKay, 134 Mass. 419(1883); Phillips v. Blatchford, 137 Mass. 510(1884); Ricker v. American Loan & Trust Co., 140 Mass. 346, 5 N.E. 284(1885); Williams v. Boston, 208 Mass. 497, 94 N.E. 808(1911); Frost v. Thompson, 219 Mass. 360, 106 N.E. 1009(1914); Priestley v. Burrill, 230 Mass. 452, 120 N.E. 100(1918); Dana v. Receiver General, 227 Mass. 562, 116 N.E. 941(1917).)、他方、結合がみられなかった事例では信託との判定が下された（Mayo v. Moritz, 151 Mass. 481, 24 N.E. 1083(1890); Williams v. Milton, 215 Mass. 1, 102 N.E. 355(1913).) という。

(11)　G. A. THOMPSON, BUSINESS TRUSTS AS SUBSTITUTES FOR BUSINESS CORPORATIONS § 13 at 31 (1920); Stevens, *Limited Liability in Business Trusts*, 7 CORNELL L. Q. 116 (1922).

(12)　Upham. v. Plankinton, 152 Wis. 275, 140 N.W. 8 (1913); Marchulonis v. Adams, 97 W.Va. 517, 125 S.E. 340 (1924); Goubeaux v. Krickenberger, 126 Ohio St. 302, 185 N.E. 201 (1933); Helvering v. Combs, 296 U.S. 365, 56 S.Ct. 287 (1935); Koenig v. Johnson, 71 Cal.App.2d 739, 163 P.2d 746 (1945); Bariffi v. Longridge Development Co., 156 Cal.App.2d 583, 320 P.2d 192(1958); Annot., *Business Trusts*, 13 AM.JUR.2d § 11 at 387 (1964); THOMPSON, *Id.* § 13 at 30.

(13)　Williams v. Inhabitants of Milton, 215 Mass. 1, 102 N.E. 355 (1913).

(14)　学説の多くは、これをマサチューセッツ法則のリーディング・ケースと位置付け

第 3 節　マサチューセッツ法則

団体に、組合財産に対するボストン市税の適用があるのかというものであり、ここから当該団体の法的性質に関する議論がたたかわされることとなった。本件で Loring 判事は次のように述べた。すなわち、「このような組織が組合と判断される場合と信託と判断される場合との違いは、前者においては、証券所持人が互いに結合しており、かつ、便宜的に財産の権原を有しているその代理人が、本人としての証券所持人の指図に従う関係がみられる点にある。財産は証券所持人の財産に他ならず、彼らこそ支配権者である。これに対して後者においては、証券所持人の間に結合は存せず、財産は受託者の財産であり、受託者が支配権者である。証券所持人が有するもののすべては、受託者によって証券所持人のために管理される財産に対しての間接的な権利である。証券所持人は、自身が財産を管理する権限を有しないばかりか、彼らのためにこれをいかに管理すべきか、受託者に指図する権限も有していないのである」。本件で証券所持人は、信託証書の変更もしくは改正または信託の終了に同意する権限を有していたが、裁判所は、これらの権限は受託者をして代理人たらしめ、当該取決めを組合へと変質させるほどに充分な権限とはいえない、と結論付けた。

以上のとおり、マサチューセッツ法則の主張の核心は、「結合」と「支配」の二要素を基準として組合と信託とを区別し、もって受益者責任の肯否を決するというものである。続いては、ここにやや抽象的に語られている、結合と支配の意味合いを少し詳しく検討する。

第 2 項　結合の要素

受益者の「結合」の内容としては、受益者総会外で受益者が個別的に関係する場合と、総会を通じて受益者が集団的に関係する場合とを想定し得るが、一般に結合とは、後者すなわち、受益者が総会を通じて結合し連繋することを指すものと解されている(15)。判例は、信託宣言が受益者の年次総会を規

　　る。たとえば、Judah, *supra* note 2, at 84; Stevens, *supra* note 11, at 119. なお、マサチューセッツ法則に属する同州判例として、Dana v. Treasurer & Receiver General, 227 Mass. 562, 116 N.E.941（1917）; Neville v. Gifford, 242 Mass. 124, 136 N.E. 160（1922）; Flint v. Codman, 247 Mass. 463, 142 N.E. 256（1924）.

(15)　Rowley, *The Influence of Control in the Determination of Partnership Liability*,

第3章 ビジネス・トラストの受益者の責任を決する判例法則の展開

定し、かかる総会が受託者受益者間で信託事業の経営権を共有させ、受託者の選任、信託証書の改正、信託の終了または受託者権限の制限といった積極的意義を有する場合、このような組織は組合を構成するとみ[16]、あるいは、信託証書が総会を規定し、これが信託契約書の改正権限を受益者に与えるならば、それは信託ではなく組合である[17]、としている。

しかしここで注意すべきは、いずれの例をみても結合のみが単独で評価されているわけではないことである[18]。あえていえば、結合は支配の要素を補完し、または支配的権限行使のきっかけとなる副次的要素と位置付けられている。たとえば、単なる受益者総会の招集[19]、受託者と支配権なき受益者間で持たれる信託活動に関する臨時総会の招集[20]、または受託者による受益者会の招集[21]は、それぞれ、受益者の無限責任を招来する意味での結合とはみなされないといわれる[22]。支配を伴わない結合は、そこに組合の存在を推定し受益者に無限責任を課すための要件たり得ないと考えられる。会社株主の共益権が直接的な経営関与を目的としないように、ビジネス・トラストにおける受益者間の結合も、元々受託者の専断を牽制し自己の権利を保護する手段としての意義を有するに過ぎないのである。かりに受益者間の結合がその本来の意義を超えて存在するとすれば、それはすでに支配権を行使する手段に転化しているものと解すべきであろう。Williams事件が引用するイギリスのSmith対Anderson事件[23]では、結合の要素は明らかに考慮され

26 MICH. L. REV. 294 (1928).
(16) Liquid Carbonic Co. v. Sullivan, 103 Okla. 78, 229 P. 561 (1924).
(17) Priestley v. Burrill, 230 Mass. 452 (1918); Simson v. Klipstein, 262 F. 823 (D.C.N.J. 1920).
(18) Annot., *supra* note 12, § 36 at 406.
(19) Rhode Island Hospital Trust Co. v. Copeland, 39 R.I. 193, 98 A. 273 (1916); Levy v. Nellis, 284 Ill.App. 288, 1 N.E. 2d 251 (1936).
(20) Frost v. Thompson, 219 Mass. 360, 106 N.E. 1009 (1914); Greco v. Hubbard, 252 Mass. 37, 147 N.E. 272 (1925).
(21) Krey Packing Co. v. Hitchings, 18 S.W.2d 123 (Mo.App. 1929).
(22) Note, *Massachusetts Business Trusts—When Are Shareholders Liable as Partners?—Effect of Meetings of Shareholders and Their Control over Trustees upon Personal Liability of Shareholders for Debts Properly Contracted by Trustees*, 8 MINN. L. REV. 242 (1924).
(23) Smith v. Anderson [1880], 15 Ch. D. 247.

ていなかったし、Williams事件の後、マサチューセッツ法則は「支配基準（control test）」として確立されていくことになる⁽²⁴⁾。こうした事実は、下位概念としての「結合」ではなく、上位概念としての「支配」の重要性を示唆するものに違いない。

　第3項　支配の要素

　いかなる権限がいかなる態様で行使されるとき、それは信託を組合へと変質させるに充分な「支配」であると評価されるのであろうか。後の判例学説はこれを「根本的支配（ultimate control）」または「実質的支配（substantial control）」と表現しているが⁽²⁵⁾、その内容としてマサチューセッツ州最上級裁判所が指摘するのは、受託者に指図する権限⁽²⁶⁾、受託者を更迭しもしくは後任受託者を選任する権限⁽²⁷⁾、信託を変更しもしくは終了させる権限⁽²⁸⁾、または受託者を定期的に選任しもしくはその欠員補充を行う権限⁽²⁹⁾等である。これらは、信託存続中に利益の分配を受け、あるいは信託の終了時に配当にあずかる権利のように、信託の目的が受益者の収益にあることから当然に導かれる権限とは異なり、一般の信託では受益者に与えられない権限である⁽³⁰⁾。たとえば受託者の更迭は、本来受託者による任務懈怠に際してのみ発動される、いわば緊急避難手段に過ぎないのであって、これが定期的に行われ得ることは、受託者の地位を相対的に低下させる。また、受託者の権限は信託証書における約定に基づくのであるから、信託を変更し信託証書を改正する権限を受益者が留保すれば、受益者の信託に対する影響力は増すことになる⁽³¹⁾。そこで、通常の信託においては設定されることのないこうした

---

(24) Helvering v. Coleman-Gilbert Associates, 296 U.S. 369, 56 S.Ct. 285 (1935); Note, *supra* note 6, at 1107; JeanBianc, *supra* note 6, at 112.
(25) First Nat'l Bank of New Bedford v. Chartier, 305 Mass. 316, 25 N.E.2d 733 (1940); H. W. BALLANTINE, LAW OF CORPORATIONS 20 (rev. ed. 1946); H. G. REUSCHLEIN & W. A. GREGORY, THE LAW OF AGENCY AND PARTNERSHIP 496 (2nd ed. 1990).
(26) Krey Packing Co. v. Hitchings, 18 S.W.2d 123 (Mo.App. 1929).
(27) Id.
(28) Horgan v. Morgan, 233 Mass. 381, 124 N.E. 32 (1919).
(29) Simson v. Klipstein, 262 F. 823 (D. N.J. 1920).
(30) Note, *supra* note 6, at 1112; JeanBianc, *supra* note 6, at 113; THOMPSON, *supra* note 11, § 13 at 29, 31.

受益者の権限が、当該信託を純粋の信託と解するか組合と解するかの識標とされるのである。

ただし、通常これらの権限の幾つかは並存し、その一つのみが独立してみられることは稀である。したがっていずれかの権限を捉えてそれ自体で支配の存否を決するような、量的分析を試みることはできないものと考えられる[32]。実際、これらの権限のいずれかが単独に存在した場合には、受益者による支配が認定されていない場合が多い。「ビジネス・トラストの持分権者が一定間隔で受託者を選任する権限および死亡や更迭の結果として生じた受託者の欠員を補充する権限は、それらのみをもって当該組織を組合へと変質させることはない」[33]、あるいは「受益証券の所持人が信託を終了させる権限は、当該関係の真正な信託としての性格を無効とするのに充分ではない」[34]とされるとおりである。受益者の有限責任を否定する効果を持つという意味での支配の存否は、単一の支配的権限ではなく、複数の権限の組合せ（combination）により判断されるものと解してよいであろう[35]。

第4項　マサチューセッツ法則の評価

ビジネス・トラストの構成員たる受益者が、企業活動から生ずる利益はこれを受けるが、信託の法的構成の背後に隠れて経営による危険はこれを負担しないこととなると、厳重な法の監督によってはじめて有限責任を是認される法人等の企業形態に比して衡平を失するかにみえる[36]。しかし、信託財産の滅失は、究極的には受益者が有する受益権に函数的に反映されるのであって、その上受益者に対して投資額以上の債務を負担させようとすれば、企業としての信託はその利用価値の減殺を免れない。たとえば、受託者更迭権の行使によって、差止等の煩雑なエクイティ上の救済手続に依存すること

---

(31)　Simson v. Klipstein, 262 F. 823（D. N.J. 1920）.
(32)　Note, *supra* note 6, at 1112.
(33)　Getelius v. Stanbon, 39 F. 2d 621（D. Mass. 1929）; Levy v. Nellis, 284 Ill.App. 228, 1 N.E. 2d 251（1936）.
(34)　Goldwater v. Oltman, 210 Cal. 408, 292 P. 624, 71 A.L.R. 871（1930）.
(35)　Rowley, *supra* note 15, at 296; Annot., *supra* note 12, § 11 at 387, § 36 at 406.
(36)　大阪谷公雄「企業組織としてのビジネストラスト」『私法学の諸問題（石田文次郎先生還暦記念）2』（有斐閣・1955年）71頁。

第 3 節　マサチューセッツ法則

なく受益者の利益は効果的に保護されるのであって、マサチューセッツ法則は、このような権利を、受益者に対して信託の運営に関する実質的支配権を付与するものとしてでなく、自己の受益権を守るためのいわば団体内部における権衡手段としての意義に解したのである(37)。もっとも信託にあって、コモン・ロー上の権利の一切は受託者に帰属し、受益者はエクイティ上の所有権を有するに過ぎない以上、前者から派生する実効的支配権限を受益者が留保することまでは許容されない。こうしてマサチューセッツの判例は、「支配」の存否を主たる契機とする、信託法理と代理法理の選択適用という結論に達したものと考えられる。

ところがこの解釈も、ビジネス・トラストが惹き起こした受益者保護と債権者保護の衡量という課題を完全に解決するものではなかった。現実問題として支配権の内容は一律には確定し難く、それどころか、一見して同様の状況においてしばしば異なる結論がもたらされた(38)。支配という基準はたしかに判例法の展開を促したが、それはやがて判例によっては打開できない行き止まりに突き当たったのである。すなわち、受益者が正当事由なく受託者を更迭し、かつ信託を変更しもしくは終了する権限を留保する場合(39)、または、受託者が受益者の解任権に従い、かつ受託者の選任権までも受益者が保持する場合、当該組織の根本的な支配権は受益者に留保されており、したがって当該受益者は組合員とみなされることになる(40)、との判断がみられる一方、受託者を解任または復職させる権限は、たとえ信託を変更しまたは終了させる権限と組み合わせて留保される場合でも、受益者に組合員としての責任を負わせるための充分な支配権とはいえない(41)、と断ずるものさえ

---

(37) Greco v. Hubbard, 252 Mass. 37, 147 N.E.（1925）; 海原文雄「ビジネストラストにおける受益者の有限責任」金沢法学10巻 1 号（1964年）10頁。

(38) Brown, *Contractual Limitation of Liability by the So-Called "Massachusetts Trust,"* Under the Indiana Law, 3 IND. L. J. 318（1927）; Note, *supra* note 6, at 1105; Stevens, *supra* note 11, at 116.

(39) Priestley v. Treasurer, 230 Mass. 452, 120 N.E. 100（1918）; Horgan v. Morgan, 233 Mass. 381, 124 N.E. 32（1919）; Howe v. Chmielinski, 237 Mass. 532, 130 N.E. 56（1921）; First Nat'l Bank v. Chartier, 305 Mass. 316, 25 N.E. 2d 733（1940）.

(40) Flint v. Codman, 247 Mass. 463, 142 N.E. 256（1924）; Old River Farms Co. v. Roscoe Haegelin Co., 98 Cal.App. 331, 276 P. 1047（1929）.

あるのである。Rowley がいうように[42]、判例が示したのは、結局のところ明確な峻別線ではなく、単なる境界領域（twilight zone）であったと理解するのが相当であろう。マサチューセッツ[43]のみならず、イリノイ[44]、ロード・アイランド[45]、アーカンソー[46]、カリフォルニア[47]、ミズーリ[48]、ニュー・ヨーク[49]、オクラホマ[50]、ウエスト・ヴァージニア[51]およびニュー・ジャージー[52]の諸州は、普遍的正当性を有するものとして支配基準を受け容れたが、同時にその実際の適用上困難を来たしもしたのである[53]。支配基準が法威を張ったマサチューセッツ法則下の諸州において、制定法が介入する余地はこの点に存した。

第4節　テキサス法則

ビジネス・トラストの受益者の責任に関するテキサス法則とは、受益者に

---

(41) Rhode Island Hospital Trust Co. v. Copeland, 39 R.I. 193, 98 A. 273 (1916); Downey Co. v. Whistler, 284 Mass. 461, 188 N.E. 243 (1933).
(42) Rowley, *supra* note 15, at 302.
(43) Dana v. Treasurer & Receiver General, 227 Mass. 562, 116 N.E. 941 (1917); Priestly v. Treasurer, 230 Mass. 452, 120 N.E. 100 (1918).
(44) H. Krammer & Co. v. Cummings, 225 Ill.App. 26 (1922); Schumann-Heink v. Folsom, 328 Ill. 321, 159 N.E. 250, 58 A.L.R. 485 (1927); Levy v. Nellis, 284 Ill.App. 228, 1 N.E.2d 251 (1936); Barkhausen v. Continental Ill. Nat'l Bank & Trust Co., 3 Ill.2d 254, 120 N.E.2d 649 (1954); Commercial Casualty Ins. Co. v. Pearce, 320 Ill.App.221 (1943).
(45) Rhode Island Hospital Trust Co. v. Copeland, 39 R.I. 193, 98 A. 273 (1916).
(46) Betts v. Hackerthorn, 159 Ark. 621, 252 S.W. 602, 31 A.L.R. 847 (1923).
(47) Goldwater v. Oltman, 210 Cal. 408, 292 P. 624, 71 A.L.R. 871 (1930); Bariffi v. Longridge Development Co., 156 Cal.App.2d 583, 320 P.2d 192 (1958). ただし、テキサス法則の影響を受けた Hunter v. Hunter, 268 Ill.App. 487 (1932) のような判決もみられる。
(48) Darling v. Buddy, 318 Mo. 784, 1 S.W.2d 163, 58 A.L.R. 493 (1927); Taussig v. Poindexter, 224 Mo.App. 580, 30 A.W.2d 635 (1930).
(49) Byrnes v. Chase Nat'l Bank, 225 App.Div. 102, 232 N.Y.S. 224 (1928), *aff'd*, 251 N.Y. 551, 168 N.E. 423 (1928); Brown v. Bedell, 263 N.Y. 177, 188 N.E. 641, 262 N.Y.S. 926 (1934).
(50) Liquid Carbonic Co. v. Sullivan, 103 Okla. 78, 229 P. 561 (1924).
(51) Marchulonis v. Adams, 97 W.Va. 517, 125 S.E. 340 (1924).
(52) *In re* Winter's Estate, 133 N.J. Eq. 245, 31 A.2d 769 (1943).
(53) 本書第4章第3節（125頁以下）参照。

留保される支配の程度いかんにかかわらず、ビジネス・トラストを一律に組合とみなして、組合員としての受益者に人的無限責任を負担させる理論をいう[54]。それは、マサチューセッツ法則に後れて、主としてテキサス州で発達した。初期の同州判例には、ビジネス・トラストを組合から区別し受益者の有限責任を正当化するものも存したが[55]、後にこれに対する否定的態度が鮮明にされることとなった。

その法理論上の根拠となったのは代理（agency）である。テキサス法則は、信託財産の真の所有者は利益が帰属する受益者であり、財産の権原はあくまで便宜上受託者に帰属せしめられたに過ぎず、代理人としての受託者を支配する本人としての受益者は、人的無限責任を免れないものと解したのである[56]。

第1項　トンプソン事件

Thompson対Schmitt事件[57]が、一般にテキサス法則の先例と位置付けられている[58]。本件は、信託宣言に基づく団体である通信販売店（mail order house）が倒産した後、その構成員に対して取引債権の弁済を求める訴えが起こされたものであり、当該団体は組合に該当しその構成員は団体債務につき人的責任を負担するのか、それとも信託に該当しその構成員は人的責任を免れるのかが主たる争点となった。受託者は、受益者の指図から無縁の独立した経営を行っており、マサチューセッツ法則によれば純粋の信託と判断されたであろう事例であったが、本件でテキサス州最上級裁判所は、組合関係決定基準（partnership test）としてはすでに廃棄されていた利益参加基準（profit-sharing test）に回帰して組合の存在を認め[59]、かつ代理法理を拡大適用して、

---

(54) Thompson v. Schmitt, 115 Tex. 53, 274 S.W. 554（1925）.
(55) Connally v. Lyons, 82 Tex. 664, 18 S.W. 799（1891）. なお、支配基準を適用するものとして、Nini v. Cravens & Cage Co., 253 S.W. 582（Tex.App. 1922）.
(56) Cattle Raiser's Loan Co. v. Sutton, 271 S.W. 233（Tex.App. 1925）.
(57) Thompson v. Schmitt, 115 Tex. 53, 274 S.W. 554（1925）.
(58) たとえばInd. Lumber Co. v. Texas Pine Land Ass'n, 72 S.W. 875（Tex.Civ.App. 1903）; Hollister v. McCamey, 115 Tex. 49, 274 S.W. 562（1925）. Jones, *Business Trusts in Florida—Liability of Shareholders,* 14 U. FLA. L. REV. 3 n.2(1961); Hill, *supra* note 9, at 68.

第3章　ビジネス・トラストの受益者の責任を決する判例法則の展開

「受託者は受益証券所持人の代理人として本人の権限を行使したものであり、その権限は純粋に派生的なものに過ぎず、したがって当該組織の受益者は、受託者によって負担された債務について組合員として人的責任を負う」と判断した。しかし、利益参加基準と代理法理とに依拠する本理論構成には、以下のように論難を加え得る。

たしかに、かつてのイギリス法は、利益の分配にあずかる者は損失をも負担すべきとして、組合関係創設の基準に利益参加（participation in profit）を説いていた[60]。しかし後の判例[61]はこれを変更し、単なる利益参加を組合責任の根拠とは認めず、利益に参加し損失を被る者本人が企業経営者たることを組合関係決定要件とした[62]。受益者が利益に参加するという団体の内部的問題と、受益者が第三者に対しいかなる責任を負担するかという外部的な問題とを結びつけることは、必然性に乏しいからである[63]。アメリカ法でも大勢は変らず、実際、本件に先立つ同州判例は、すでにこの基準と決別していた[64]。ここであえて古い基準を持ち出すべき理由は見当たらない。

代理法理の拡大適用についても批判を免れない。すなわち、著名な Taylor

---

(59) 本件で引用された Meehan v. Valentine, 145 U.S. 611, 12 S.Ct. 972（1892）をはじめ、テキサス州において利益参加基準が強く信奉されていたことは確かであるが（たとえば Buzard v. First National Bank of Greenville, 67 Tex. 83, 2 S.W. 54（1886）; Dilley v. Abright, 48 S.W. 548（Tex.Civ.App. 1898）; Kelley Island Lime & Transport Co. v. Masterson, 100 Tex. 38, 93 S.W. 427（1906）.）、諸州の実務上、20世紀に入る頃には既にそれは破棄された古い基準の一つと認識されていた（Comment, *Partnership—Sharing Profit as Test*, 12 HARV. L. REV. 508（1899）.）。

(60) Grace v. Smith [1775], 2 W. Blackstone 998; Waugh v. Carver [1793], 2 H. Blackstone 235; J. A. CRANE, HANDBOOK ON THE LAW OF PARTNERSHIPS AND OTHER UNINCORPORATED ASSOCIATIONS § 14 at 59-60（2nd ed. 1952）; MECHEM, *supra* note 3, § 56, at 41. 本書第1章第4節（48－51頁）参照。

(61) Cox v. Hickman [1860], 8 H.L., 268.

(62) Comment, *Partnership—Sharing Profits as Test*, 12 HARV. L. REV. 508（1899）; CRANE, *supra* note 60, § 14 at 61.

(63) 神作裕之「信託を用いて行う事業―その可能性と限界」信託法研究18号（1995年）32頁。

(64) Fink v. Brown, 215 S.W. 846（Tex.Com.App. 1919）; Hildebrand, *Massachusetts Trust—A Sequel*, 4 TEXAS L. REV. 57（1925）; Douglas, *Vicarious Liability and Administration of Risk*, 38 YALE L. J. 720-722（1929）; R. W. JENNINGS & R. M. BAXBAUM, CORPORATIONS, ch. 1 at 60（5th ed. 1979）.

対 Davis 事件(65)以来、独立した地位を有し受益者の指図に服することのない受託者は代理人にあらずと解されるところ、本件団体にあっては、その財産の権原はすべて受託者に帰属し、しかも受託者は信託宣言において特定の商号の下で事業をなす完全なる経営権を与えられていたのであって、代理人として本人から付与された代理権を行使していたものとは認め難い。かりにこの判断を正しいものとしたら、おそらくすべての受託者は代理人と評価されてしまうに違いない(66)。

第2項　ウェルス事件

先の Thompson 対 Schmitt 事件判決に加えて、ビジネス・トラストを排斥すべく作用したのが、テキサス州上訴裁判所における Wells 対 Mackey Telegraph-Cable Co. 事件(67)の判例理論である。本件は、信託宣言に基づく石油精製団体（Oil & Refining Company）の債権者が、会社の債務不履行を理由として出資者に求償した事例であるが、裁判所は以下の理論を展開し、その受益者の有限責任を否定した。すなわち、「法諺は『特定の事項を表示するは、他の事項を排除するの意なり（*Expressio unius est exclusius alterius*）』としているが、同州において、営利企業体における人的責任の制限を規定しこれを許容するのは、有限組合（limited partnership）および会社に関する制定法のみである。したがってこれらの制定法は、組合の構成員が他の方法をもって法を潜脱し責任を免れることを黙示的に否定しているものと解すべきである」とした(68)。同趣旨は Thompson 事件においても示唆されるところであったが、本件において明確に主張され、同州におけるその後のビジネス・

---

(65) Taylor v. Davis, 110 U.S. 330（1884）; 海原・前掲注(37) 7頁。本件については、星野豊「『信託関係』における『受益者』の責任(2)」NBL674号（1999年）47−48頁が詳しい。

(66) THOMPSON, *supra* note 11, § 12 at 27.

(67) Wells v. Mackey Telegraph-Cable Co., 239 S.W. 1001（Tex.App. 1922）. 同旨 McCamey v. Hollister, 241 S.W. 689（Tex.App. 1922）; Victor Refining Co. v. City Nat'l Bank of Commerce, 115 Tex. 71, 274 S.W. 561, 46 A.L.R. 176（1925）; Ziegelmeyer v. Joyce, 97 S.W. 2d 346（Tex.App. 1936）.

(68) Blake, *supra note* 9, at 198; 海原・前掲注(37)25頁。同旨 McCamey v. Hollister Oil Co., 241 S.W. 689（Tex.App. 1922）; Victor Refining Co. v. City Nat'l Bank of Commerce, 115 Tex. 71, 274 S.W. 561, 46 A.L.R. 176（1925）.

トラスト判例を拘束して、一貫してこれを組合とみなすテキサス法則と呼ばれる理論体系の基礎となった[69]。

しかし、立法趣旨に照らせばこの判断の誤謬は明らかである。すなわち、同州有限組合法および一般会社法制定時の州議会法務委員会における趣旨説明によると、議会は、他州で既に始まっていた事業会社法制定の機運に乗じ、立法をもって有限組合および営利法人を承認することで単に同州市民に特典を与えようとしたのであって、ここに受託者と受益者との関係に適用ある判例法を廃する意図は全く存しなかったのである[70]。

第3項 責任制限明示特約

テキサス州は、こうして一方で代理法理の適用をもって任意団体における構成員の有限責任を否定しながら、実は他方で、石油および天然ガス資源開発ならびに土地開発の需要に応えて、ビジネス・トラストを大規模かつ高度に発達させたことで知られる[71]。かたやビジネス・トラストを禁圧する法則を確立しながら、同州はいかにしてその活動を許容したのであろうか。

テキサス法則の理解によれば、ビジネス・トラストの受託者は、本人たる受益者のために行為する代理人を超える存在ではない。ところが、代理法に基づくとき、受託者は信託事務の遂行上負担した債務につき自ら責任を負担することを免れない。すなわち、代理法上、本人の名を示し本人のために他

---

(69) Note, *Partnership—Liability of Members for Contracts of Agent—Effect of Limited Partnership and Joint Stock Company Statutes*, 39 HARV. L. REV. 276-277 (1925). なお、テキサス法則に属する同州判例として、Home Lumber Co. v. Hopkins, 107 Kan. 153, 190 P. 601, 10 A.L.R. 879 (1920); Victor Refining Co. v. City Nat'l Bank of Commerce, 115 Tex. 71, 274 S.W. 561, 46 A.L.R. 176 (1925); Howe v. Wichita State Bank & Trust Co., 242 S.W. 1091 (Tex.App. 1922); Morehead v. Greenville Exch. Nat'l Bank, 243 S.W. 546 (Tex.App. 1922); Continental Supply Co. v. Adams, 272 S.W. 325 (Tex.App. 1925); Manufacturer's Equipment Co. v. Cisco Clay & Coal Co., 118 Tex. 370, 15 S.W.2d 609 (1929); Means v. Lympia Royalties, 88 S.W.2d 1080 (Tex.App. 1935); Looney v. Wing, 195 S.W.2d 557 (Tex.App. 1946); Loomis Land & Cattle & Co. v. Diversified Mortgage Investors, 533 S.W.2d 420 (Tex.App. 1976).

(70) Blake, *supra* note 9, at 198.

(71) P. LIEBERMAN, *Business Trusts—Business Organizations with Tax Analysis*, 5 WEST'S LEGAL FORMS, Div. 14 § 96.3 at 562 (rev. 2nd ed. 1991); 木下毅監訳「ビジネス・トラスト」信託170号（1992年）68頁、海原・前掲注(37)27頁。

第 4 節　テキサス法則

人と契約した場合には、代理人はその契約について何ら責任を負担しないが、反対に、本人の何人たるかを明らかにせず契約を締結した場合には、特段の合意なき限り代理人自身が債務を負担するものとされる(72)。ビジネス・トラストの受託者が契約の都度受益者の名を示すものとは考えられず、よって後者の理に従い、外部第三者との取引から生ずる債務について、受託者が人的責任を負うことになるのである(73)。

しかしこの結果は、ビジネス・トラストの実質を組合と解し、利益を享受する受益者に責めを負わせようとするテキサス法則の意図に反するため、同州判例は、同じく代理法上のいわゆる隠れたる本人（undisclosed principal）の理論(74)を援用し、受託者が代理人たることを全く示さず取引を行った場合でも、その効果を本人たる受益者に帰属させることとした(75)。もっとも、それでも代理法の特則は、外部第三者が直接の相手方たる代理人に対する求償を優先させ得るものとしていることから(76)、代理法的解決を徹底すると、受託者は責任負担の可能性を免れないこととなる。

そこで、この矛盾を正すため、テキサス法則は傍に取引上の責任制限特約の実務を発達させた。契約法上の操作を用いることによって、代理法の適用に伴う結果を転換したのである。すなわち、信託債務につき受託者は人的責任を負わないとする契約条項の効力を認め(77)、かつ同趣旨の信託証書条項についても、その効力を悪意の第三者との関係で肯定した(78)。この手法に

---

(72) RESTATEMENT OF THE LAW (2ND), AGENCY, § 321.
(73) Bohrer, *Limiting Liability Without Incorporation*, 36 CHI. B. REC. 145 (1954); Scott, *Liabilities Incurred in the Administration of Trusts*, 28 HARV. L. REV. 736 (1915).
(74) 樋口範雄『アメリカ代理法』（弘文堂・2002年）9、62－63頁。
(75) McCamey v. Hollister, 241 S.W. 689 (Tex.Civ.App. 1922).
(76) 樋口・前掲注(74)64頁。
(77) Nini v. Cravens & Cage Co., 253 S.W. 582 (Tex.App. 1922); Barnett v. Cisco Banking Co., 253 S.W. 339 (Tex.App. 1923); Hardee v. Adams Oil Ass'n, 254 S.W. 602 (Tex.App. 1923); Dayle L. Smith Oil Co. v. Continental Supply Co., 268 S.W. 489 (Tex.App. 1924); Dunning v. Gibbs, 213 Ky. 81, 280 S.W. 483 (1926); Shelton v. Montoya Oil & Gas Co., 292 S.W. 165 (Tex.Com.App. 1927); Farmers' State Bank & Trust Co. v. Gorman Home Refinery, 273 S.W. 694 (Tex.App. 1925); CRANE, *supra* note 60, § 33 at 152.
(78) George v. Hall, 262 S.W. 174 (Tex.App. 1924); North Texas Oil & Ref. Co. v. Standard Tank Co., 249 S.W. 253 (Tex.App. 1923); Oden v. Bone, 263 S.W. 640 (Tex.App.

第3章　ビジネス・トラストの受益者の責任を決する判例法則の展開

ついて特筆すべきは、同じ契約の法律構成をとって現れる限り、受益者の免責を例外とし得ないことである。受託者の免責はあくまで外部第三者の悪意ないし禁反言に基づくものであり、この要件を充足する場合、受益者もまた責任を免れる。つまり、契約条項中に受益者の責任制限特約を挿入することは同州の公序に反することなく、取引相手方が悪意である限りこれを有効に拘束するのである[79]。こうしてテキサス法則は、受託者責任における代理法理的結論を修正するために、そして受益者責任における代理法理的結果を回避するために、契約法の技術に大きく依存していたのである。

第4項　テキサス法則の評価

支配基準による代理法理と信託法理との選択適用という技巧性を有するマサチューセッツ法則に対して、代理法理の排他的適用をうたうテキサス法則は、法律構成の簡明さにおいて優れているかにみえる。しかし契約法に頼って、代理法の適用から導かれる結論をことごとく改めていたとすれば、テキサス法則もまた技巧の誇りを免れないこととなる。

ビジネス・トラストは、純粋の信託とはいえないまでも、通常の組合とも全く性質を異にする。これを代理法の枠内で律しようとしたテキサス法則の理解の矮小性は、その理論の外部に上述のような作為を要したことによって論証され、また同法則がビジネス・トラストの本質を決する普遍的理論となり得なかったことによって実証されているといえよう[80]。同法則は当初、

1924); Shelton v. Montoya Oil & Gas Co., 272 S.W. 222, 46 A.L.R. 172 (Tex.App. 1925); Hershey Estates v. Rettew, 19 Pa. D. & C. 262 (1933).トンプソン事件はこの手法についても否定的見解を示していたが、後の判例はむしろそれに追従せず、また学説によっても鋭い批判が加えられたこともあって (Brown, *supra* note 38, at 314, Hildebrand, *supra* note 64, at 57)、次第にかかる免責特約を前提としたビジネス・トラストの利用が定着していったものと考えられる。

(79) Industrial Lumber Co. v. Texas Pine Ass'n, 72 S.W. 875 (Tex.Civ.App. 1903); West Side Oil Co. v. McDorman, 244 S.W. 167 (Tex.App. 1922); Geroge v. Hall, 262 S.W. 174 (Tex.App. 1924); Dayle L. Smith Oil Co. v. Continental Supply Co., 268 S.W. 489 (Tex.App. 1924); Shelton v. Montoya Oil & Gas Co., 292 S.W. 165 (Tex.Com.App. 1927); Farmers' State Bank & Trust Co. v. Gorman Home Refinery, 3 S.W.2d 65 (Tex.Com.App. 1928); Annot., *Massachusetts or Business Trusts*, 156 A.L.R. 127-128, 165-166 (1945).

フロリダ[81]、インディアナ[82]、ケンタッキー[83]、アイオワ[84]、ペンシルヴァニア[85]、ルイジアナ[86]、あるいはオハイオ[87]へと広がりをみせたが、その多くは後に、ビジネス・トラストへの需要に応えて制定法によって態度を改めた[88]。そして、連邦裁判所もこの考え方を踏襲しはしなかったのである[89]。

第5節　カンザス・ワシントン法則

第1項　準法人の理論

　従前の学説は、マサチューセッツ法則とテキサス法則とをもって、ビジネス・トラストの受益者の責任を決する判例を、大きく二分して考えてきた。この理解においては、受益者による支配の存否を基準に組織の法的性質を画そうとする前者の立場と、利益参加基準の適用により組織を一律に組合と解する後者の立場とが、対極に位置付けられていた。しかしながら、この二つ

---

(80)　Note, *supra* note 69, at 276-277.
(81)　Willey v. W. J. Hoggson Corp., 90 Fla. 343, 106 So. 408（1925）.
(82)　McClaren v. Dawes Elec. Sign & Mfg. Co., 86 Ind.App. 196, 156 N.E. 584（1927）.
(83)　Ing. v. Liberty Nat'l Bank, 216 Ky.App. 467, 287 S.W. 960（1926）.
(84)　Daries v. Hart, 214 Iowa 1312, 243 N.W. 527（1932）; Farmers & Merchants' Nat'l Bank of Fortworth v. Anderson, 216 Iowa 988, 250 N.W. 214（1933）.
(85)　Fairman Bros. v. Ogden Gas Co., 106 Pa. 130, 161 A. 634（1932）.
(86)　Am. Nat'l Bank of Shreneport v. Reclamation Oil Producers Ass'n of Louisiana, 156 La. 652, 101 So. 10（1924）.
(87)　Goubeaux v. Krickberger, 126 Ohio.St. 302, 185 N.E. 201（1933）.
(88)　Fla. Stat. § 609.07; Ind. Code § 23-5-1-8; Ky. Rev. Stat. Ann. § 386.400; 15 Pa. Cons. Stat. § 9506(a).
(89)　たとえば *In re* Associated Trust, 222 Fed. 1012（1915）は、「ビジネス・トラストは、あるときは組合として、またあるときは信託として取り扱われる。この区別は信託宣言または信託約款の条項にかかっている。信託宣言をもって受益者が信託財産の運営に関する実質的支配権を与えられるならばそれは組合であり、逆にかかる支配権が与えられなければ信託であって組合でない」としており、マサチューセッツ法則に立つものといい得る。その他、Simson v. Klipstein, 262 F. 823（D. N.J. 1920）; Gutelius v. Stanbon, 39 F.2d 621（D. Mass. 1930）; Helvering v. Coleman-Gilbert Associates, 296 U.S. 369, 56 S.Ct. 285（1935）参照。

の見解は、法律構成の基調に代理を据える点で、実は共通の理論的基盤の上に立つのである。マサチューセッツ法則によれば、受益者が受託者を超える実効的支配権を有するとき、受益者は信託債務について人的無限責任を負担する。この際裁判所が用いるのが、代理法理に他ならない。すなわち、受益者の指図に従う受託者を、実際上受益者の単なる代理人に過ぎないものと解し、本人たる受益者に組合的責任を課すのである。これに対してテキサス法則は、支配の存否にかかわらず利益を享受する受益者に責任を帰せしめるが、ここで論拠となるのもまた代理法理である。信託法理を適用する企業体と称しても、信託財産の真の所有者はどこまでも受益者であって、信託財産の権原は便宜上受託者に帰属させられたに過ぎないものと解し、本人たる受益者が代理人たる受託者を支配する関係を擬制するのである。

　このように、マサチューセッツ、テキサス両法則には代理法が深く関与するが、私見によれば、ビジネス・トラストの本質は信託にあらずとした判例のなかには、そのいずれの法則にもくみさない、つまり代理法の援用に依らない理論構成が存在する。これを準法人（*quasi* corporation）として把握するものである。ビジネス・トラストはその性質において法人と接近するために、準法人と呼ばれることが少なくない。この点を Street Trust Co. 対 Hall 事件(90)は次のように表現している。

　「ビジネス・トラストという法的形式は、多くの目的上組合とみなされ、したがって組合を律する法原則の幾つかが実際これに適用されてきた。しかし我々は、通常の組合とビジネス・トラストとの間の、争点となっている相違を無視することができない。すなわち、通常の組合の本質的な特徴に、構成員が相互の契約によって選ばれた者に限定されるという点がある。かかる要素はビジネス・トラストでは完全に欠落している。そこでは、持分の譲渡は何ら制限されず、ある者は持分の譲渡によってこの関係から離脱し、そして持分の譲受人が譲渡人の地位を承継する。ビジネス・トラストという商事企

---

(90) Street Trust Co. v. Hall, 311 Mass. 299, 41 N.E.2d 30 (1942). 同旨 Burgoyne v. James, 156 Misc. 859, 282 N.Y.S. 18 (1935); Kresberg v. Int'l Paper Co., 149 F.2d 911 (2d Cir.), *cert. den.*, 326 U.S. 764 (1945); Swartz v. Sher, 344 Mass. 636, 184 N.E.2d 51 (1962); Richardson v. Clarke, 372 Mass. 859, 364 N.E.2d 804 (1977).

業体の人的構成は、他の構成員による選択（delectus personae）ではなく、もっぱら持分の所有の事実に依拠するのである。また、組合では、その構成員の個性が企業の存続期間を決定し、組合員の死亡は通常企業を解散させる。ところがこの原理もビジネス・トラストにはみられない。こうしてこの種の信託は、一方で本質的な性質において一般の組合と異なるが、他方で法人の属性とされる性質の幾つかを備えることになる。つまり、財産の権原は、法人では法人自身により、ビジネス・トラストでは受託者により保有される。集中的経営（centralized management）は、前者では取締役会に、後者では受託者会に帰属する。企業としての存続性は、両者とも構成員の死亡には左右されない。受益的権利の譲渡は、両者とも株式または持分証券によって容易になされる。そして、両者の証券所持人は、ともに人的責任の制限を求める。こうしたビジネス・トラストに特徴的な性質は、この組織をおよそ法人と類似した存在へと導く。それがしばしば法人とみなされるとおりである」。

　この見方を判例理論として発展させ、マサチューセッツ法則に従えばおそらく「信託」となるであろう組織を「法人」と呼んだ州が、カンザスおよびワシントンである。法人規整との関わりでビジネス・トラストを律する理論は、これを法人の範疇に含めることで組織の属性を法人と共有させようとするものではない。むしろ逆に、適正な法人設立手続によらない存在であるとして、ビジネス・トラストを不完全な法人（imperfect corporation）すなわち任意団体とみなし、最終的にその法人的属性の具備を否定するのである。カンザスおよびワシントンの両州において顕著な展開をみたことから、この理論を本書ではとくに、カンザス・ワシントン法則と呼ぶこととする。以下では、その論理構造を少し細かくみてみたい。

　第2項　ホーム・ランバー・カンパニー事件

　Home Lumber Co. 対 Hopkins 事件[91]が、カンザス・ワシントン両州を通じてビジネス・トラストの法的地位が問われた最初の判例である。オクラホマで材木製造販売業を営む信託宣言に基づく法人格なき団体がカンザス州内で

---

(91)　Home Lumber Co. v. Hopkins, 107 Kan. 153, 190 P. 601, 10 A.L.R. 879（1920）.

の持分証券の発行を願い出たところ、州特許委員会(Kansas state charter board)は当該団体を投資家の保護に欠く組合とみて不適格とした。団体がこれを不服として職務執行令状(writ of mandamus)の発給を求めたのに対し、カンザス州最上級裁判所のJohnston判事は以下のように述べてその訴えを斥けた。

「まずもって問題となるのは、この団体が持分証券を発行する適格を有しない組合に該当するか否かであるが、組織の設置文書である信託宣言に着目するに、……団体は組合とはみられず、その出資者も組合員とはみられない。なぜなら、事業財産に対するコモン・ロー上の権利の一切は受託者に明け渡され、出資者は企業の運営に何ら支配権を有しない。受託者の負担した債務は出資者を拘束せず、受託者自らが企業の主体ないし本人の立場で、出資者からは独立の存在として事業を遂行しているのである。……出資者の持分権は受託者選任権を包含するが、信託宣言の条項に従いそうした権限を行使すること自体は、彼らをして受託者を代理人として使用する本人、あるいは任意組合の組合員の地位に就かせるに足る支配権とはみなされない。以上よりして、本件団体は信託に他ならず、州はこれを組合であると理由付けて持分発行を不許とする正当な根拠を有しないというべきである。

しかし、そのことが当然に原告は証券発行をする資格を有するという結論を導くわけではない。……当州憲法第12章第6節いわく、本節の適用上、『法人』の語は個人または組合によっては獲得できない権能または特権を備える、すべての団体またはジョイント・ストック・カンパニーを含む。この点原告もまた、出資者および受託者の有限責任を定め、出資者および受託者の死亡等の影響を受けない組織の継続性と財産の単一性を有し、その持分は譲渡可能な証券に表章され、団体印章（common seal）を使用する等、そうした権能ないし特権を行使する以上、憲法の要請に従い法人としてこれを規制する制定法規定に準拠しなければならないはずである。ところが、その組織およびその目論見書は明らかに関連制定法に基づいていない。したがって職務執行令状を発給すべき根拠もない」。

判旨前段は、マサチューセッツ法則の流れを汲むもので、ビジネス・トラストの法的性質につき支配基準（control test）をもって組合または信託のいずれかに判別するという考え方を示している[92]。本件では、受託者を企業

財産の完全権者とみて団体の性質を信託と結論付けている。ところがその分析結果は、判旨後段がビジネス・トラストを法人と呼び替えることですぐさま打ち消される。ビジネス・トラストを法人の範疇に含める所論の根拠となるのは、「本節の適用上、『法人』の語は、自然人または組合によっては獲得できないいずれかの権能または特権を備える、すべての団体（association）およびジョイント・ストック・カンパニー（joint-stock company）を含む」(93)という、カンザス州憲法における法人定義規定(94)である。こうした規定は、法人設立についての特許主義から準則主義への移行期にあった19世紀の末に多くの州の憲法中に置かれたが、ここではビジネス・トラストを法人の脱法手段として消極的に把持する理由付けに援用されている。信託を応用した任

---

(92) マサチューセッツ法則のリーディング・ケースである Williams v. Milton, 215 Mass. 1, 102 N.E. 355 (1913) の判決理由とそこに列挙される判例をほぼそのまま引用して立論している。

(93) Kan. Const., Art. 12, §6. これと酷似する憲法規定を有した州は数多い（Ala. Const., Art. 12, §241; Cal. Const. of 1879 (former Const.), Art. 12, §4; Colo. Const. of 1865 (former Const.), Art. 11, §5; Idaho Const., Art. 11, §16; Ky. Const. §208; La. Const. of 1921 (former Const.), Art. 13, §8; Mich. Const., Art. 12, §2; Minn. Const., Art. 10, §1; Miss. Const., Art. 7, §16; Mo. Const., Art. 11, §1; Mont. Const. of 1889 (former Const.), Art. 15, §18; N.C. Const., Art. 8, §2; N.D. Const., Art. 7, §1; N.Y. Const., Art. 10, §4; Okla. Const., §9-1; Pa. Const. of 1873(former Const.), Art. 16, §13; S.C. Const. of 1895 (former Const.), Art. 9, §1; S.D. Const., Art. 17, §19; Utah Const., Art. 12, §4.）。なお、ヴァージニア州旧憲法は、「本節において使用される場合、法人（corporation）または会社（company）の語は、自然人または一般組合によっては獲得され得ないいずれかの権能や特権を有する、すべての信託、団体またはジョイント・ストック・カンパニーを含むものとする（Va. Const. of 1902 (former Const.), Art. 12, §153.）」として、法人定義に信託を明示的に包摂していたが、本書第1章第5節（60頁以下）で述べたように、この頃既に信託が法人代替組織として利用され始めていたことの証左であろう。

(94) たとえばマサチューセッツでは、通商会社としてのマサチューセッツ湾会社（Massachusetts Bay Company）の特許状がそのまま植民地の憲法に転化したものとされるように（W. M. Fletcher, 1 Cyclopedia of the Law of Private Corporations ch. 1 §2 at 7 (parm. ed. 1983 & rev. vol. 1999); Handlin & Handlin, *Origins of American Business Corporation*, 5 J. Econ. Hist. 19 (1945)；浜田道代「会社制度と近代的憲法体制の交錯」（青竹正一他編）『現代企業と法（平出慶道先生還暦記念）』（名古屋大学出版会・1991年）239頁）、アメリカでは沿革的に公法人と私法人とが分明でなかったことに加え、伝統的に法人設立特許状の交付が州議会の排他的立法権限とされていなかったことから、揺籃期にあった一般会社法の潜脱が行われることを回避するために、州憲法上定義付けられることとなった。

第3章　ビジネス・トラストの受益者の責任を決する判例法則の展開

意団体が州憲法上の法人に当るかどうかについては、以前にアイダホ州のSpotswood 対 Morris 事件⁽⁹⁵⁾がこれを否定する見解を示していたところ本件はこれを覆したもので、ビジネス・トラストを準法人として措定する新たな立場を示したことになる。以後のカンザス州最上級裁判所はこの線で一貫した態度を示した。すなわち Weber Engine Co. 対 Alter 事件⁽⁹⁶⁾は、「マサチューセッツ・トラストは憲法の定義における法人と解され、法人に対し制定法が課す規制に適合することを要する」とした他、「コモン・ロー・トラストは憲法上の法人に含まれるが、制定法に基づかないため不適正な法人である」⁽⁹⁷⁾、「マサチューセッツ・トラストは、カンザス州憲法下の法人の定義に含まれる」⁽⁹⁸⁾、「オクラホマ・コモン・ロー・トラストは、法人格なき団体ではなく、州外法人を律するカンザス州法の規制に適合することを要する準法人である」⁽⁹⁹⁾等と表現した。しかしながら、準法人と位置付けられたビジネス・トラストが私法上どのような処遇を受けるのかといえば、同州の Hamilton 対 Young 事件⁽¹⁰⁰⁾がいうように、結局は任意組合とみなされて、その構成員には無限責任が課されるという結論に辿りつく。違法に組織された会社、または設立手続の瑕疵を原因とするいわゆる不成立の会社は任意組合として扱われ、その発起人、構成員および役員は組合員として無限責任を負担するという確立された準則があるからである⁽¹⁰¹⁾。

　このようにみてくると、Home Lumber Co. 事件の判旨前段における支配基準の適用は、公法上も私法上もとくに意味を有しないことになる。実際、判例法則として後の事件を拘束していくのは、後段の準法人理論ないし不適正設立基準 (improper-formation test) とでもいうべき考え方のみであった。その意味では、次にみるワシントン州の State *ex rel.* Range 対 Hinkle 事件が、

---

(95)　Spotswood v. Morris, 12 Idaho 360, 85 P. 1094（1906）.
(96)　Weber Engine Co. v. Alter, 120 Kan. 557, 245 P. 143, 46 A.L.R. 158（1926）.
(97)　Fitch v. United Royalty Co., 143 Kan. 486, 55 P.2d 409（1936）.
(98)　Harris v. United States Mexico Oil Co., 110 Kan. 532, 204 P. 754, *cert. den.*, 260 U.S. 694（1922）.
(99)　State *ex rel.* Ferguson v. United Royalty Co., 188 Kan. 443, 363 P.2d 397（1961）.
(100)　Hamilton v. Young, 116 Kan. 128, 225 P. 1045, 35 A.L.R. 496（1924）.
(101)　Walton v. Oliver, 49 Kan. 107, 30 P. 172（1892）; Bank v. Sheldon, 86 Kan. 460, 121 P. 340（1912）; Hall Lithographing Co. v. Crist, 98 Kan. 723, 160 P. 198（1916）.

マサチューセッツ法則からもテキサス法則からも独立の理論体系を確立した最初の判例ということができる。それは、Home Lumber Co. 事件を引用しつつも準法人理論を純化し、ワシントンのその後の判例を指導する一方[102]、カンザスにも逆移入された[103]。こうした両州の判例理論の相互干渉から、カンザス・ワシントン法則が生まれていったのである。

第3項　ラング事件

カンザス州と実質的に同一の法人定義憲法規定を有する[104]ワシントン州においても、一貫して準法人理論に基づく判断が示されている。その口火を切ったのが State ex rel. Range 対 Hinkle 事件[105]である。本件は、ビジネス・トラストによる証券の販売許可申請につき、当該団体が法人設立手続を経ていないことを理由に州がこれを拒絶した事例であって、前述の Home Lumber Co. 事件と類似の事実関係がみられたところ、Pemberton 判事は以下のように述べ、原告ビジネス・トラストによる申請受理の申立てを斥けた。

「受託者が自己の行為について責任を負わず、受益証券の所持人が他の証券所持人または受託者の行為について責任を負わず、証券所持人または受託者の死亡によっては解散されず……かつ不動産および動産を取得または保有するよう、信託宣言が規定するコモン・ロー・トラストは、憲法第12章第6節の適用上、法人の権限と特権とを有する団体である。……憲法第1章第29節いわく、当憲法上の規定は、明示的に任意法規たることを謳わざる限り強行法規である。強行法規たる上述の法人定義規定の下で、いわゆるコモン・ロー・トラストは当州内での活動を禁じられる。我が会社法は法人への接近を試みるあらゆる組織に適用をなすに充分広範であり、その規定の適用対象から当該形式の任意組織のみを排除する理由はない。いかなる事業目的を有する場合であれ、会社法の規定を充足せず任意に組織化した団体の活動を認

---

(102) Denny v. Cascade Platinum Co., 133 Wash. 436, 232 P. 409（1925）.
(103) Weber Engine Co. v. Alter, 120 Kan. 557, 245 P. 143, 46 A.L.R. 158（1926）.
(104) WASH. CONST., Art. 12, § 5.
(105) State ex rel. Range v. Hinkle, 126 Wash. 581, 219 P. 41（1923）. 本件を詳細に分析するものとして、Dempsey, *Real Estate Investment Trust in Washington*, 37 WASH. L. REV. 592-596（1962）.

めることはできない。」

　原告代理人は、これと反対の解釈を示した前述 Spotswood 対 Morris 事件への注意を促したが(106)、裁判所は Home Lumber Co. 事件を先例とし、かつ、出資者による企業に対する支配権の行使を一切顧慮しないという意味でこれから準法人理論のみを抽出して、上記判決をなした。この態度は同州のその後の判例によって踏襲された。すなわち、Pacific American Realty Trust 対 Lonctot 事件(107)は、「自治体以外の法人を律する憲法の一節において法人の語を定義するために用いられる『団体』とは、マサチューセッツ・トラストを含む」とした。「その組織下で、不動産が受託者に譲渡され、受託者がこれを管理し、受益者の持分が譲渡性証券に分割され、証券所持人が信託利益に割合的に参加し、受託者が自然人または組合によっては得られない権限を行使するような、コモン・ロー・トラストまたはマサチューセッツ・トラストは、憲法上の法人の定義に含まれる」とは、同州の代表的判例 State *ex rel.* Colvin 対 Pine 事件(108)の所論である。

　こうした見方に立って、両州の裁判所はビジネス・トラストを不完全な法人、すなわち任意団体と結論付け、その構成員に人的責任を課していったが、そこでは受益者による支配や指図は具体的に顧慮されておらず、代理法理の援用もなされてはいない。ビジネス・トラストを憲法定義上の法人に包摂するカンザス・ワシントン両州の判例は、初期にはマサチューセッツ法則の余波を受けたが間もなくその影響を払拭したのであり(109)、またその結論はテ

---

(106) 同旨判例である State v. Cosgrove, 36 Idaho 278, 210 P. 393 (1922) も併せ指摘した。
(107) Pacific Am. Realty Trust v. Lonctot, 62 Wash.2d 91, 381 P.2d 123 (1963).
(108) State *ex rel.* Colvin v. Pine, 137 Wash. 566, 243 P.2d, 46 A.L.R. 165 (1926).
(109) Home Lumber Co. v. Hopkins, 107 Kan. 153, 190 P. 601, 10 A.L.R. 879 (1920) 参照。なお、Linn v. Houston, 123 Kan. 409, 255 P. 1105 (1927) では、「コモン・ロー・トラストは、事業の遂行に信用を与える十分な資金を糾合するのに優れた仕組であり、企業家にとって任意組合または有限組合が有するよりも組織の弾力性と順応性を備える点で選択し易いものである。そして、法人に課される権限踰越（*ultra vires*）の制約、州毎の法人規制の違いに基づく不便、および過大な法人税の賦課を受けることがないという面をも持つ。ただし、これには有限組合や会社に認められるような、構成員の有限責任という性質はない」として、ビジネス・トラストの可能性も示唆されたが、カンザス・ワシントン両州の判例は、結局準法人理論の下で、その禁圧という態度を鮮明にしていった。

第 5 節　カンザス・ワシントン法則

キサス法則のそれと共通するものの、理論構成はテキサス法則と明らかに袂を分かつ。私見がこれを独立の理論体系と解するゆえんである。

第 4 項　カンザス・ワシントン法則の評価

カンザス・ワシントン法則の問題は、両州の裁判所が、憲法上の法人定義規定をこの組織が関係するあらゆる局面に適用し得るものと信じている点にある。たとえば先の Weber Engine Co. 事件は、同州の Home Lumber Co. 事件判決を先例としこれに従うものであるが、後者が州特許委員会による持分販売申請の強制に関する、州とビジネス・トラストとの間のいわば公法的問題を争点とするものであったのに対し、前者は代金請求事件であり純然たる私法的問題である。ビジネス・トラストはたしかに準法人ともいうべき性質を有するのであり、それがどのように呼ばれようとも、受益権が公開され会社株式と同様の性質を具備する場合、青空法[110]に従い州の監督を受けるべきことは否定できない[111]。しかし、それがために、私人たる第三者に対する関係でもビジネス・トラストが当然に法人とみなされるべきことにはならない。たとえばミシガン州もケンタッキー州も、同様の憲法規定[112]を有するうえに、ビジネス・トラストはその持分の販売に関し青空法（blue sky laws）に従い、かつ同法の規定に適合すべきとする判例を有するけれども[113]、当該組織を私法上法人に分類する解釈を示してはおらず[114]、またアイダホ州は、同様の憲法規定の存在にもかかわらず、ビジネス・トラストの州内での活動を一般的に否定してはいないのである[115]。

---

(110)　州証券規制法を青空法と呼ぶ。青空さえ投機の対象としかねない詐欺的行為から投資家を守るとの意である。
(111)　Wagner v. Kelso, 195 Iowa 959, 193 N.W. 1 (1923); *In re* Girard, 186 Cal. 718, 200 P. 593 (1921); Superior Oil & Refining Syndicate v. Handley, 99 Or. 146, 195 P. 159 (1921); Boss v. Silent Drama Syndicate, 82 Cal.App. 109, 255 P. 225 (1927).
(112)　MICH. CONST., Art. 12; KY. CONST. § 208.
(113)　People v. Clum, 213 Mich. 651, 182 N.W. 136 (1921); Rossman v. Marsh, 287 Mich. 580, 286 N.W. 83 (1939); King v. Commonwealth, 197 Ky. 128, 246 S.W. 162 (1922).
(114)　The Committee on Partnerships and Unincorporated Business Associations, *Real Estate Investment Trusts*, 16 BUS. LAW. 906 (1961); Blake, *supra* note 9, at 200. 類似団体について、Am. Railway Express Co. v. Asher, 218 Ky. 172, 291 S.W. 21 (1927).
(115)　Spotswood v. Morris, 12 Idaho 360, 85 P. 1094 (1906). 厳密にいえば、本件はジョ

第3章　ビジネス・トラストの受益者の責任を決する判例法則の展開

　ThompsonおよびBlakeによれば、このような憲法上の法人定義規定は、一般法に基づく法人規制の草創期に、特別法による法人特許付与を通じたその潜脱がおそれられ、牽制のために置かれたものであり、単に事実上の法人が、団体またはジョイント・ストック・カンパニーの姿を借りて特別法によって設立されることを禁じたに過ぎないものとされる[(116)]。これに対して、両州の裁判所は憲法解釈を偏らせ、本定義をあらゆる場面に適用する。もとよりビジネス・トラストは、会社法による授権に一切依存しないのであるから、こうした理解によれば例外なく任意団体と評価されることになる。彼らはそれを法人と呼びながら直ちに正規の法人ではないと断ずるが、これ自体が詭弁であろう[(117)]。カンザス・ワシントン法則は、同二州で強力に支持された上、アリゾナ州[(118)]に受け継がれ、しかも後に多くの州の制定法に影響を与えたが[(119)]、ビジネス・トラストに正当な位置付けを与えているとは考え難い[(120)]。それは信託の存在を全く考慮していないのである。

第6節　小　　括

　私見によれば、判例が提示した受益者責任の決定のための理論類型は、代理法理を基礎とするマサチューセッツおよびテキサス法則、ならびに準法人

イント・ストック・アソシエーションからビジネス・トラストへの変態の過渡的組織を扱うものである。
- (116)　THOMPSON, *supra* note 11, §12 at 27; Blake, *supra* note 9, at 201. したがって制定法の授権に基づかない任意団体は「法人」に含まれないと解されるが、これが本来あるべき解釈であろう（Attorney General v. McVichie, 138 Mich. 387, 101 N.W. 552（1904）; Old River Farms Co. v. Roscoe Haegelin Co., 58 Cal.App. 1331, 276 P. 1047（1929）; Dempsey, *supra* note 105, at 598 n.40.）。
- (117)　Hodgkiss v. Northland Pet. Consol., 104 Mont. 328, 67 P.2d 811（1937）.
- (118)　Reilly v. Clyne, 27 Ariz. 432, 234 P. 35, 40 A.L.R. 1005（1925）; Rubens v. Castello, 75 Ariz. 5, 251 P.2d 306（1952）.
- (119)　本書第4章第3節（130頁）参照。
- (120)　他州でも、その呼称いかんにかかわらず、法人との類似性に基づき、可及的に法人として扱われるべき団体もあるとする判例がみられるが（Coleman v. McKee, 162 Ark. 90, 257 S.W. 733（1924）; Hemphill v. Orloff, 277 U.S. 537; 48 S.Ct. 577（1928）.）、それとて当該団体の州外での活動に際して当該州における州外法人としての登録を要するとするのみで、法人に近似する任意団体の存在を絶対的に否定するものではない。

の理論を基礎とするカンザス・ワシントン法則からなる。これらを適用基準で表わせば、それぞれ支配基準（contorol test）、利益参加基準（profit-sharing test）、不適正設立基準（improper-formation test）といえよう。

　しかし、法人と組合との間に中間的な組織は存在しないとした Ricker 対 American Loan & Trust Co. 事件判決[121]に象徴されるように、結局三法則のいずれも、別個独立の範疇（*sui generis*）を設けることなく、既存の法体系ないし法概念をもってこれを律しようとするものに過ぎない[122]。このように、信託法理の解釈ないし合目的的修正によって法人的効用を獲得し、かつ法人的欠点を克服しようとした当事者の意図を顧みることなく、信託でなければ組合、組合でなければ信託、はたまた不適正な法人といった、相容れない定義の間をさまよう限り、ビジネス・トラストの本来の理想は叶えられぬことになろう[123]。実際ビジネス・トラストは、その発展の可能性を減殺ないし否定するテキサス法則およびカンザス・ワシントン法則下の諸州においては、その存在意義を失うこととなり、そしてマサチューセッツ法則下の諸州においては、責任基盤の脆弱さゆえに衰微の途を辿ることになった。こうした判例法の行き詰まりという法的状況において、制定法の介入を許す素地が作られたのである。

　とりわけ構成員の有限責任は、企業の構造上必須の要素であるにもかかわらず、永らく法人格の付従的効果と信じられ、法人格なき団体たるビジネス・トラストにこれを認めるか否かにつき深刻な議論の対立を招いた。しかも、一般に受益者の有限責任を肯定する州にあっても、信託証書において留保される受益者の支配的権限いかんによっては、代理法理が適用され受益者に本人としての人的無限責任が課される余地を残していたのであって、有限責任が会社のそれと同等の画一性を持つために、代理法理の排除または支配基準の廃棄を宣言する特段の法律規定[124]を要したのである。会社法人に比肩す

---

(121) Ricker v. Am. Loan & Trust Co., 140 Mass. 346, 5 N.E. 284（1885）.
(122) Comment, *The Nature of Massachusetts Business Trusts*, 27 YALE L. J. 678（1918）.
(123) Magruder, *The Position of Shareholders in Business Trusts*, 23 COLUM. L. REV. 423-424（1923）.
(124) ALA. CODE § 19-3-63; ARIZ. REV. STAT. § 10-1879; ARK. CODE ANN. § 4-31-403(b);

第3章　ビジネス・トラストの受益者の責任を決する判例法則の展開

べく、ビジネス・トラストが信託法理の応用によって備えた他の属性も、同じく制定法への包摂の過程を辿った。すなわち、構成員の死亡や脱退の影響を受けない組織の永続性、資本集中のための受益証券の自由譲渡性、団体内外の法律関係を簡易化するための信託財産の実質的法主体性、および、信託財産の機関的地位に置かれる受託者の有限責任についても、後の制定法は明文の規定を置いてこれを確認することとなった(125)。こうしてビジネス・トラストは、判例法を止揚する制定法の下で新たな展開をみせることとなる。

CAL. CODE §§ 23001, 23002; CONN. GEN. STAT. § 34-523(a); DEL. CODE ANN. tit. 12, § 3803 (a); FLA. STAT. § 609.07; MINN. STAT. § 318.02.3(4); MISS. CODE ANN. §§ 79-15-11(1), 79-15-13; MONT. CODE ANN. § 35-5-103; NEV. REV. STAT. § 88A.390-1; N.H. REV. STAT. § 293-B:4I; GEO. CODE ANN. § 53-12-54; IND. CODE § 23-5-1-2(a); KAN. STAT. ANN. § 17-2028(a); KY. REV. STAT. §§ 386.400, 386.410; MD. CODE ANN., CORPS. & ASS'NS, § 12-302(A); OHIO REV. CODE § 1746.13(A); OKLA. STAT. § 60-174; ORE. REV. STAT. §§ 128.580, 128.585; 15 PA. CONS. STAT. § 9506(a); S.C. CODE ANN. § 33-53-40; S.D. CODIFIED LAWS § 47-14-10; TENN. CODE ANN. §§ 48-101-202(a), 48-101-207; TEX. REV. CIV. STAT. ANN. § 6138A.8.10 (B); WASH. REV. CODE §§ 23.90.020, 23.90.040(4); WYO. STAT. § 17-23-105(a).

(125)　本書第4章第3節（118頁以下）参照。

第4章　制定法によるビジネス・トラストの制度化とその進展

第1節　小　　序

　ビジネス・トラストが、法人に課される種々の制限を受けることなく法人の利点を得ようとして発生した、いわば脱法の前史を持つことにつき、判例および学説は異論をみない[1]。法人設立手続の形式性やその後の公的監督を敬遠し、法人課税の回避を望む多くの企業家にとって、会社制定法の授権に依存せずしたがって煩雑または厳格な法人規制に服さないばかりか、信託法理の合理的解釈によって法人の機能に接近し得るビジネス・トラストは、まさにその要請に適う存在であった。しかし、営利活動を通じて多くの対外的関係を生じ、法的安定が強く求められる企業組織にあっては、構造上の融通性が他面において法的内容の不明確性として消極的に発現することは避けられない。そのため、法人や組合といった隣接概念との混同、責任関係や訴訟当事者関係の交錯等、様々な法的課題が顕在化してくることとなった。

　これらの問題の解決は当初判例に委ねられたが、多様化する紛争を類型化して有効かつ統一性ある処理基準を提示するという意味では、判例法には限界があった。とくに関心を呼んだ受益者の有限責任の問題についてさえ、マサチューセッツ、テキサス、およびカンザスに代表される州判例が一応の解決類型を見出したものの、いずれも結局普遍性を持ち得なかったように、判例は次第に行き詰まりをみせることとなり、制定法をもって政策的に制度を樹立するかたちでの対応が模索されていった。

　以下本章では、制定法による打開策が採られはじめた1900年代から1920年

（1）　Crocker v. Malley, 249 U.S. 223（1919）; Goldwater v. Oltman, 210 Cal. 408, 292 P. 624, 71 A.L.R. 871（1930）; Ashworth v. Hagen Estate, 165 Va. 151, 181 S.E. 381（1935）; Hildebrand, *The Massachusetts Trust*, 1 Texas L. Rev. 138（1923）; Annot., *Business Trust*, 12A C.J.S. § 7 at 501（1980）.

第4章　制定法によるビジネス・トラストの制度化とその進展

代までの立法をビジネス・トラスト制定法の第一期、企業組織法として一応の確立をみた1950年代から1970年代までの立法を同第二期と位置付け、その流れに則してビジネス・トラストの制度化の経過を追うこととする。

第2節　第一期ビジネス・トラスト制定法

第1項　第一期制定法の概要

　元来完全なる任意団体であり、生成以来一切の規制から自由であったビジネス・トラストは、20世紀に入ると次第に公的監督の対象とされていくこととなった。まず、ビジネス・トラストが盛んに利用され、それだけに規制の必要が認識されていたマサチューセッツ州で、1909年にビジネス・トラストを律する制定法が成立した(2)。同州一般法典は、ビジネス・トラストを、成

（2）　Mass. House Legislative Doc. No. 1646, at 11-12(1912). 任意団体を単なる個人の集合体（aggregate）とみる伝統的思潮が次第に薄れていくなかで、19世紀に入ると、訴訟手続の便宜を考慮しそうした団体にも部分的ながら法主体（entity）としての地位を認める立法が現れた（本書第1章注59（45－46頁）参照）。本規定もそうしたものの1つであるが、その制定当初の文言は、適用対象を任意団体（voluntary association）とするのみで信託を明示していなかったことから、ビジネス・トラストへの適用の可否をめぐって争いが生じた（J. H. Sears, Trust Estates as Business Companies, App. at 411 (2nd ed., 1921).）。たとえば同規定の改正前条文である Mass. Gen. Laws, 1921, c. 182 につき Bouchard v. First People's Trust, 253 Mass. 351, 148 N.E. 895（1925）は、自然人の結合が団体（association）とされるためには文字通り構成員間の結合（association）が不可欠であるところ、信託には受託者受益者間の関係は認められるがそうした要素がないなどとして不適用と結論付けた。Warrenによれば、ビジネス・トラストには構成員の結合態様に即して団体を構成するものとこれを構成しないものの2種があり、同判例は前者のみに団体としての訴訟当事者能力を認めたものと解されるという（E. H. Warren, Corporate Advantages Without Incorporation 555-556（1929）.）。もっとも同規定の文言が間もなく「団体又は信託（association or trust）」に改められた（Mass. St. 1929, c. 107）ことを勘案すると、その立法意図は、ビジネス・トラストを含む広義の任意団体についての訴訟の効率化をはかることにあったと理解するのが正当である。信託財産の実質的法主体性が理論的に確立されていないこの段階において、受託者の人格に依存した訴訟が不便宜と認識されていたとしても不思議はなく、実際、純粋な信託（pure trust）とされたビジネス・トラストでも訴訟を本規定に関わらしめて行う利便を認めた判例は少なくない（Peabody v. Stevens, 215 Mass. 129, 102 N.E. 435（1913）; Larson v. Sylvester, 282 Mass. 352, 185 N.E. 44（1933）; Dolven v. Gleason, 292 Mass. 511, 198 N.E. 762（1935）; State Street Trust Co. v. Hall, 311 Mass. 299, 41 N.E.2d

文の信託証書または信託宣言に基づく任意団体にして、受益権が持分の譲渡性証券に分割されるものと定義し[3]、これに一定の届出義務を課すとともに、訴訟手続上の便宜を与えた。すなわち、同法はビジネス・トラストに対し、その組織文書である信託証書または信託宣言の謄本を州務長官および事業地を有するすべての市町の関係当局に提出することを義務付け[4]、かつ、ビジネス・トラストの名称、その主たる事務所の所在地、受託者の住所および氏名、ならびに発行済持分数を記載した年次報告書の州への提出を課した[5]。他方、受託者およびその代理人によって負担された金銭債務および他の債務、ならびに受託者および代理人の任務遂行上の過失に起因する損害について提起されるコモン・ロー上の訴訟においては、ビジネス・トラストが訴訟手続の客体となり得る旨を規定した[6]。これと並んで、ビジネス・トラストの財産は、法人の場合と同様に差押および執行に従い、訴状の送達はその受託者の一人に対してなされることで足るものともした[7]。

　マサチューセッツと時期を同じくして、複数の州が、ビジネス・トラストを規制する一般法上の規定または独立の制定法を設けた。1909年のニュー・ヨーク州統合法典は、ビジネス・トラストを、成文の証書または信託宣言に基づき事業をなす団体にして、受益権が証券によって表章される持分に分割されるものと定義し[8]、ビジネス・トラストは、その代表者または会計担当者による訴えをもって、訴訟手続または法律手続の主体となり[9]、あるいは、その代表者または会計担当者に対する訴えをもって、訴訟手続または法律手続の客体となり得るものとした[10]。1923年のウィスコンシン州法典は、ビ

---

704 (1942).)。任意団体における結合の態様が一様でなく、組合と信託との混合形態も多くみられたなかで（本書第 1 章第 5 節（60頁）以下参照）、団体の法的性質を個別的に判断したうえで、適用すべき訴訟手続を選択するなどはそれ自体不便宜を助長するといえるからである。

(3)　Mass. Gen. Laws Ann. § 182-1.
(4)　Id. at § 182-2.
(5)　Id. at § 182-12.
(6)　Id. at § 182-6.
(7)　Id.
(8)　N.Y. Gen. Ass'ns Law § 29.2(4).
(9)　Id. at § 29.12.
(10)　Id. at § 29.13.

ジネス・トラストに対し、信託証書の原本または信託宣言の謄本を州務長官および事業地を有するすべての市町の関係当局に提出することを課した[11]。ビジネス・トラストは、その事業名または商号において訴訟手続の主体または客体となることができ、その財産は法人の場合と同様に当該信託の金銭債務または他の債務の支払または履行の引当となるものともした[12]。1923年のフロリダ州法典は、ビジネス・トラストを、信託宣言を構成しまたは信託宣言に基づく法人格なき団体と定義付けた[13]。同法典はビジネス・トラストに、州務長官に対する信託宣言の謄本の提出、所定の手数料の支払[14]、および州当局からの持分発行許可の取得を義務付けた[15]。

第2項　第一期制定法の評価

こうして20世紀初頭に諸州が行った立法は、総じて、ビジネス・トラストを緩やかな公的規制に服せしめ、同時に、その利用において顕在化した訴訟当事者問題の克服を意図するものであった。こうした趣旨にでた一連の立法を、本書ではビジネス・トラスト制定法の第一期と位置付ける。

ビジネス・トラストの叢生をみた法域では、急激な利用拡大に伴って、その法的内容の不明確性に起因する訴訟が多発した。そこで大きく浮上してきたのが、ビジネス・トラストの団体としての訴訟当事者能力の欠如に由来する、訴訟の技術的困難さである。ビジネス・トラストは法主体（legal entity）とは認識されなかったため、その事業名または商号による訴訟は認められず、信託財産の名義人としての受託者が原告となることを要した[16]。このこと

---

(11) Wis. Stat. § 226.14(1)(a).
(12) Id. at § 226.14(11). 同法の意義につき、Baker v. Stern, 194 Wis. 233, 216 N.W. 147, 58 A.L.R. 462 (1927).
(13) Fla. Stat. § 609.01.
(14) Id. at § 609.02.
(15) Id. at § 609.05; Jones, *Business Trust in Florida—Liability of Shareholders*, 14 U. Fla. L. Rev. 4 (1961). 1849年制定の joint-stock company に向けた規定の適用対象をビジネス・トラストにまで拡げたものである。旧法につき、I. M. Wormser, Disregard of the Corporate Fiction and Allied Corporation Problems 110 (1927) 参照。
(16) 制定法による授権がない場合、信託の事業名または商号による訴訟は否定された（Hull v. Newall, 244 Mass. 207, 138 N.E. 249 (1923); Bartley v. Andrews, 208 App.Div. 702, 202 N.Y.S. 227 (1923); Guthman v. Adco Dry Storage Battery Co., 232 Ill.App. 327

第2節　第一期ビジネス・トラスト制定法

は、通常は当事者として受益者の参加が求められないことを意味していたが[17]、ときにこれとは逆に、受託者と受益者の双方を必要的原告とする旨の判断が下された[18]。また、信託の外部者たる法律行為の相手方が信託に対してなす訴訟は、信託財産を直接相手取ることはできず、受託者に対して行なわれるものとされたが[19]、一旦受託者の固有財産を引当とし、ついで受託者の損失填補請求権（right to indemnity）を通じて信託財産を拘束するという信託財産間接責任の法律構成は、受託者の権限踰越（ultra vires）または信託違反（breach of trust）によっては責任が遮断されるため、法律行為の相手方の利益に著しく抵触することがあり、ここから信託財産の直接的責任負担が切望されることとなった[20]。諸州は、これら訴訟上の問題を解決する必要において、前項のような諸種の立法上の対応をなしたのである[21]。

(1924); Denny v. Cascade Platinum Co., 133 Wash. 436, 232 P. 409 (1925); H. Kemper v. Welker, 36 Ariz. 128, 283 P. 284 (1929); Peterson v. Hopson, 306 Mass. 597, 29 N.E.2d 140 (1940).)。

(17) Simson v. Klipstein, 262 Fed. 823 (D. N.J. 1920); Wesson v. Galef, 286 F. 621 (S.D.N.Y. 1922); Hull v. Newhall, 244 Mass. 207, 138 N.E. 249 (1923); Denny v. Cascade Platinum Co., 133 Wash. 436, 232 P. 409 (1925); Comment, *Trusts—Necessary Parties Plaintiff in Suit by Business Trust*, 39 YALE L. J. 915 (1930); Z. CAVITCH, BUSINESS ORGANIZATIONS WITH TAX PLANNING § 43.26 at 100 (1968).

(18) Willey v. W. J. Hoggson Corp., 90 Fla. 343, 106 So. 408 (1925); Larson v. Sylvester, 282 Mass. 352, 185 N.E. 44 (1933).

(19) Guthmann v. Adco Dry Strage Battery Co., 232 Ill.App. 327 (1924); Larson v. Sylvester, 282 Mass. 352, 185 N.E. 44 (1933); CAVITCH, *supra* note 17, § 43.26 at 101.

(20) 本書第2章第3節（71頁）参照。

(21) Boyd v. Boulevard Nat'l Bank, 306 So.2d 551 (Fla.App.3d 1975); Tampa Properties, Inc. v. Great American Mortg. Investors, 333 So.2d 480 (Fla.App.2d 1976). この問題をビジネス・トラスト特別法の手法を採らずに回避する例もみられた。すなわち、テキサス州では、1907年に置かれた注釈民事法典中の規定が、法人格なき団体は、管轄権を有する同州のいずれかの裁判所において、その社名または他の識別し得る名称により、積極的または消極的訴訟手続の当事者となることができ、かつその持分権者個人または構成員を訴訟の当事者とすることを要しないとしていたが（TEX. REV. CIV. STAT. ANN. § 6133.)、後にビジネス・トラストはこの法人格なき団体に含まれるとの解釈が示された（Graham v. Omer Gasoline Co., 253 S.W. 896 (Tex. 1923); G. G. BOGERT & G. T. BOGERT, THE LAW OF TRUSTS AND TRUSTEES § 247 at 202-203 (rev. 2nd. 1992); Comment, *Trusts—Necessary Plaintiff in Suit by Business Trust*, 39 YALE L. J. 915 (1930).)。また、ペンシルヴァニア州では、民事手続規則（PA. RULES OF CIV. PROCEDURE）中の規定が、法人または類似の実体（corporation or similar entity）を主体とし、あるいはこれを客体とする訴訟手続は、その事業名（corporate name）において遂行されるものと

第4章　制定法によるビジネス・トラストの制度化とその進展

　もっとも第一期制定法は、ビジネス・トラストの法的性質を巡り論争が生じ、受益者の有限責任の肯否が議論となっていたにもかかわらず、これについてほとんど関心を示さないという実体法的なもろさを有していた。団体内外の紛争の処理に、団体としての訴訟能力の付与が有効なのは当然であるが、ビジネス・トラストが会社法人に比肩する企業組織として評価されるためには、構成員の死亡や脱退の影響を受けない事業の永続性、資本集中のための受益権証券の自由譲渡性、および信託財産の代表的地位に置かれる受託者の有限責任性が望まれ、あるいは受益者の有限責任性を備えることが必要となるはずである。たしかに当時のビジネス・トラストは、それらについて判例による端緒を得ていたが、同時にそのいずれについても確定した準則を有してはいなかったのである。第一期制定法は、ビジネス・トラストの制度化に踏み出したとはいえ一種の弥縫的立法であり、企業責任の内容を定義し判例法と連繋付ける等、ビジネス・トラストの法的構造の不明確さを払拭するための方向性を積極的に打ち出すものではなかった。

　この点、1919年のオクラホマ州法典は、ビジネス・トラストとして構成される明示信託（express trust）において[22]、その受託者のいずれかの作為または不作為に基づく外部第三者に対する信託の責任は、それが権限の範囲内でなされた行為の結果である限り、受託者によって保有される信託財産の総額、またはその債務の履行に必要な額を限度とし、かつ、かかるいずれかの作為または不作為について、当該信託の受託者または受益者が人的責任を問われ固有財産の差押を受けることはないものとしており[23]、若干の実体法的配慮を示すものといえる。しかしながらそれも、いまだ充分な内容を備え

するとしていたが、後には「類似の実体」の定義に、ビジネス・トラストを含める改正がなされた（The Committee on Partnerships and Unincorporated Business Associations of American Bar Association, *Real Estate Investment Trusts*, 16 Bus. Law. 915 (1961).)。メリーランドでもこれと同様の改正が行われた（Md. Ann. Code, 7A, 78C, § 1; Lafayette Bank & Trust Co. v. Branchini & Sons Constr. Co., 32 Conn.Supp. 124, 342 A.2d 916 (1975).)。

(22)　Okla. Stat. tit. 60, § 171. 明示信託は、いずれの自然人がなし得るいかなる合法的行為をも行い得るものとされたが（*Id.* at tit. 60, § 171.)、これには事業名において提訴することも含まれるものと解された（General Am. Oil v. Wagoner Oil & Gas Co., 118 Okla. 183, 247 P. 99 (1926).)。

(23)　Okla. Stat. tit. 60, § 174.

てはいない。ここに規定されるのは受託者の法律行為の結果についてであり、信託財産に不法行為責任の負担能力が認められない以上、資力に限界ある受託者による不法行為によって、債権者の利益が害されることは想像に難くない。また、受益者の直接責任が否定される一方信託財産または受託者による損失補填請求権(right to indemnity)は残存するために、間接責任の形式をとって受益者が無限責任にさらされることになる。これでは、信託財産の直接責任と受益者の有限責任とが、実効的な意味で制度化されているとはいえない。

20世紀初頭、時代の寵児であったビジネス・トラストは、上記諸立法によって手続法的な便宜を与えられたが、それによって勢いづくどころか、後述のようにMorrissey事件[24]判決によって税制上の特典を奪われると、大恐慌後の混乱にのまれるように急速に衰微していくこととなった。そこには、ビジネス・トラストの法的構成の不徹底、とくに企業としての責任の不明確さが、深く影を落としていたものと考えられる。ビジネス・トラストが組織法としての内容を充実させ、企業形態として評価を得るまでには、いま一つの階梯を要した。

第3節　第二期ビジネス・トラスト制定法

第1項　ビジネス・トラストの連邦所得税法上の位置[25]

ビジネス・トラストは、課税上の処遇、とくに連邦所得税法上の位置付け[26]の変遷によって激しい浮沈をみせた企業形態である。ビジネス・トラス

---

(24) Morrissey v. Comm'r, 296 U.S. 344 (1935).
(25) 合衆国財務省は、1997年、法人格なき団体に対する法人課税の基準を改める、いわゆるcheck-the-box規則を施行した (26 C.F.R., §§ 301.7701-2 and 301.7701-3; Fleischer, "*If Looks Like a Duck*": *Corporate Resemblance and Check-the-Box Elective Tax Classification*, 96 COLUM. L. REV. 518-519, 530-531 (1996); W. J. CAREY & E. O. HABBART, DELAWARE LIMITED LIABILITY COMPANY—FORMS AND PRACTICE MANUAL § 1.4.2 (1995 & 1999 supp.).)。以後、法人格なき団体の所得について、とくに条件を課されることなく、納税者自らが組合課税か法人課税かを選択できることとなった。したがって以下に記述される内容の多くは、今日では歴史的意義を有するに過ぎなくなっている。
(26) ビジネス・トラストは、連邦税制上の一般信託税制の対象となる信託には含めら

ト制定法の次なる段階にも、税法の影響が強く現れることとなるため、ここでその経緯を概観しておく。

　法人という私法上の権利主体の所得に対する、いわゆる法人税は、初期においては法人形態で事業を行う便宜と特権とを根拠とするものと理解され、その課税対象は州私法上の分類に従って形式的に把握されていた[27]。信託と法人とは私法上相容れないため、「信託と受益者との二重課税を排除する」[28]という信託課税の原則が、「法人と株主との二重課税を排除しない」[29]という法人課税の原則に対して際立ち、信託に基盤を置くビジネス・トラストが注目を集める理由ともなっていた。ところが、1913年連邦歳入法 (Revenue Act of 1913) は、純粋の信託を単なる導管 (conduit) として法人税の課税対象外とする一方、すべての法人、ジョイント・ストック・カンパニーおよび団体 (association) は法人税に服し、かつその構成員は受領した配当について個人所得税を課されるものとした[30]。課税対象の拡大を意図して、多義的な「団体」の概念を設けたのである。そこで、ビジネス・トラストは信託として法人税を免れるのか、それとも団体として課税に服するのかが解釈上の争点となった[31]。その後暫く、税務当局と裁判所の態度はビジネ

　　　れず、法人またはこれに準じた団体としての課税を受ける（H. G. HENN & J. R. ALEXANDER, LAWS OF CORPORATIONS AND OTHER BUSINESS ENTERPRISES § 67 at 124 (3ed ed. 1983); P. LIEBERMAN, *Business Trusts*, TRUSTS, 5 WEST'S LEGAL FORMS § 97.3 at 588-589 (rev. 2nd ed. 1991).)。なお、信託課税一般については、佐藤英明『信託と課税』（弘文堂・2000年）21－57頁、および占部裕典『信託課税法』（清文堂・2001年）43－45、56－60頁参照。

(27)　佐藤・前掲注(26) 5 頁。
(28)　佐藤・前掲注(26)22頁以下参照。
(29)　出資者への所得の分配が法人税の計算過程において損金に参入されないという、いわゆる classical method を採る結果である（佐藤・前掲注(26)22頁）。
(30)　INT'L REV. ACT OF 1954, §§ 641-643; REV. ACT OF 1913, ch. 16, § II(A)(2); Comment, *Massachusetts Trusts and the Income Tax*, 28 YALE L. J. 690 (1919). その前後の規制の詳細について、Hobbs, *Entity Classification: The One Hundred-Year Debate*, 44 CATH. U. L. REV. 441-481 (1995).
(31)　Rottschaefer, *Massachusetts Trust Under Federal Tax Law*, 25 COLUM. L. REV. 305 (1925); Flagg, *Associations Taxable as Corporations*, 13 TAX MAG. 589-590 (1935); Channing, *Federal Taxation of the Income of Real Estate Investment Companies*, 36 TAXES 507 (1958); Kilpatric, *Taxation of Real Estate Investment Trusts and Their Shareholders*, 39 TAXES 1042-1043 (1961); Godfrey, Jr. & Bernstein, *The Real Estate*

ス・トラストに好意的なものであった。1935年までの歳入庁規則は、受益者が受託者を超える何らかの支配的権限を有しない限り、ビジネス・トラストは団体として課税されないとの指針を示していた[32]。この見解は合衆国最高裁判所も採用するところであり、1911年の Eliot 対 Freeman 事件は登録免許税について、そして1919年の Crocker 対 Malley 事件[33]は法人所得税について、このような信託は課税目的上の団体を構成しないと判断していた。

　しかし上記の取扱いは、間もなくして否定された。Crocker 事件で確立された判断基準は、組織の運営が受動的かあるいは能動的かという、いわゆる運営基準（operational test）であって、受託者が能動的に事業を行う場合と受動的管理的な事業を行う場合とを峻別し、後者の場合のみを信託とみなしていた[34]。ところが企業家は、法人税を免れつつより積極的能動的な経営をなすことを望み、このため運営態様の認定について当局との間で摩擦を生じたのである[35]。1935年、合衆国最高裁判所の Morrissey 対 Comm'r 事件[36]は、「団体」の定義を明示して、この問題に解決を与えた。本件は、ゴルフ場およびクラブハウスの造営建設および経営を行う信託の税法上の性質を問うものであったが、裁判所は Crocker 事件における運営基準を適用せず、かわりに信託証書が信託に以下のような法人的諸属性を与えているか否か確認した。すなわち、事業目的の存在、複数の構成員の存在、権原の移転による事業財産の単一化、経営の集中、組織の永続性、持分の自由譲渡性、および構成員

Investment Trust—Past, Present and Future, 1962 WIS. L. REV. 639 (1962).

(32) Godfrey & Bernstein, *Id.* at 640.

(33) Eliot v. Freeman, 220 U.S. 178, 31 S.Ct. 360 (1911); Crocker v. Malley, 265 U.S. 144, 44 S.Ct. 462 (1929). 後者は、製粉機を所有する受託者が運営会社にこれを貸与しその料金を受領する信託事業について、法人所得課税の肯否が争われた事件であり、これに先例としての位置付けが与えられている (Comment, *Taxation—Massachusetts Trust—What Test Determines Taxability as an "Association" Under the Federal Taxing Statutes ?*, 13 MINN. L. REV. 396 (1929); Smith, *Associations Classified as Corporations Under the Internal Revenue Code*, 34 CALIF. L. REV. 464 (1946).). 同旨 Neville v. Gifford, 242 Mass. 124, 136 N.E. 160 (1922); Hechet v. Malley, 265 U.S. 144, 44 S.Ct. 462 (1924).

(34) Godfrey & Bernstein, *supra* note 31, at 640.

(35) たとえば Hecht v. Malley, 265 U.S. 144, 44 S.Ct. 462 (1929).

(36) Morrissey v. Comm'r, 296 U.S. 344, 56 S.Ct. 289 (1935).

の有限責任を団体の範疇に含めるか否かの基準に置き、これらの性質の多く
を備えるビジネス・トラストは団体として法人税に服するものとしたのであ
る[37]。その後財務省も、法人格なき団体に対する所得課税について
Morrissey 事件とほぼ同様の結論に達し、先に指摘された法人類似の諸要素
の具備いかんによって法人課税を行う、Kintner 規則[38]と呼ばれる組織基準
（organizational test）を施行することとなった。

　ビジネス・トラストでは、受託者に財産の権原が帰属し、受託者によって
集中的経営が行われるほか、一般に受益権の譲渡が認められ、企業の永続性
や受益者の有限責任をも規定していたから、Morrissey 事件判決に基づく組
織基準の適用によって、それはほぼ例外なく法人税を課されることとなった。
1930年代を境にビジネス・トラストの利用が明らかに減少に転じたのは、主

---

(37) Comment, *Taxability of Business Trust as "Association" Within Meaning of Income Tax Act*, 84 U. PA. L. REV. 666 (1936); Stephens, *Business Trusts—Taxability as an "Association"*, 27 GEO. L. J. 800 (1939); Note, *Taxability of Unincorporated Corporate Equivalents*, 92 U. PA. L. REV. 302 (1944); Division of Non-Corporate Forms of Business Organizations, *Report of the Committee on Trusts*, 5 BUS. LAW. 49 (1950); 林麻里子「信託のパス・スルー課税について」金融研究（日本銀行金融研究所）20巻１号（2001年）218頁。本件信託においては、受託者が信託財産の名義人となり、その活動について完全なる支配権を有する他、受託者を増員し後任受託者を指名する権限を有していた。受益者は受益者総会における投票権を与えられていたが、決議結果は純粋に助言的なものであり受託者を拘束するものではなかった。信託証書は、受益者の有限責任および受益権の譲渡性を定め、また信託の存続期間を25年に限定していた。裁判所は、これらより受益者の有限責任、集中的経営、および持分の譲渡性の存在を認定し、当該信託は団体として連邦法人税に服するものとした。なおこの見方を踏襲する判例として、Helvering v. Combs, 296 U.S. 365, 56 S.Ct. 287 (1935).

(38) United States v. Kintner, 216 F. 2d 418（9th Cir. 1954）は、Kintner ら複数の医師が適格年金に加入するために組成した法人格なき団体が、内国歳入法上の団体（association）にあたるものとされた事例であるが、同事件が Morrisey 事件同じく法人類似性を基準に判断を行い、その直接の影響下で財務省規則が改正されたことから（TREAS. REG. § 301.7701-2. Subsec.(a)(1).）、そのように呼ばれることとなった（Wittlin, *The Real Estate Investment Trust—Past, Present, and Future*, 23 U. PITT. L. REV. 780 (1962).)。なお本規則では、Morrisey 事件が示した6要素のうち、後4要素に限って法人類似性を判断することとした。これは Kintner 事件判決に倣ったもので、前2要素、すなわち事業目的および複数構成員の存在は、共同企業組織に共通してみられる点であり、法人課税を導く要素としての「特権」ではないと考えたのである（Lischer, Jr., *Elective Tax Classification for Qualifying Foreign and Domestic Business Entities Under the Final Check-the-Box Regulations*, 51 SMU L. REV. 104 (1997).).

第3節　第二期ビジネス・トラスト制定法

としてこうした事情によるものであった。しかし、組織の法形式をビジネス・トラストに依存し、かつ事業の特性として資金の効率的運用を強く要請される証券投資および不動産投資の業界は、この処遇を受容せず、合衆国議会上院金融委員会（Senate Finance Commission）に対し立法による救済を求めた。かかる形式の信託は、受動的な小口投資家の資金を市場に動員するための手段としての、単なる導管に過ぎないと主張したのである[39]。その結果、1936年連邦歳入法（The Revenue Act of 1936）、次いで1942年連邦歳入法（The Revenue Act of 1942）は、総資産の50％以上が現金類、政府公債その他の証券で構成され、総所得の90％以上が配当、利子および他の証券からの利益であり、かつ当該年度の総所得の90％以上を分配する等の適格要件を具備する証券投資信託（securities investment trust）、すなわち適格投資会社（regulated investment company）に、従前の信託の取扱いに近い免税（pay through）企業体としての地位を与えた[40]。さらに、1960年の内国歳入法（Internal Revenue Act of 1960）は、総資産の75％以上が不動産関連資産、現金類または公債であり、総所得の75％以上が不動産賃貸料収入、不動産担保貸付利息または不動産処分益等の不動産関連収益であり、かつ総所得の95％以上が配分される等の適格要件を具備する法人格なき信託または法人格なき団体（unincorporated trust or unincorporated association）[41]を、適格投資会社と同等の税務上の取扱いを受ける不動産投資信託（real estate investment trust）と定める改正を行った[42]。法人税の免除を受けるこれらの投資組織に共通する

---

(39)　R. T. GARRIGAN & J. F. C. PARSONS, REAL ESTATE INVESTMENT TRUSTS—STRUCTURE, ANALYSIS AND STRATEGY 35-36 (1998); Kilpatric, *supra* note 31, at 1044; Godfrey & Bernstein, *supra* note 31, at 642.

(40)　投資信託の収入としての株式配当は、すでに法人課税後のそれであり、その上に二重課税が行われるとなれば、三重課税として過大な負担となる、との批判に応えたものとされる（Kahn, *Taxation of Real Estate Investment Trusts*, 48 VA. L. REV. 1013 (1962); Godfrey & Bernstein, *supra* note 31, at 644 n.32.）。

(41)　法人が不動産投資信託たる適格を認められなかった理由について、連邦議会も財務省も何ら説明していないが、信託型の不動産投資組織が強力なロビィ活動を行った結果と受け止められている。当時最大の不動産信託であった The Real Estate Investment Trust of America に限っても、同法案が可決成立するまでの5年間に、ロビィングに14万ドルを超える資金を投じたという（Kahn, *Id*. at 1016 n.41.）。

(42)　不動産開発にさらなる資金を呼び込む必要を認め、また、証券投資信託と不動産投資信託とで不同等な扱いがなされる理由はないとの批判に応えたものとされる

性質は、受動性である。厳格な要件を課し能動的投資を排除することで、有利な取扱いを根拠付けたのである[43]。

この結果、証券投資および不動産投資を目的とするビジネス・トラストが再び脚光を浴びることとなったが、内国歳入法はそれらの組織規定を州法に委ねており、適法な投資組織たるためには、州法上ビジネス・トラストとしての存在を認められていなければならない[44]。そこで諸州は、ビジネス・トラストを通じて連邦税法改正の利点を最大限享受できるように、実体法上の対応をなすこととなった。

第2項　第二期制定法の概要

手続法的関心に根差した1920年代までの立法に続き、主として証券投資信託および不動産投資信託のための組織規定の整備を意図して、諸州はビジネス・トラスト制定法の第二期にあたる立法を相次いでなしていった。すなわち、1940年代には、ミシシッピおよびウエスト・ヴァージニア、1950年代には、メリーランドおよびワシントン、1960年代には、サウス・カロライナ、ミネソタ、テキサス、アラバマ、テネシー、カンザス、インディアナ、イリノイ、サウス・ダコタ、アリゾナ、ケンタッキーおよびモンタナ、1970年代には、カリフォルニア、ノース・カロライナおよびオレゴン、そして1980年代には、ジョージア、オハイオおよびペンシルヴァニアの各州が、それぞれビジネス・トラストを律する制定法を置いた。その結果、定義規定の他、企業形態としての公認、信託証書提出義務、信託の訴訟能力、組織の永続性、受益者の有限責任、および受託者の有限責任に関する規定、ならびに包括規定としての会社法準用規定が、ビジネス・トラストを性格付けることとなっ

　　　(Dawson, Jr., *The Real Estate Investment Trust*, 40 TEXAS L. REV. 887 (1962); Dockser, *Real Estate Investment Trusts*, 17 U. MIAMI L. REV. 122 (1962).)。この取扱いは、実質的に変更を受けることなく現行の1986年内国歳入法 (INT'L REV. ACT OF 1986) に受け継がれている (26 U.S.C. §§ 856-857.)。

　(43)　Caplin, *State Securities Regulation of Real Estate Investment Trusts—The Foreword*, 48 VA. L. REV. 1009 (1962); 福井修「信託型不動産小口化商品」(鴻常夫編)『商事信託法制』(有斐閣・1998年) 355頁。その理論構成は Crocker 事件判決への回帰ともとれる (Godfrey & Bernstein, *supra* note 31, at 645.)。

　(44)　Dockser, *supra* note 42, at 119.

第3節　第二期ビジネス・トラスト制定法

た。その内容は概ね以下のとおりである。

　ビジネス・トラスト(45)とは、成文の信託証書、信託宣言または信託契約書によって創設され、その下で、信託財産上の受益権を表章する譲渡性証券(46)の所持人の利益を目的として、財産が受託者によって保有され管理される、法人格なき団体をいう(47)。

---

(45)　任意団体としての多義性を反映して、制定法上のビジネス・トラストは様々な呼称を持つ。すなわち、ビジネス・トラスト（ALA. CODE § 19-3-60; ARIZ. REV. STAT. § 10-1871; IND. CODE § 23-5-1-2; KAN. STAT. ANN. § 17-2028; KY. REV. STAT. § 386.370; MONT. CODE ANN. § 35-5-101; N.Y. GEN. ASS'NS LAW § 2; N.C. GEN. STAT. § 39-44; OHIO REV. CODE ANN. § 1746.01; OR. REV. STAT. § 128.560; 15 PA. CONS. STAT. § 9501; S.C. CODE ANN. § 33-53-10; S.D. CODIFIED LAWS § 47-14A-1; W.VA. CODE § 47-9A-2.）の他、マサチューセッツ・トラスト（TENN. CODE ANN. § 48-101-202; WASH. REV. CODE § 23.90.020.）、コモン・ロー・トラスト（WIS. STAT. § 226.14.）、信託宣言（FLA. STAT. § 609.01; MINN. STAT. § 318.02.）、投資信託（MISS. CODE ANN. § 79-15-3.）、不動産投資信託（CAL. CODE § 23000; 745 ILL. COMP. STAT. 60/1; MD. CODE ANN., CORPS. & ASS'NS § 12-101; N.D. CENT. CODE § 10-34-01; TEX. REV. CIV. STAT. ANN. § 6138A.2.10.）、明示信託（OKLA. STAT. tit. 60, § 171.）等と称される。

(46)　その定義には、多くの場合、受益証券の自由譲渡性が盛り込まれることとなった。それはビジネス・トラストの本来的な性質であると同時に、内国歳入法上、不動産投資信託に課された性質であったからである（26 U.S.C. § 856 (a)(3); CAVITCH, supra note 17, § 44.04 at 158.）。

(47)　MISS. CODE ANN. § 79-15-3; WASH. REV. CODE § 23.90.020; MONT. CODE ANN. § 35-5-101; KAN. STAT. ANN. § 17-2028 (a); TENN. CODE ANN. § 48-101-202 (a); ARIZ. REV. STAT. § 10-1871; IND. CODE § 23-5-1-2; ALA. CODE § 19-3-60; S.D. CODIFIED LAWS § 47-14-1; KY. REV. STAT. § 386.370; N.C. GEN. STAT. § 39-44; OHIO REV. CODE ANN. § 1746.01 (A); MD. CODE ANN. § 8-101. その他の州の類似規定として、カリフォルニア―不動産投資信託とは、信託財産における受益権の譲渡性持分の所持人または所有者の利益を目的として、一人もしくはそれ以上の受託者によりまたはその指図により、事業に従事しまたは経営されるために設立される、法人格なき団体または信託であり、州法人委員会から、それを不動産投資信託として認める、命令、許可または免許を取得しているもの、または1954年連邦内国歳入法に基づく不動産投資信託として、事業に従事することを目的として設立されているものをいう（CAL. CODE § 23000.）。テキサス―不動産投資信託とは、本法に基づき一人またはそれ以上の信託管理者によって設立され、かつ本法に従い経営される、法人格なき信託をいう（TEX. REV. CIV. STAT. ANN. § 6138A.2.）。オレゴン―ビジネス・トラストとは、不動産投資信託を含むいずれかの団体であり、成文の信託契約書または信託宣言に基づき事業に従事しあるいは事業を運営し、その下で、受益権が持分または持分の譲渡性証券に分割されるものをいう（OR. REV. STAT. § 128.560.）。オハイオ―ビジネス・トラストとは、組合、ジョイント・ベンチャー、ジョイント・ストック・アソシエーション、代理人または他の企業形式にあらざる、独立

第4章　制定法によるビジネス・トラストの制度化とその進展

　ビジネス・トラストは、州内で事業をなすための公認団体形式として許可される[48]。

　州内で事業をなすことを欲するいずれのビジネス・トラストも、当該信託を創設する定款、信託宣言または信託契約書の副本、およびそのすべての改正条項を州に提出するものとする[49]。

の法人格なき法主体である（OHIO REV. STAT. § 1746.02.）。ミネソタ―信託宣言の語は、信託宣言、ビジネス・トラスト証書、信託契約書、後見契約書、または、かかる組織を創設する他の証書を意味する（MINN. STAT. § 318.02(1).）。以前または以後に組織される信託宣言に基づくいずれかの団体は、ビジネス・トラストにして独立の法人格なき法主体であり、組合、ジョイント・ストック・アソシエーションもしくは代理、またはビジネス・トラストを除く他のいずれかの法的関係ではないものとする。ビジネス・トラストはまた、事業をなすためのコモン・ロー・トラストまたはマサチューセッツ・トラストとして知られることがある(Id. at § 318.02(2).)。

(48)　WASH. REV. CODE § 23.90.030; MONT. CODE ANN. § 35-5-104; IND. CODE § 23-5-1-3; KAN. STAT. ANN. § 17-2029; ARIZ. REV. STAT. § 10-1873; OHIO REV. STAT. § 1746.02; TENN. CODE ANN. § 48-101-203; OR. REV. STAT. § 128.565; MD. CODE ANN. § 8-102.

(49)　WASH. REV. CODE § 23.90.040(1); ARIZ. REV. STAT. § 10-1874(A); IND. CODE § 23-5-1-4; OR. REV. STAT. § 128.575(1); TENN. CODE ANN. § 48-101-204; MONT. CODE ANN. § 35-5-201(1)(a); MD. CODE ANN. § 8-202(a). その他の州の類似規定として、ケンタッキー―信託宣言は、ケンタッキー州州務長官府およびその主たる事業地が存する郡の郡官吏事務所に記録されるものとする（KY. REV. STAT. § 386.420(2).）。テキサス―ビジネス・トラストを創設する信託宣言は、信託の主たる事業地が存する郡の当局に記録のために提出されるものとする（TEX. REV. CIV. STAT. ANN. § 6138A.3(B); ALA. CODE § 19-3-64.）。カンザス―当州において事業をなすことを欲するいずれのビジネス・トラストも、当該信託を創設する信託証書、その受託者の氏名および住所の証合済の一覧表、ならびに提出日から遡って60日以内に公認会計士によって証明され、かつ当該信託の資産および負債を明瞭かつ正確に反映し、元本を特に表記した、貸借対照表を州務長官に提出するものとする（KAN. STAT. ANN. § 17-2030.）。ジョージア―本節に従い設定される各信託は、信託設定時およびそれ以降年次に、州務長官に報告をなすものとする。それは、手数料、不遵守に対する罰則、報告書の記録と証明に関する規定を含み、法人による報告と同様の方式において、かつ適用可能な限りそれと同様の情報を記載するものとする（GEO. CODE ANN. § 53-12-57.）。サウス・カロライナ―当州において判例法に基づき創設されるか、明示信託証書に基づき当州において事業をなす、すべてのビジネス・トラストにして、その下で、信託財産における受益権を表章する譲渡性証券の所持人であるかいずれ所持人となる者の利益と利潤とを目的として、一人またはそれ以上の受託者により財産が所有管理されるものは、これを設定する信託証書およびその改正条項を、州証書登録官および当州における主たる事業地が存する郡の裁判所に記録するものとする（S.C. CODE ANN. § 33-53-10.）。オハイオ、ミネソタおよびサウス・ダコタ―当州において事業を遂行するに先立ち、ビジネス・トラストは州務長官府に報告書を提出するものとする（OHIO REV. STAT. § 1746.04; MINN. STAT. § 318.02(1);

第3節　第二期ビジネス・トラスト制定法

　すべてのビジネス・トラストは、その事業名において積極的および消極的訴訟手続の当事者となり得るものとする(50)。

　ビジネス・トラストは、永久権禁止則（rule against perpetuities）または譲渡制限禁止則（law against restraint of alienation）に反して違法であるものとはみなされず、設定目的の達成に必要な期間存続することができるものとする(51)。

　ビジネス・トラストの受益証券の所持人は、私的営利法人の株主と同範囲に人的責任を制限される資格を有するものとする(52)。

―――――――

S.D. CODIFIED LAWS § 47-14-3.)。

(50)　S.C. CODE ANN. § 33-53-40; S.D. CODIFIED LAWS § 47-14-9; N.C. GEN. STAT. § 39-45; MINN. STAT. § 318.02(3); TEX. REV. CIV. STAT. ANN. § 6138A.6(A)(2); MD. CODE ANN. § 8-301(2). その他の州の類似規定として、ケンタッキー、ミシシッピおよびアラバマ―ビジネス・トラストは、信託宣言に基づく受託者の任務遂行上生じた金銭債務および他の債務、ならびに受託者の過失に起因するいずれかの損害について提起される訴訟手続の当事者となることができる。そして、ビジネス・トラストの財産は、それが法人であった場合と同様に、差押および執行に従うものとする（KY. REV. STAT. § 386.440; MISS. CODE ANN. § 79-15-23; ALA. CODE § 19-3-66.)。ジョージア―信託財産に対する請求権者は、法人に対する訴えと同様に、当該信託の受託者に対する訴えにより、これを強制することができる。その場合の訴状は、受託者が当州の居住者である場合受託者に送達されることにより、または受託者が当州の居住者でない場合公示により、完遂される（GEO. CODE ANN. § 53-12-54.)。

(51)　KY. REV. STAT. § 386.430; OHIO REV. STAT. § 1746.014; ALA. CODE § 19-3-65; MISS. CODE ANN. § 79-15-21(1). その他の州の規定として、サウス・カロライナ―ビジネス・トラストは、いずれかの永久権禁止則により影響されないものとする（S.C. CODE ANN. § 33-53-30; MD. CODE ANN. § 8-301(1).)。テキサス―各不動産投資信託は、その信託宣言に示される時期をもって存続期間を制限されることなく、その信託名において永久に存続することができるものとする（TEX. REV. CIV. STAT. ANN. § 6138A.6(A)(1).)。ミネソター以前または以後に組織されるかかる団体は、その名において、「信託宣言」またはそのいずれかの改正条項において限定される期間ビジネス・トラストとして存続し、または期限が特定されない場合は永久に存続する権能を有するものとする（MINN. STAT. § 318.02(3).)。

(52)　KAN. STAT. ANN. § 17-2028(a); TENN. CODE ANN. § 48-101-202(a); S.D. CODIFIED LAWS § 47-14-10; GEO. CODE ANN. § 53-12-54. その他の州の類似規定として、オレゴン―ビジネス・トラストの受託者、持分権者または受益者は、ビジネス・トラストのいずれかの債務について、人的責任を負うことはないものとする（OR. REV. STAT. § 128.585; MD. CODE ANN. § 8-601(b).)。サウス・カロライナ―ビジネス・トラストの責任は、信託財産の総額または当該債務の履行に必要な額を限度とする。信託を設定する証書は、信託が負担するいずれかの責任をもって当該信託の持分権者または受託者の財産を差押えることができないものと規定することができる。この規定は、信託自体の債務に関

第 4 章　制定法によるビジネス・トラストの制度化とその進展

　ビジネス・トラストの受託者の作為または不作為に基づく対第三者責任は、それが受託者の権限の範囲内でなされた行為の結果である限り、信託財産の総額を限度とする。また、受託者は、その作為または不作為が詐欺または不誠実を構成しない限り、人的責任を負わないものとする(53)。

　　して持分権者および受託者の責任を制限するよう作用する（S.C. Code Ann. § 33-53-40.）。ミネソタ—以前または以後組織される団体の、受益権持分証券の所持人、受益者、持分権者もしくは受託者、または、「信託宣言」のいずれかの当事者または当事集団は、以前または以後組織されるかかる団体のいずれかの金銭債務または他の債務に対する人的責任について、差押を受けることはないものとする（Minn. Stat. § 318.02(5).）。ケンタッキー—いかなる払込追徴金も、ビジネス・トラストのいずれかの受益者の持分に対して賦課強制されることはないものとし、いずれの受益者も、ビジネス・トラストまたはその受託者によって負担されたいずれかの金銭債務または他の債務について、人的責任を負うことはないものとする（Ky. Rev. Stat. § 386.400.）。カリフォルニア—不動産投資信託のいかなる持分権者も、当該不動産投資信託のいずれかの金銭債務、他の債務もしくは負債、または当該不動産投資信託に対する請求について、それがかかる持分権者が持分の所有者または保有者となった前後のいずれで発生したか否かを問わず、人的責任を負うことはないものとする（Cal. Code § 23001.）。テキサス—不動産投資信託の持分証券の所持人は、一部払込の持分について残部の払込をなす場合以外、信託または信託管理者によって負担されたいずれかの金銭債務もしくは他の債務またはその作為もしくは不作為について、いずれの態様においても人的責任を負わないものとする（Tex. Rev. Civ. Stat. Ann. § 6138A.8(A).）。アラバマ—いずれかの受益者の権利に対して、追徴金の賦課がなされることはないものとし、いかなる受益者も、受託者またはビジネス・トラストによって負担された債務について、人的責任を負うことはないものとする（Ala. Code § 19-3-63.）。インディアナ—当州において事業をなすことを認可された、いずれかのビジネス・トラストの権能および権限は、信託を設定またはこれを変更した証書において特定されるものとする。それは、行為能力の一般的授権、持分権者の人的責任の制限を含むがこれらに限られない（Ind. Code § 23-5-1-8.）。オハイオ—ビジネス・トラストの受託者、役員、使用人、代理人または受益権持分証券の所持人は、受託者のいずれかの作為もしくは不作為またはその負担した債務について、いかなる責任も負わないものとする（Ohio Rev. Stat. § 1746.013(A).）。サウス・ダコタ—いずれかのビジネス・トラストの受託者の責任は、会社法人の役員の責任と同じ範囲に限定されるものとし、ビジネス・トラストの受益者の責任は、会社法人の株主と同じ範囲に限定されるものとする（S.D. Codified Laws § 47-14-10.）。

(53)　Miss. Code Ann. § 79-15-9(3); Ky. Rev. Stat. § 386.390; Ohio Rev. Stat. § 1746.013(A); Ala. Code § 19-3-62. その他の州の類似規定として、オレゴン—ビジネス・トラストの受託者、持分権者または受益者は、ビジネス・トラストのいずれかの債務について、人的責任を負うことはないものとする（Or. Rev. Stat. § 128.585; Md. Code Ann. § 8-601(b).）。ミネソタ—以前または以後に組織されるかかる団体の、受益権持分証券の所持人、受益者、持分権者もしくは受託者、または「信託宣言」のいずれかの当事者

第 3 節　第二期ビジネス・トラスト制定法

　いずれのビジネス・トラストも、州内法人および州外法人各々について現在または以後制定される法の適用可能条項に従うものとする。これには証券の発行、計算書または報告書の提出、訴状の送達、行為能力の一般的授権、訴訟能力、株主の人的責任の制限、ならびに当州の判例法および制定法上存在する適用可能な権利および義務に関する規定が含まれる(54)。

　利害関係者による予見可能性という意味では、判例法に基づくビジネス・トラストは、多くの不確定な部分を蔵していた。ある州では、その合法性いかんが問題となっており(55)、その他の州では、不動産の取得に必要な能力(56)が与えられていない場合や、信託の存続期間を制限する一般信託法上の原則が適用され、組織の永続性が否定される場合があった(57)。信託に訴訟能力

―――――――――――
または当事集団は、以前または以後組織されるかかる団体のいずれかの金銭債務または他の債務に対する人的責任について、差押を受けることはないものとする（MINN. STAT. § 318.02(5).)。サウス・カロライナ―ビジネス・トラストの責任は、信託財産の総額または当該債務の履行に必要な額を限度とする。信託を設定する証書は、信託が負担するいずれかの責任をもって当該信託の持分権者または受託者の財産を差押えることができない旨規定することができる。この規定は、信託自体の債務に関して持分権者および受託者の責任を制限するよう作用する（S.C. CODE ANN. § 33-53-40.）。ただし受託者は、あらゆる信託違反について有責であるものとする（S.C. CODE ANN. § 33-53-40.）。オハイオ、ジョージア―会社法人の役員および株主が法律上責任を負うのと同じ状況でない限り、信託の受託者も受益者も人的責任を負うことはないものとする（OHIO REV. STAT. § 1746.08(B); GEO. CODE ANN. § 53-12-54.）。

(54)　WASH. REV. CODE § 23.90.040(4); TENN. CODE ANN. § 48-101-207; MONT. CODE ANN. § 35-5-103; OR. REV. STAT. § 128.580; IND. CODE § 23-5-1-9; ARIZ. REV. STAT. § 10-1879; KAN. STAT. ANN. § 17-2035.

(55)　テキサス法則とカンザス・ワシントン法則は、ビジネス・トラストを非合法と解する見解である。本書第 3 章第 4 節および第 5 節（88頁以下）参照。

(56)　内国歳入法が改正された1960年当時、モンタナ、サウス・ダコタおよびノース・ダコタが明示信託のそのような権能を制限していた（CAVITCH, supra note 17, § 44.05 at 160.）。しかし各州とも、現在までにその態度を改めている（MONT. CODE ANN. § 35-5-103; S.D. CODIFIED LAWS § 47-14A-1(1); N.D. CENT. CODE § 59-03-02.）。本書第 1 章第 3 節（39頁以下）参照。

(57)　永久権禁止則（rule against perpetuities）を認める州では、ビジネス・トラストに対するその適用の肯否が争われていた（Winsor v. Mills, 157 Mass. 362, 32 N.E. 352 (1892).）。受益者への受益権の帰属が信託設定時から過度に長い期間に及ぶと、信託財産の拘束によって物資の融通を害するというのが肯定の理由である。しかし後に

第4章　制定法によるビジネス・トラストの制度化とその進展

を認める州も限られていた(58)。上述の規定は、これらの法的課題に即応するものといえる。届出手続の履践を課され公認団体形式として認められたことは、ビジネス・トラストが脱法団体から合法的制度へと昇華を遂げたことに他ならず、創設目的の達成に必要な期間存続し得るものとされたことは、企業としての永続性が確保されたことを意味する。そして、信託自体が訴訟手続の当事者となり、かつ受託者の責任負担を介することなく信託財産が企業としての固有の責任財産を構成するものとされたことは、ビジネス・トラストの法主体性が実質的に形成されたことと同義である。税法的関心から行なわれた制定法規定の整備を通じて、ビジネス・トラストの制度化は、手続法の段階から実体法の段階へと進んだのである(59)。

第3項　受益者の責任を決する判例法則の克服

諸州の立法のねらいは、直接にはビジネス・トラストを連邦所得税法の規定に適合させることにあり、その法的構造の改善ではなかった。しかし以上のように、ビジネス・トラストが制定法上の制度として整備されたこと、とりわけその法的責任に関わる実体法規が整えられたことの効果として、受益者の責任を巡る紛争の解決に行き詰まりをみせていた判例法に、新たな打開

Howe v. Morse, 174 Mass. 491, 55 N.E. 213（1899）判決を根拠に、その適用を否定する実務が一般化した（Wilgus, *Corporations and Express Trusts as Business Organizations*, 13 MICH. L. REV. 220（1915）; Brown, *Common Law Trusts as Business Enterprises*, 3 IND. L. J. 607（1928）; Barrett & DeValpine, *Taxation of Business Trusts and Other Unincorporated Massachusetts Entities with Transferable Shares*, 40 BOSTON U. L. REV. 331（1960）.）。けだし、信託財産が団体目的のため拘束されるとしても、そこでは構成員たる資格が受益証券の譲渡により変更されることがあり、かつ権利の確定をみるからである（Reffan Realty Corp. v. Adams Land & Building Co., 128 Md. 656, 98 A. 201（1916）; Baker v. Stern, 194 Wis. 233, 216 N.W. 147（1927）; Hemrick v. Bryan, 21 F.Supp. 392（N.D.Okla. 1937）; Brown, *Common Law Trusts as Business Enter-prises*, 3 IND. L. J. 607（1928）; Note, *Trusts for Unincorporated Associations—Legal Entity and Perpetuity*, 35 VA. L. REV. 1085（1949）.）。

(58)　本書第4章第2節（108頁以下）参照。
(59)　この期の制定法には、その他、受益者の帳簿検査権（MISS. CODE ANN. § 79-15-7 (g); TEX. CIV. STAT. ANN. § 6138A.18.10(B).）や、合併手続（ARK. CODE ANN. § 4-31-405; CAL. CODE § 23006; FLA. STAT. § 609.08; GA. CODE ANN. 53-12-50-59; MASS. GEN. LAWS § 182-2; OHIO REV. CODE ANN. § 1746.18; 15 PA. CONS. STAT. § 9502(4); TEX. REV. CIV. STAT. ANN. § 6138A.23.10）をみることができる。

の道筋が与えられることになった。以下のように、マサチューセッツ法則下の諸州にあっては、有限責任の認定要件としての支配基準の廃棄が、またテキサス法則およびカンザス・ワシントン法則下の諸州にあっては、より踏み込んだ組織の合法化が達成されることとなったのである。

(1) マサチューセッツ法則の廃棄

投資媒体としての信託にあっては、通常受託者は投資家としての委託者兼受益者ではなく発起人によって選任され、信託証書は受益者の帰属財産を支配しようとする発起人の利害関心を反映するといわれる[60]。運営につき、民事信託のように裁判所が一般的に介入することもない[61]。また、受託者に課される高度の信認義務は、信託証書における特約によって、廃棄されないまでも後退させられることが少なくない[62]。このような状況下では、受益者の不利益において特定の関係者が利益を得るおそれなしとしない。そこで不動産投資信託を定義する内国歳入法は、不動産投資信託の組成にあたり、受託者の選任、受託者の更迭、信託証書の変更および信託の終了についての投票権を、受益者が留保することを認めた[63]。投資実務に影響力を持つ中西部証券取引委員協会（Midwest Securities Commissioners Association）[64]も、受

---

(60) Sobieski, *State Securities Regulation of Real Estate Investment Trusts—The Midwest Position*, 48 VA. L. REV. 1075 (1962).
(61) 遺言代用のいわゆる撤回不能信託（irrevocable trust）にあっては、遺言が遺言能力ある者によって法定の方式に従って作成されたことを確定する裁判所の検認（probate）手続を経る必要がある（新井誠『信託法（第2版）』（有斐閣・2005年）71頁）。
(62) Sobieski, *supra* note 60, at 1075.
(63) 26 C.F.R., § 1.856-1(d)(1).
(64) 1960年当時、アリゾナ、カリフォルニア、イリノイ、インディアナ、アイオワ、カンザス、ミシガン、ミネソタ、ミズーリ、ネブラスカ、ニュー・メキシコ、オクラホマ、テネシー、テキサス、およびウィスコンシンがこれに加盟していた。協会の勧告はその加盟州を法的に拘束するものではなかったが、以後採択される制定法に影響を与えるべく起草されており、実務も一般にこれに従っていた（CAVITCH, *supra* note 17, § 44.06 at 168.）。ミシシッピ、ノース・ダコタ、オレゴン、ロード・アイランド、ペンシルヴァニア、サウス・カロライナ、サウス・ダコタ、ヴァーモントの諸州も、少なくとも指針の一般原則は採択していた（Wheat & Armstrong, *Regulation of Securities of Real Estate Investment Trusts*, 16 BUS. LAW. 926 (1961).）。

益者保護を徹底し、受託者の年次選任、受託者の更迭、信託証書の変更の承認、および信託の終了についての受益者の投票権を義務化する実務指針を公表した[65]。

しかし、マサチューセッツ法則に立つ諸州においては、受益者が留保する権限に特別の含意があった[66]。受益者が受託者を超える支配権を持つ場合、受益者は代理人たる受託者を支配する代理法上の本人とみなされ、信託債務につき人的責任を負わされたのである[67]。それでは、本来受益者保護にとって適切であるはずの投票権さえも、受益者に信託債務を負担させる契機となりかねない。著名なGoldwater対Oltman事件[68]が、「受益証券の所持人の有限責任を認める州にあっても、受託者を選任し受託者会の欠員を補充するような、受託者のそれを超える権限を証券所持人が有する場合、当該組織は純粋な信託ではなく組合として扱われることになるであろう。かかる準則こそ、我々が援用ないし適用すべきものである。受託者が証券所持人の解任権に従い、かつ受託者を選任する権限までも証券所持人によって留保されるとすれば、組織の根本的な支配が証券所持人によって持たれていることは明らかである」として受益者に無限責任を課したように、内国歳入法や実務指針が提示した権限を受益者が留保した場合に、その有限責任が否定される蓋然性は極めて高かった。しかもこうした法的状況は、決してある州に固有の

(65) MIDWEST POLICY STATEMENT §§ B1(a), B1(d), B9, B10; Garrett, Jr., *Developing in Business Financing*, 16 BUS. LAW. 798 (1961). なお、これに応えて、テキサス州不動産投資信託法は、受益者に広範な権限を与えた。すなわち、受託者に相当する信託管理者は受益者の投票によって選任され（TEX. REV. CIV. STAT. ANN. § 6138A.13(C).）、その欠員は受益者の投票により補充されるものとし（*Id.* at § 6138A.4(B).）、信託宣言の改正には受益者の承認を要し（*Id.* at § 6138A.23.）、附属定款の改正または新附属定款の採択は受益者の権限とし（*Id.* at § 6138A.9.）、さらに、受益者の投票によって信託の解散がなされ得るものとした（*Id.* at § 6138A.20.）。メリーランド州不動産投資信託法も、信託宣言は受益者の3分の2の賛成投票によってのみ改正され得るものと明示した（MD. CODE ANN. § 8-501(a).）。
(66) 本書第3章第3節（81頁以下）参照。
(67) Schumann-Heink v. Folsom, 328 Ill. 321, 159 N.E. 250 (1927); Goldwater v. Oltman, 210 Cal. 408, 292 P. 624, 71 A.L.R. 871 (1930); First Nat'l Bank v. Chartier, 305 Mass. 316, 25 N.E.2d 733 (1940).
(68) Goldwater v. Oltman, 210 Cal. 408, 292 P. 624, 71 A.L.R. 841 (1930). 同旨 Kadota Fig. Ass'n v. Case-Swayne Co., 73 Cal.App.2d 815, 167 P.2d 518 (1946).

第 3 節　第二期ビジネス・トラスト制定法

ものではなく、マサチューセッツ法則を採る多くの法域において同じ結論の

(69)　不動産投資信託におけるこの問題の顕在化と解決の経過を以下に整理しておきたい。なお、マサチューセッツ法則ないし支配基準の詳細は本書第 3 章第 3 節（81頁以下）参照。
　　マサチューセッツ州では、少なくとも他の権限と組み合わされる限り、信託証書を改正する権限は、受益証券所持人にとって過大な支配権であるとする判断がみられた（First Nat'l Bank v. Chartier, 305 Mass. 316, 25 N.E. 2d 73（1940）.）。オハイオ州では、受益者が信託事業において過度の支配権を有するとの理由で、ビジネス・トラストは組合であると判断されることがあった（Goubeaux v. Krickenberger, 126 Ohio.St. 302, 85 N.E. 201（1933）.）。他方、イリノイ州では、受益者が 3 分の 2 の賛成投票によって信託証書を改正し、一定の間隔で受託者を改選する資格を与えられていたが、それは彼らをして組合責任を課すほどの過大な支配とはいえないとされ（Levy v. Nellis, 284 Ill.App. 228, 1 N.E. 2d 251（1936）.）、ロード・アイランド州では、信託証書の改正、受託者の選任、受益者総会の招集および信託終了の決定につき受益者が投票権を有していたが、それらはたとえ組み合わされて留保される場合であっても、当該組織を組合に変質させるに充分な支配権とはいえないとされた（Rhode Island Hospital Trust Co. v. Copeland, 39 R.I. 193, 98 A. 273（1916）.）。こうした諸州の不統一な法的状況は、受益者が有し得る支配的権限の内容の確定について、実務上の懸案が存したことを示すものである。
　　そこで中西部証券取引委員協会としては、支配基準の要件を充足するか、または支配基準の範囲外の解答を得る必要があった。実際には、前者をとることが自らの指針を採択する州においては不可能であったため、後者にあたるものとして、信託証書の公的登録および公示の義務化、ならびに受益者の責任制限明示特約の方法が案出された。すなわち、不動産投資信託に対し、受益者の第三者に対する責任を免ずる信託証書を作成し、これを州証券取引委員会に登録することを強制するとともに（MIDWEST POLICY STATEMENT § E1.）、不動産投資信託の受託者に対し、第三者との契約条項中に受益者の有限責任を明示することをも要求した（*Id.* at § B(3); Kelly, Jr., *Real Estate Investment Trusts After Seven Years*, 23 BUS. LAW. 1010（1968）; Aldrich, *Real Estate Investment Trusts: An Overview*, 27 BUS. LAW. 1166（1972）.）。これにより、ビジネス・トラストと取引する第三者は、責任制限明示特約および公示による悪意の擬制の効果として、禁反言に基づき受益者の有限責任を受忍せざるを得なくなった。かかる免責特約（express stipulation）は、外部第三者を拘束する効力を認められており、しかもビジネス・トラストを組合として扱う諸州においても認められる手法であった（Shelton v. Montoya Oil & Gas Co., 292 S.W. 165（Tex.Com.App. 1927）; Farmers State Bank & Trust Co. v. Gorman Home Refinery, 3 S.W. 2d 65（Tex.Com.App. 1928）.）。
　　しかし、公示により取引相手方の悪意を擬制し、責任明示特約によってその禁反言をも導く手法は、欠点も有していた。すなわち、これによっても、受託者が過失により責任制限明示特約の挿入を怠った場合と、信託証書における免責条項について第三者が善意である場合とについて、受益者の保護を欠く可能性が残っていたのである。前者については、受益者には受託者に対する求償権が認められたが（Goldwater v. Oltman, 210 Cal. 408, 292 P. 624（1931）; Review Printing & Stationary Co. v. McCoy, 291 Ill.App. 524, 10 N.E.2d 506（1937）.）、後者についてはその肯否につき見解が分か

第 4 章　制定法によるビジネス・トラストの制度化とその進展

示されることが予想されたのである(69)。

　こうして、まさに支配基準を確立した理論体系であるマサチューセッツ法則の廃棄のために、受益者の有限責任が立法上確立されることとなった(70)。ビジネス・トラストの受益者が、私的営利法人の株主と同じ範囲に人的責任を制限される資格を有するとされたのは、この意味である。会社株主が株主総会を通じて議決権を行使したとしても、その代償として有限責任を失うことのないように、ビジネス・トラストの受益者もまた、いずれかの条件によって有限責任を奪われることのない旨法は宣言する。支配基準における結合の要件にも支配の要件にも左右されない受益者の有限責任が、ここに法定されたのである。

れており（Weber Engine Co. v. Alter, 120 Kan. 557, 245 P. 143（1926）; Case v. McConnell, 5 Cal.App. 2d 688. 44 P. 2d 414（1935）; *In re* Conover's Estate, 295 Ill.App. 443, 14 N.E.2d 980（1938）.）、結局は制定法による直接的な解決を求めざるを得なくなった。

　もっとも、幾つかの州の制定法においては、上記契約上の手法を実効ならしめるため、証書の第三者に対する拘束力について、以下のような規定が置かれた。すなわち、「当州において事業をなすことを認められたビジネス・トラストと取引するいかなる人も、当該信託を創設する信託証書、および所定の要件を満たし提出され記録されているそのいずれかの改正文書の条項および条件に従う（MONT. CODE ANN. § 35-5-204（2）; ARIZ. REV. STAT. § 10-1874（B）; KAN. STAT. ANN. § 17-2034; WASH. REV. CODE § 23.90.040（2）; MINN. STAT. § 318.02（3）（5）.）」とされたのである。

(70)　マサチューセッツ法則における支配基準を周到に排除するという意味では、ミシシッピ州投資信託法の規定が特筆に値する。すなわち同法は、「一人またはそれ以上の受託者が、その任にある投資信託における受益証券の所持人であるかいずれその所持人となる場合であっても、当該信託は任意組合であるとも有限組合であるとも宣言されない（MISS. CODE ANN. § 79-15-3）」、「受益証券は、全額払込であるものとし、その所持人は、いずれかのさらなる払込請求またはいずれかのさらなる払込についての責任を負わず、かかる全額払込証券のいずれかの所持人の持分に対して、いかなる払込追徴金も課されない（*Id.* at § 79-15-11（1）.）」。そして、「全額払込受益証券のいずれかの所持人は、受託者または投資信託によって負担されなされた、いずれかの態様におけるいずれかの金銭債務、作為、不作為または負債について、人的または個人的責任を負わない。全額払込である受益証券の所持人が任意組合員とも有限組合員ともみなされないことは、同法の意図であるものとして明確に宣言される。ここに規定される有限責任は、受益証券の所持人が後任受託者を選任するための条項を信託宣言が含むとの理由をもっては、変更されない（*Id.* at § 79-15-13.）」とするのである。マサチューセッツ法則の影響を受けた Enochs & Flower, Ltd. v. Roell, 170 Miss. 44, 154 So. 299（1934）事件判決を変更するための規定と考えられる。

(2) テキサス法則およびカンザス・ワシントン法則の廃棄

テキサス法則に立つ諸州は、ビジネス・トラストを組合とみなし、その構成員に組合員としての無限責任を課していた[71]。構成員の有限責任を創出し得るのは株式会社および有限組合を規定する制定法のみであると解し[72]、受益者の有限責任を規定するビジネス・トラストは、これらの潜脱にあたるとして無効としたのである[73]。また、カンザス・ワシントン法則に立つ諸州は、ビジネス・トラストを州憲法上の法人定義に包摂する一方、その存在は正規の設立手続によらないため違法であるとして、受益者に任意団体の構成員としての無限責任を課していた[74]。

理論の当否はともあれそうした判例法則の確立をみていることから、上記二つの法則に立つ諸州においては、判例法則を廃棄する制定法をもって正面から制度化する以外にビジネス・トラストを法認し、かつ受益者の有限責任を保護する途はなかった。しかも徹底してビジネス・トラストを否定してきた判例の反動から、立法に際しては、単に受益者の有限責任を規定するに止まらず、ビジネス・トラストの正当性をとくに根拠付ける必要があった。そこで置かれたのが、ビジネス・トラストを公認団体形式と定める規定と、会社法の準用を導く包括規定である。受益者の有限責任規定に加え、これら二類型の規定を併有する形式は、テキサス法則およびカンザス・ワシントン法則にくみした諸州の制定法に共通して看取されるものである。

第4項　第二期制定法の評価

マサチューセッツ法則と、テキサス法則およびカンザス・ワシントン法則との決定的な違いは、前者が原則としてビジネス・トラストを肯定するのに対して、後二者はこれを一貫して否定する点にある。この相違は、ビジネス・トラストを利用する際の、制定法への依存度の差となって現れる。1970年代までのビジネス・トラスト制定法の趨勢が、テキサス法則およびカンザ

---

(71) 本書第3章第4節（88頁以下）参照。
(72) Wells v. Mackey Telegraph-Cable Co., 239 S.W. 1001（Tex.App. 1921）; Thompson v. Schmitt, 115 Tex. 53, 274 S.W. 554（1925）.
(73) 本書第3章第4節（91頁）参照。
(74) 本書第3章第5節（95頁以下）参照。

ス・ワシントン法則下の諸州が採用した会社法準用形式に傾斜したのは、まさにこのためであった。

　マサチューセッツ法則自体はビジネス・トラストの合法性を否定するものではなく、支配基準という枠の中ではあるが、それに一定の存在意義を認めるものである。制定法によって受益者の有限責任を明定し、認定要件のゆらぎを払拭する意義を認識する段階に至りながら、あえて受益者の画一的有限責任を規定しない例[75]がみられたのはそのためであろう。

　ところが、テキサス法則およびカンザス・ワシントン法則の下では、制定法に拠らなければ、ビジネス・トラストは組合または任意団体の域を出ない。そこでこの二法則に立つ諸州は、制定法をもって新たにビジネス・トラスト法規範の確立を行った。そこで大きな影響を与えたのが、カンザス・ワシントン法則を支えた準法人（*quasi* corporation）の理論である。信託の訴訟能力や受益者の有限責任等、望まれる法的効果は、あくまで会社法規定の準用ないし類推適用の上に得られるものとされ、ビジネス・トラストは法人規制に関らしめられて制度化されることとなったのである。

　ただ、そこには適用ある会社法規定の具体的な範囲および要件が示されておらず、ビジネス・トラストにどこまでの法人的利点を認め、かつどこまでの法人的制約を併せ課すのかの衡量は避けられていた。かりにそこで、最小限の規制でもって最大限の授権を行い、ビジネス・トラストに法人の利点のみを与えれば、そのような契約的存在を否定した憲法解釈が破綻を来たすことは必至である。逆に、ビジネス・トラストが、種々の利点のみならず、会社法の制限的側面ないし実質的全体の適用を受けるとすれば、信託の応用に伴う考え得る利点の多くが奪われることも明白である。会社法に依存する規制手法は、いずれに振れたとしても課題となりかねない要素を含んでいたのである。制定法規範の拡充という事実にもかかわらず、この後ビジネス・トラストがかつてのような勢いをみせることがなかったのは、結局法人に準ず

---

(75)　たとえば、ウエスト・ヴァージニア州は、マサチューセッツ法則を確立させる一方（Marchulonis v. Adams, 97 W.Va. 517, 125 S.E. 340 (1924).）、1947年のビジネス・トラスト制定法（W.Va. Code §§ 47-9A-1 to 47-9A-7）において、受益者の有限責任について何ら規定しなかった。

る存在と位置付けられる趨向が鮮明となり、法人規制を実質的に同等に受け(76)、かつ州の課税目的上も法人と同視されることとなる等(77)、信託に由来する相対的な優位性を失った結果といえよう(78)。

第4節 小　括

　ビジネス・トラストは、法人規制の埒外で法人と同等の機能を達しようとする試みであったが、多くの州は、まさにその法人との類似性を根拠として、判例法上の解釈または立法により、こうした意図を次第に制限していった(79)。ビジネス・トラストと法人との機能上の共通性を捉えて、ある州はこれを憲法上の法人の定義に含め(80)、他は営利法人に対すると同じく、これに州務長官への届出を強制した(81)。そしてついには、多くの州が、ビジネ

(76) Ariz. Rev. Stat. § 10-1879; Ark. Code Ann. § 4-31-403(b); Geo. Code Ann. § 53-12-57; Ind. Code §§ 23-5-1-9, 23-5-1-11; Kan. Stat. Ann. § 17-2036; Ky. Rev. Stat. § 386.390; Mass. Gen. Laws Ann. § 182-12; Mont. Code Ann. § 35-5-103; Or. Rev. Stat. §§ 128.585, 128.595(1); S.D. Codified Laws § 47-14-8; Tex. Rev. Civ. Stat. Ann. § 6138A.7.40(F)(3); Wash. Rev. Code § 23.90.040(4); Wis. Stat. § 226.14(4)(d).

(77) Ala. Code § 19-3-67; Ariz. Rev. Stat. § 10-1878; Kan. Stat. Ann. § 17-2036(c); Miss. Code Ann. § 79-15-25; Mont. code Ann. § 35-5-205; 15 Pa. Cons. Stat. § 9501(c); Tenn. Code Ann. § 48-101-206; Wash. Rev. Code § 23.90.040(3); W.Va. Code § 47-9A-4(a); Wis. Stat. § 226.14(10).

(78) たとえば連邦法上も、ビジネス・トラストの法的内容の不明確性を理由に、不動産投資信託の適格を法人にも認めるべきとする主張が1960年の不動産投資信託法定時から存在し (Carr, *Federal Tax Aspects of Real Estate Investment Trusts*, 16 Bus. Law. 934 (1961); Godfrey & Bernstein, *supra* note 31, at 659; Kelly, *supra* note 69, at 1005.)、そのため1976年の内国歳入法の改正によって、法人形態にも不動産投資信託としての組織適格が認められることになる等、ビジネス・トラストの優位性は次第に失われていった。

(79) Burgoyne v. James, 156 Misc. 859, 282 N.Y.S. 18 (1935), Kresberg v. International Paper Co., 149 F.2d 911 (1945), *cert. den.*, 326 U.S. 764, 66 S.Ct. 146 (1945); First Carolina Investors v. Lynch, 78 N.C.App. 583, 337 S.E.2d 691 (1985); Dodd, *Dogma and Practice in the Law of Associations*, 42 Harv. L. Rev. 989-990 (1929); Rosenbalm, *The Massachusetts Trust*, 31 Tenn. L. Rev. 471 (1964). Bogert & Bogert, *supra* note 21, § 247 at 214.

(80) Hauser v. Catlett, 197 Okla. 668, 173 P.2d 728 (1946); Swartz v. Sher, 344 Mass. 636, 184 N.E.2d 51 (1962); Inside Scoop, Inc. v. Curry, 755 F.Supp. 426 (1989).

(81) N.Y. Gen. Ass'ns Law § 18; Mass. Gen. Laws Ann. § 182-2; Kan. Stat. Ann. § 17-2030;

ス・トラストの主要な組織規定に関して、会社法の一般的準用を謳うに至ったのである[82]。

　ビジネス・トラストを利用して受益者が得ようとした種々の利点は、そもそも近代法人の属性に他ならず、それゆえ法制化にあたって立法者がこれを法人規制に関らしめたと想像するのは困難ではない。こうした制定法上の規制手法が、憲法上の法人定義を強く意識するワシントン州に発し、これと判例法基盤を共有するカンザスに近接して分布する事実は、かかる判例の影響のもとに、結局ビジネス・トラストが制定法の下でも法人の範疇に包摂されずには命脈を保ち得なかったことを示している[83]。第二期制定法の目的は、信託法理に裏付けられた企業形式を設けることに存したのではなく、任意団体を何らかのかたちで制定法に組み入れることに置かれたのであって、結果としてその規定には、規制的に作用する判例法の理念が色濃く映されることとなった。

　しかし、そこに位置付けられたビジネス・トラストは、組織の法的内容を当事者間の合意によって創出する信託本来の意義と機能とを失っており、もはや信託を装う法人（corporation under the guise of trust）でしかない[84]。Wrightingtonがいうように[85]、ビジネス・トラストを組合と法人のいずれに含めるべきかを答えるのが容易でないのは、それがいずれにも属さないことを示している。かりに法人とビジネス・トラストとが等質であるならば、企業参加者には、あえて組織の法形態としてビジネス・トラストを選択すべき理由はない。いわば会社法の傍流に確立されたこの段階の制定法がビジネス・トラスト法の完成形となることなく、そこに現れたビジネス・トラスト

　　　TENN. CODE ANN. § 48-101-204; Home Lumber Co. v. Hopkins, 107 Kan. 153, 190 P. 601, 10 A.L.R. 879（1920）; State *ex rel.* Range v. Hinkle, 126 Wash. 581, 219 P. 41（1923）; Rubens v. Costello, 75 Ariz. 5, 251 P.2d 306（1952）.

(82)　Marguerite E. Wright Trust v. Department of Revenue, 297 Ore. 533, 685 P.2d 418（1984）.

(83)　Gilmer v. Kansas City West Land Co., Inc., 1 Kan.App.2d 509, 571 P.2d 869（1977）; Dempsey, *Real Estate Investment Trust in Washington*, 37 WASH. L. REV. 594-596（1962）.

(84)　Note, *Massachusetts Trusts*, 37 YALE L. J. 1117（1928）.

(85)　S. R. WRIGHTINGTON, THE LAW OF UNINCORPORATED ASSOCIATIONS AND BUSINESS TRUSTS 69（2nd ed. 1923）.

が、ビジネス・トラストとしての終極的形象たり得なかった理由である。

第5章　ビジネス・トラスト制定法の新潮流

第1節　小　　序

　19世紀末、信託に基礎を置く任意団体として会社法と組合法の狭間に発生したビジネス・トラストは、発達過程で両法の干渉を強く受けたことから、法的性質をめぐり深刻な議論の対立を巻き起こし、判例法において合理的な紛争解決に行き詰まった諸州は、20世紀に入ると規制の足場を制定法へと移していった。もっとも、そこでの目的は、当初は訴訟手続上の問題の克服にあり、続いては改正連邦税法への適応にあって、そもそもビジネス・トラストの信託たる地位を確認する意図はなかった。1960年代のビジネス・トラスト制定法において会社法準用形式が主流となったのは、任意組織を公的監督の下に置くために、それが最も簡易にして確実な方法であったためである。

　しかし間もなくして、会社法人を州の特許に基づく制限的な創造物とみる理解は減退し、かわってこれを構成員の契約的所産として許容的に捉える理論が台頭してきた[1]。そして、この思潮が立法に影響するかたちで、会社法

（1）　アメリカの伝統的な会社観は、「会社は州の創造物であり、実体の存しない単なる法の擬制である」(Dartmouth College v. Woodward, 17 U.S. 518 (1819); Hale v. Henkel, 201 U.S. 43 (1906).) というものである。19世紀の設立特許主義と制限的権利能力主義は、まさにこうした理解に基づいていた。しかし20世紀を通じて、支配的な会社観は、「会社はそれに利害関係を有する主体間の明示または黙示による契約の結び目 (nexus of contract) である」という理解にかわった (Coase, *The Nature of the Firm*, 4 ECONOMICA 393 (1937); Alchian & Demsetz, *Production, Information Costs, and Economic Organization*, 62 AM. ECON. REV. 777 (1972); Jensen & Meckling, *Theory of the Firm: Managirial Behavior, Agency Costs and Ownership Structure*, 3 J. FIN. ECON. 305 (1976); Fama & Jensen, *Separation of Ownership and Control*, 26 J. L. & ECON. 301 (1983); Williamson, *Corporate Governance*, 93 YALE L. J. 1197 (1984); 西尾幸夫「契約の連鎖としての会社」立命館法学231・232号（1993年）484頁、玉井利幸「アメリカにおける会社契約自由の原則」一橋論叢131巻1号（2004年）31頁）。そして、「私人は、各々がそれを適切であると考える限り、いかなる内容でも望むとおりの契約を結ぶことができる」という契約自由の観念が企業組織について強調されることで、立法上も明らかな変化が現れた。

第5章　ビジネス・トラスト制定法の新潮流

規定の任意化が進展し、有限責任のような従来の法人的特権の非法人企業組織への開放もなされることとなった。リミテッド・ライアビリティー・カンパニーやリミテッド・ライアビリティー・パートナーシップといった、会社と組合の属性を折衷させた企業組織が数多く創出されたのは、こうした文脈においてのことである(2)。かかる法的環境の変化は、ビジネス・トラスト規

たとえば会社の設立規制は、州による権能の付与から当事者間合意の確認へとその関心を移すこととなった（Butler, *Nineteenth Century Jurisdiction Competition in the Granting of Corporate Privileges*, 14 J. LEG. STUD. 129 (1985).）。定款自治の範囲が広げられ、表示資本（stated capital）や株主総会における決議要件といった従来の強行法規は、任意規定に変わった（MODEL BUS. CORP. ACT §§ 6.21, 7.25 (1984); Coffee, Jr., *No Exit?: Opting Out, The Contractual Theory of the Corporation, and the Special Case of Remidies*, 53 BROOK. L. REV. 939 (1988).）。その傾向は有限組合にも表出し、組合規約の変更について州への届出を要する部分が大幅に狭められ、有限責任組合員による経営への関与も原則禁止から原則許容へと緩和された（REVISED UNIFORM LIMITED PARTNERSHIP ACT §§ 201, 303 (1976 amended 1985).）。

企業の本質に関する従来の集合体説（aggregate theory）と法主体説（entity theory）との対立も変容を来たした。会社は伝統的に、その構成員から独立して権利義務を有する法主体であるとされてきた。会社債務を会社自身が負担するという結論はそれによって根拠付けられ、会社が構成員の死亡の影響を受けない永続性を有することも、また訴訟当事者となり得るのも、これによって説明された。反対に組合は、伝統的にその構成員の集合体であるとされてきた。組合債務をその構成員が連帯して負担することや、構成員の死亡が組合の継続性を阻害することは、この前提と矛盾しなかった。ところが、集合体であるか法主体であるかはもはや程度の問題に過ぎなくなった。組合の典型とされる任意組合でさえ、集合体説に基づき構成員が無限責任を負担する一方、法主体説に依拠して組合の名において財産を所有することが認められるようになった（UNIFORM PARTNERSHIP ACT § 203.）。そして法人の利用機会を小規模事業に拡げるために法定された閉鎖会社（close corporation）も、実質的に組合の性質を有するものとして、法主体と集合体の両性質を併有することになったのである（Blackwell, *The Revolution Is Here: The Promise of a Unified Business Entity Code*, 24 J. CORP. L. 349-350 (1999); L. E. RIBSTEIN, UNINCORPORATED BUSINESS ENTITIES ch. 1 at 4-5 (3rd ed. 2004).）。

（2）　会社と組合との境界が相対的なものとなると、戦略的にそれらの利点を結合させた新しい企業組織形態が、1970年代以降相次いで生み出されることとなった。リミテッド・ライアビリティー・カンパニー（limited liability company, LLC）がその代表格である。これは、構成員が有限責任のみを負う点で会社に近似する一方、当事者間の合意によって内部規律を自由に定められる点では組合の性質をも備える、法人格なき法主体（unincorporated legal entity）である（Hamill, *The Limited Liability Company: A Possible Choice for Doing Business?*, 41 FLA. L. REV. 735-736 (1989); Ribstein, *Limited Liability and Theories of the Corporation*, 50 MD. L. REV. 80 (1991); Gazur & Goff, *Assessing the Limited Liability Company*, 41 CASE W. RES. L. REV. 408-

第 1 節　小　序

整のあり方についても反省を迫った。組織の性格付けが、会社法の準用によってなされなければならない理由はないのである。

409（1991）；ドナルド・J・ヘス（井上謙介訳）「米国のリミテッド・ライアビリティー・カンパニー」国際商事法務21巻1号（1993年）25-28頁；松嶋隆弘「合同会社の創設に関する一考察」判例タイムズ1160号（2004年）68-70頁）。1977年にワイオミング州がこれを法定してから（Wyo. Act No.64, 1977）しばらくは、連邦所得税法上の取扱いが明確でないとの理由で敬遠されたが、1988年に内国歳入庁が所得の二重課税を免ずる方針を明らかにすると（Rev. Rul. 88-76, 1988-2 C.B. 360）各州の立法対応は本格化し、1995年までに全州で法定されることとなった。歴史の浅さにもかかわらず現在では主要な企業形態の一つに数えられている。

　この経験は、続いて同趣旨の企業組織を組合の延長線上で定義する各種の試みへと波及していった。その一つ、リミテッド・ライアビリティー・パートナーシップ（limited liability partnership, LLP）とは、無限責任組合員のみからなる任意組合（general partnership）が法定の届出手続を履践した場合に、その全組合員の責任を有限化するという仕組であり、1991年のテキサス州法（Tex. Rev. Civ. Stat. Ann. art. 6132a-1, § 2.14.）を皮切りに立法化が急速に進展し、現在ではほぼ全州で認められている（A. R. Bromberg & L. E. Ribstein, Limited Liability Partnerships and the Revised Uniform Partnership Act § 1.01 at 2-3（1995）；大杉謙一「米国におけるリミテッド・ライアビリティー・カンパニー（LLC）およびリミテッド・ライアビリティー・パートナーシップ（LLP）について」金融研究（日本銀行金融研究所）20巻1号（2001年）186頁）。弁護士・会計士等の職業的専門家は、職業倫理の観点から画一的な責任制限が許容されず、そのため伝統的に任意組合の形式をもって業務を行ってきたが、近年の企業訴訟でその職業上の義務に関して多額の賠償責任の追及を受けるようになった。そのため少なくとも他の組合員による故意の義務違反、背任または重過失に起因する責任からの保護を与える目的でこうした組織形態が法定されたのである（Hamilton, Registered Limited Liability Partnerships, Present at the Birth（Nearly), 66 U. Colo. L. Rev. 1066-1067（1995）.）。

　いま一つの、リミテッド・ライアビリティー・リミテッド・パートナーシップ（limited liability limited partnership, LLLP）とは、無限責任組合員と有限責任組合員とからなる有限組合（limited partnership）が法定の届出手続を履践した場合、その無限責任組合員の責任を有限に改めるという仕組であり、1993年のデラウェア州法（Del. Code Ann. tit. 6, § 17-214.）を嚆矢として、現在では約半数の州で認められている。リミテッド・ライアビリティー・カンパニーの誕生以前から利用されてきた有限組合が、煩雑かつ課税上の問題を生じ易い組織転換（conversion）によらずに組合員全員の有限責任化を実現するために考案されたものである（J. D. Hynes, The Law of Unincorporated Business Enterprises 7（abridged 5th ed. 1998); L. E. Ribstein & P. V. Letsou, Business Associations § 6.05 at 291（3rd ed. 1996).）。

　ビジネス・トラスト制定法の新潮流もまた、会社法の任意法規化に連なる非法人企業組織の多様化という法現象の一部とみることができる。会社法人と組合という企業組織の二極に大きな変化が現れると、第三の極としての信託にも新たな傾向が現れることとなったのである。

その意味で、デラウェア州が1988年に制定したビジネス・トラスト法[3]は、従前の立法の経験に学んで、ビジネス・トラスト制定法の性格を刷新するものである。すなわち同法は、信託それ自体を受託者からも独立した法主体（legal entity）と捉えなおすところから出発し[4]、受益者および受託者の責任についての不統一かつ複雑な要件を排して画一的に制限する等[5]、組織法としての基盤を強化している。また、合併[6]や組織転換（conversion）[7]などの信託の基礎的変更に関わる手続を整備するほか、情報開示[8]や派生訴訟[9]といった受益者の牽制手段も充実させている。なおかつ、そうしたことを信託法の延長線上に位置付けられる授権法（enabling act）をもって行うのである。ビジネス・トラストは、この段階に至って初めて、信託応用企業組織という固有の範疇を制定法上与えられたことになる。

　1991年以降、コネティカット[10]、メリーランド[11]、ネヴァダ[12]、ニュー・ハンプシャ[13]、サウス・ダコタ[14]、ヴァージニア[15]およびワイオミング[16]の7州が、それぞれデラウェアにほぼ忠実な制定法を置いて一つの立法上の潮流をなしており、これを第三期ビジネス・トラスト制定法と評することができる。以下本章は、その立法背景および法律構造を考察し、もって信託応用企業組織の今日的意義を見極めようとするものである。なお、2003

（3） Del. Code Ann. tit. 12, §§ 3801 to 3826. 本法は当初「デラウェア・ビジネス・トラスト法（Delaware Business Trust Act）」として規定され、それに基づく組織もビジネス・トラストと呼ばれていたが、2002年に現在の「デラウェア・スタテュートリ・トラスト法（Delaware Statutory Trust Act）」に改称され、これに基づく組織もスタテュートリ・トラストと呼ばれることとなった（Del. Code Ann. tit. 12, § 3801(a).)。
（4） Del. Code Ann. tit. 12, § 3801(a).
（5） Del. Code Ann. tit. 12, §§ 3803.
（6） Del. Code Ann. tit. 12, § 3815(a).
（7） Del. Code Ann. tit. 12, §§ 3820, 3821.
（8） Del. Code Ann. tit. 12, § 3819(a).
（9） Del. Code Ann. tit. 12, § 3816(a).
（10） Conn. Gen. Stat. §§ 34-500 to 34-547（1997）.
（11） Md. Code Ann., Corps & Ass'ns, §§ 12-101 to 12-810（2000）.
（12） Nev. Rev. Stat. §§ 88A.010 to 88A.900（1999）.
（13） N.H. Rev. Stat. Ann. §§ 293-B:1 to 293-B:23（1991）.
（14） S.D. Codified Laws §§ 47-14A-1 to 47-14A-96（2001）.
（15） Va. Code Ann. § 13.1-1200 to 13.1-1284（2002）.
（16） Wyo. Stat. Ann. §§ 17-23-101 to 17-23-302（1995）.

年以降、統一州法委員全国会議（National Conference of Commissioners on Uniform State Laws, NCCUSL）において、第三期制定法に多くを負うかたちで、ビジネス・トラストに関する統一法(Uniform Statutory Trust Entity Act, USTEA)の策定作業が進められている(17)。2006年に第三次草案から第五次草案(18)までが立て続けに公表され、統一法の方向性と輪郭はほぼ固ってきたものと思われる。ビジネス・トラストの今後の発展可能性を占う意味で、最後にその議論の一端に触れることとしたい。

ところで、第三期制定法の有力州法と統一法は、その規制対象を従前のビジネス・トラストから識別するために、「スタテュートリ・トラスト（statutory trust）」の呼称を採用している。本章では、法制度としての史的連続性を考慮すべきときは「ビジネス・トラスト」を、第三期制定法または統一法の規定との具体的対応関係を考慮すべきときは「スタテュートリ・トラスト」を、それぞれ用いるものとする。

第2節　第三期ビジネス・トラスト制定法

第1項　第三期制定法の立法背景

(1)　デラウェア州の非法人企業組織法戦略

第三期制定法は、ビジネス・トラストを会社の傍流に制度化する第二期制定法の手法を改め、それを信託の領域に引き戻してビジネス・トラスト法の新境地を拓くものであるが、このことは取りも直さず、会社、組合に加えて、信託に基盤を置く企業組織を制定法上新たに創設するという意味をもつ。そこに何らかの積極的価値判断が存したことは疑いない。結論を先取りするならば、第三期制定法は、デラウェア州の企業組織法戦略の一環として生み出

---

(17)　Preliminary Report on the Uniform Business Trust Act: http://www.law.upenn.edu/bll/ulc/UBTA/2005AMTrustReport.pdf（visited Dec. 1, 2006）；沖野眞已「米国の信託法制－米国のレギュレーション９」信託226号（2006年）144頁。法律名称の意義ほか、同法の詳細については本書第５章第３節（178頁以下）参照。

(18)　Uniform Statutory Trust Entity Act (Dec. 2006 Draft. Comm. Meet. Draft): http://www.law.upenn.edu/bll/ulc/ubta/dec2006mtgdraft.htm（visited Dec. 1, 2006）.

第5章　ビジネス・トラスト制定法の新潮流

されたものである。

　リミテッド・ライアビリティー・カンパニーにせよ、リミテッド・ライアビリティー・パートナーシップにせよ、デラウェアの発案にかかるものではない。しかしそれらが法定されるのをみるや、同州は素早く先行州に追従し、単なる模倣に止まらず規制をより緩和して利用者を強力に誘引した[19]。それまで限定的にしか利用してこなかった[20]ビジネス・トラストについては、他州に先駆けて許容的な立法をなし、市場をほぼ独占した[21]。

　デラウェアのこうした行動を、いわゆる州会社法競争（state corporate law competition）[22]におけるのと同じ、税収の増大という目的に還元して説明することはできない。非法人企業組織に対する登録免許税（franchise tax）の賦課は極めて低廉であるからである[23]。とすれば、会社法競争において圧倒

[19]　Ribstein & Kobayashi, *Choice of Form and Network Externalities*, 43 WM. & MARY L. REV. 86 (2001); Hamilton, *Entity Proliferation*, 37 SUFFOLK U. L. REV. 870-871 (2004).

[20]　デラウェア州における公表ビジネス・トラスト判例は、Commonwealth Trust Co. v. Capital Retirment Plan, 54 A.2d 739 (Del.Ch. 1947); Saminsky v. Abbott, 185 A.2d 765 (Del.Ch. 1961); 40 Nakahara v. NS 1991 American Trust, 739 A.2d 770 (Del.Ch. 1998) の3件だけである。このことは同州において、従来ビジネス・トラストの利用は必ずしも活発でなかったことと、現在のスタテュートリ・トラストの利用は専門知識、事前交渉力および合理的危険負担能力を有する洗練された（sophisticated）関係者に限られているために、目立った紛争が起きていないことを示している。なお、Simon v. Navellier Seires Fund, C.A. No. 17534, 2000 Del.Ch. LEXIS 150 参照。

[21]　Uniform Statutory Trust Act, 2005 Annual Meeting Report, App. A: http://www.law.upenn.edu/bll/ulc/UBTA/2005AMTrustReport.pdf (visited Dec. 1, 2006). 制定法に基づく全米15,000余のビジネス・トラストのうち、2003年の新規登録数で5分の4、同年現在の累計数で3分の2が、デラウェア州法に基づくものである。

[22]　トラスト方式の企業結合（本書第1章第3節注47（42頁）参照）が反トラスト法のために利用できなくなった19世紀末、ニュー・ジャージー州は、他州に先駆けて持株会社（holding company）を解禁し、そうした企業の需要を取り込み登録免許税等の増収に繋げようとした。これによって南北戦争で疲弊した州財政を立て直すことをねらったのである。この目論見は奏効し、その成果をみた諸州は競って会社法を緩和的に改正し、企業誘致に奔走することとなった。こうした状況を州会社法競争と呼ぶ。
　20世紀に入るとデラウェア州を主軸とした競争環境が定着し、現在ではニュー・ヨーク証券取引所上場会社の半数近くがデラウェア州会社である（Cary, *Federalism and Corporate Law, Reflections upon Delaware*, 83 YALE L. J. 664 (1974); Romano, *The State Competition Debate in Corporate Law*, 8 CARDOZO L. REV. 709 (1987); 田中誠二『会社法学の第二の新傾向とその批判』（千倉書房・1990年）62－63頁、玉井利幸「アメリカにおける授権法思想の発生」一橋論叢132巻1号（2004年）4－7頁）。

的な優位に立つ同州が、非法人企業組織に関する許容的な法制を整備することによって、相対的に会社の魅力的を減ずることは不可解に映る。むしろ、そうすることで会社離れが大規模に発生することをおそれなければならないのではないか。

デラウェアが会社以外の立法にこのように意欲的なのは、近年、連邦法が会社に対する規制を強化し、相対的に州会社法競争の余地が小さくなってきていることに原因がある。1934年証券取引法（Securities Exchange Act of 1934）[24]が内部者取引や敵対的買収について、さらには企業改革法(Sarbanes-Oxley Act of 2002)[25]が内部統制や監査について干渉の度合いを強めてきたことで、同州が会社法市場を奪われたことは確かである[26]。そこで、連邦政府が会社法に広く専占を敷いてきた場合に備えて、非法人企業組織を代替的に強化し、かつ関連する人的資源を集積して、競争優位を維持できるようにしているのである[27]。

(2) 信託応用企業組織の必要性

それでは、デラウェアが、リミテッド・ライアビリティー・カンパニーのような組合派生形態に止まらず、ビジネス・トラストのような信託応用形態

---

(23) デラウェア州において、会社は授権株式数に応じて35ドルから165,000ドルの範囲で登録免許税を課せられるほか、年次登録料として最低25ドルを徴収される（DEL. CODE ANN. tit. 8, §§ 503, 391）のに対して、リミテッド・ライアビリティー・カンパニーおよびリミテッド・ライアビリティー・パートナーシップは登録免許税がかからず、年次登録料が一律200ドルとされる(DEL. CODE ANN. tit. 6, § 18-1107, tit. 6, § 17-1109.)。スタテュートリ・トラストでは、事業税も特定の年次手数料も課せられない（See DEL. CODE ANN. tit. 12, § 3813.）。

(24) Pub. L. No. 291-404, 48 Stat. 881. 同法改正法としての Insider Trading and Securities Fraud Enforcement Act of 1988, P.L. 100-704, 102 Stat. 4677 および Market Reform Act of 1990, P.L. 101-432, 104 Stat. 963 参照。

(25) Pub. L. No. 107-204, 116 Stat. 745.

(26) Choi & Guzman, *Choice and Federal Intervention in Corporate Law*, 87 VA. L. REV. 961 (2001); Goodman, *History and Sources of Corporate Governance*, B. SCHWARTZ & A. L. GOODMAN eds., 1-1 CORPORATE GOVERNANCE: LAW AND PRACTICE § 1.02 (2005).

(27) Levmore, *Uncorporations and the Delaware Strategy*, 2005 U. ILL. L. REV. 207 (2005). これも Roe のいう連邦と州との会社法競争の結果といえよう（Roe, *Delaware's Competition*, 117 HARV. L. REV. 639 (2003).）。

についてまで法制を可及的に拡充するのはなぜか。この問いに同法の立法趣旨説明は次のように答えている。すなわち、「信託は、元来、証券投資信託（investment trust）および不動産投資信託（real estate investment trust）を目的とする組織、ならびに資産証券化（securitization of asset）を目的とする組織に適している。当法案は、マサチューセッツ州がかつて判例法上認めたように、商事目的の信託であるビジネス・トラストを、制定法上確立するものである」と(28)。この表現から看取されるとおり、同州のねらいは、特定の金融取引を振興するために、立法によって、歴史的所産であるビジネス・トラストの不都合性を払拭し、実務要請に適合する組織法としてこれを再定義することにあるのである(29)。

近時の有力な見解によると、組織法（organizational law）とは、取引費用（transaction cost）の低減のために企業財産を出資者および経営者から独立させる、財産分離（asset partitioning）の仕組であるといわれる(30)。財産分離は、さらに積極的財産分離（affirmative asset partitioning）と防御的財産分離（defensive asset partitioning）とに分解して説明される(31)。前者は、企業財産に対する優先的請求権を企業債権者に与え、出資者および経営者の債権者には与えないというものである。これによって企業債権者は、企業財産のみを引

---

(28) Senate Bill No.355: 66 Del. Laws ch. 279（1988）.
(29) Mazie, *The Delaware Business Trust Act: Paving the Way Towards the 21st Century*, CORPORATE EDGE, Summer 1996, at 1-2（1996）. 従来のビジネス・トラストの利点を取り込むかたちでメリーランド州が会社法を大幅に弾力化したため、1980年代、投資信託としてのビジネス・トラストは劣勢に置かれた。しかし、本法の制定を契機に多くの投資会社がスタテュートリ・トラストへと組織転換を行って両州の立場は逆転した（Langbein, *The Secret Life of the Trust: The Trust as an Instrument of Commerce*, 107 YALE L. J. 187-188（1997）; 大塚正民「アメリカ信託法の歴史的展開と現代的意義」（大塚正民・樋口範雄編著）『現代アメリカ信託法』（有信堂・2002年）28頁）。この現象こそがデラウェアのねらいそのものであった。
(30) Hansmann & Kraakman, *The Essential Role of Organizational Law*, 110 YALE L. J. 393-396（2000）; 森田果「組織法の中の信託」信託法研究29号（2004年）44－48頁、今泉邦子「信託を利用した企業形態の特色」（奥島孝康・宮島司編）『商法の歴史と論理（倉澤康一郎先生古稀記念）』（新青出版・2005年）42－45頁。
(31) Hansmann & Kraakman, *Id.* は、当初このように名付けたものの、後著 Hansmann, Kraakman, & Squire, *Law and the Rise of the Firm*, 119 HARV. L. REV. 1337-1339（2006）では、それぞれの内容を entity shilding と owner shilding とに呼び替えている。

き当てに取引を行えば足り、出資者および経営者の固有の危険を監視する費用（monitoring cost）をかけずに済むことになる。一方後者は、出資者および経営者の固有財産に対する優先的請求権を彼らの個人的債権者のみに与え、企業債権者には与えないというものである。これによって出資者および経営者の個人的債権者は、出資者および経営者の固有財産のみを引当に取引を行えば足り、企業の固有の危険を監視する費用をかけずに済むことになる。後者は従来有限責任と呼ばれてきた機能であるが、契約をもってこれをすべての債権者との間で創出することは不可能である。

　組織法は、上述の財産分離を本質的機能とし、これに付加して企業の運営態様に即応するよう類型化された標準的契約条項を提供することで、関係者の利害調整をより効率的に行うための組織形態（organizational forms）に成長する[32]。たとえば組合という組織形態は、構成員の無限責任にみられるように財産分離については不徹底であるものの、小規模閉鎖企業に有用な標準的契約条項を提供する。所有と経営の一致に対応する、頭数多数決による意見集約と相互代理、持分譲渡の制限による共同事業者の個性尊重はその例である[33]。一方で会社という組織形態は、構成員の有限責任みられるような徹底した財産分離とともに、大規模公開企業に有用な標準的契約条項を提供する。所有と経営の分離に対応する、資本多数決による意見集約と機関の具備、厳重な統治機構または高度の信認義務による出資者保護はその例である[34]。組織形態がもつこうした契約条項の初期設定（default rule）は、それぞれの組織における最も典型的な利害調整のかたちを表わしており、一定範囲でこれを変更することが認められることと相俟って、同様の合意を関係者が交渉によって一から形成するのに比べて取引費用を抑えることに貢献する。

　この点、信託を組織法とみれば、信託財産は委託者および受益者の固有財産から離脱しているうえ、受託者の固有財産からも区別され、受託者の個人

---

[32] Ayres & Gertner, *Filling Gap in Incomplete Contracts: An Economic Theory of Default Rules*, 99 YALE L. J. 92-93 (1989); RIBSTEIN & LETSOU, *supra* note 2, § 1.02 at 1-2；藤田友敬「企業形態と法」『企業と法（岩波講座　現代の法７）』（岩波書店・1998年）36頁。

[33] UNIFORM PARTNERSHIP ACT §§ 401(f), 502, 601.

[34] MODEL BUSINESS CORPORATION ACT §§ 7.21, 8.01, 8.30, 8.31.

的債権者はこれに対するいかなる請求権も有しないというように、完全な積極的財産分離機能を備えている。また、受益者は原則として信託債務を負わず、さらに受託者の債務負担を特約によって排除すれば、徹底した防御的財産分離機能を獲得できる[35]。その反面で信託は所有と経営の分離を徹底した仕組みであるが、元々、少数者間の共同経営のための組織でも、多数者間の共同出資のための組織でもないので、構成員間の意見調整や定型的な統治機構などの契約条項を持ち合わせてはいない。こうして信託は、他の組織形態と異なり関係者の利害調整機能を最小限とし財産分離機能に特化した組織法となっているのである[36]。

　アメリカでは、20世紀の半ばから証券や不動産を運用対象とした投資実務が漸次拡大し、同世紀も終わりに近づくと資産証券化が加わり、集団投資スキーム（pooled investment fund, collective investment scheme）と呼ばれる新しい金融取引領域を形成するようになった。この分野においては、資金または資産を関係者から独立させてこれを運用または加工し、元利金を関係者に還流させる媒体が必要となるが、そのために特別な組織形態は立法整備されずに、既成組織であるビジネス・トラストが広く利用されて行くこととなった。信託の簡潔な初期設定はかかる用途に親和的であり、かつ信託は特殊な媒体の運営を許容するに充分な弾力性をも備えていたからである[37]。

　もっとも、受動的な財産管理手段につき発達した一般信託法準則も、能動的な企業経営手段につき確立されたビジネス・トラスト法準則も、後述のように、ともに当該取引の実務要請を完全に充たすものではなかった。さらには、競争関係にあるメリーランド州が、かかる金融媒体への高まる需要に応えて会社法を許容的に改正するという戦略的な動きをみせるに至り[38]、デ

---

(35)　我が国においても近時、信託を組織法的に把握しようとする傾向が顕著である（能見善久「信託の現代機能と信託法理」ジュリスト1164号（1999年）13－14頁、神作裕之「組織―信託の基礎的変更を素材として―日本私法学会シンポジウム『信託法と民商法の交錯』資料」NBL791号（2004年）28－30頁）。
(36)　森田果「組織法の中の信託」（東北信託法研究会編）『変革期における信託法』（トラスト60・2006年）17頁。
(37)　Habbart & Kerber, *Getting the Right Fit—Some Suggestions on Finding the Best Way to Structure a Financing Transaction*, BUS. LAW TODAY, vol. 11, no. 2（2001）.
(38)　Jones, Moret & Storey, *The Massachusetts Business Trust and Registered Invest-*

ラウェアも何らかの手立てを講ずる必要に迫られた。同州は、会社および組合を一般事業のための組織形態として高度に発達させてきたが故に、これらを用途特殊的に変更することは得策ではないと判断した。従前度外視してきたに等しいビジネス・トラストを制定法上再定義し、この分野に照準を合わせた組織形態として提供する方途が見出されたのはこのためである。

(3) 連邦所得税法の変革

ビジネス・トラストを金融媒体として再評価する動きが、デラウェア一州に止まらず制定法の潮流を形作るまでになったことについては、近年における連邦所得税法の変革の影響を指摘しなければならない。

企業組織の利用価値は、その所得に対する課税のあり方によって大きく左右される。ある企業が法人（corporation）として扱われると、いわゆる二重課税が起こり、その稼得した利益はまず企業段階で法人所得として課税され[39]、さらに構成員への配当後に構成員の個人所得として課税される[40]。反対に、法人ではなく組合（partnership）として扱われると、企業の稼得した利益はそのまま企業を透過して（pass-through）構成員に分配され、個人所得のみに課税される[41]。株主に対する個人所得課税に際して二重課税分を調整しない、いわゆる classical method を採る結果、アメリカではこの差異が極端に発現する。従前は課税目的上、組合として扱われていたビジネス・トラストが、1935年に連邦最高裁判所の Morrissey 対 Comm'r 事件[42]判決により一転課税実体たる団体（association）として処遇されることとなって、急速に衰微したことはその現れである[43]。

Morrisey 事件では、法人格を有しない企業組織であっても会社法人に類似する機能を営むときには、団体としてこれに準じた所得課税を受けるべきで

---

ment Companies, 13 DEL. J. CORP. L. 422 (1988); Kahan & Kamar, *The Myth of State Competition in Corporate Law*, 55 STAN. L. REV. 721 (2002); McDonnell, *Two Cheers for Corporate Law Federalism*, 30 J. CORP. L. 110 (2004).
(39)　26 U.S.C. § 11.
(40)　26 U.S.C. § 61(a)(7), 301.
(41)　26 U.S.C. §§ 701-61, 61(a)(13), 704(b).
(42)　Morrissey v. Comm'r, 296 U.S. 344 (1935).
(43)　本書第4章第3節（116頁）参照。

あるとされたが、ここで示された四要素法人類似性基準（four factors corporate resemblance test）は、1960年に財務省規則（Kintner treasury regulation）[44]として確立された。企業の継続性（continuity of life）、経営の集中（centralized management）、有限責任性（limited liability）、持分の自由譲渡性（free transferability of interests）という法人類似性の過半を備える法人格なき企業組織が団体に分類されることについては、もはや異論を差し挟む余地がなくなったのである[45]。

しかし、同規則を実際に適用する段になると、類似性の識標を法律上の形式と実態のいずれに置くべきかが一義的に定まらず、事務処理に多大な労力を要することが明らかとなった。とくに、個人所得課税の軽減と法人所得課税の強化とによって二重課税の加重率が急上昇した1980年代後半以降[46]、節税のために法人類似性を意図的に欠如させたリミテッド・ライアビリティー・カンパニーが叢生すると認定作業はいよいよ限界に近づいた[47]。そ

---

(44) TREAS. REG. §§ 301. 7701-1 to 7701-11 (1960).
(45) Hayes, *The Check-the Box Treasury Regulations and Their Effect on Entity Classification*, 54 WASH. & LEE L. REV. 1153-1154 (1997); Lischer, *Elective Tax Classification for Qualifyng Forign and Domestic Business Entities Under the Final Check-the-Box Regulations*, 51 SMU L. REV. 104 (1997); Dean, *Attractive Complexity: Tax Deregulation, the Check-the Box Election, and the Future of Tax Simplification*, 34 HOFSTA L. REV. 426 (2005) 平野嘉秋「租税法上の企業概念の相違により生ずる国際的二重課税問題」（矢崎幸生編集代表）『現代先端法学の展開（田島裕教授記念）』（信山社・2001年）16頁、渡邉幸則「チェック・ザ・ボックス規則について」（碓井光明他編）『公法学の法と政策（上）（金子宏先生古稀祝賀）』（有斐閣・2002年）585頁。
(46) J. L. KWALL, THE FEDERAL INCOME TAXATION OF CORPORATIONS, PARTNERSHIPS, LIMITED LIABILITY COMPANIES, AND THEIR OWNERS 6-7 ex. I (3rd ed. 2004).
(47) リミテッド・ライアビリティー・カンパニーは、その名のとおり有限責任のみを負う構成員からなるが、持分の自由譲渡性、集中的経営および企業の継続性は定款によって制限できるので、そのうち少なくとも2つについて制限が付されていれば、内国歳入庁はそれに団体課税を適用するわけにはいかなくなった。この実務を確認したのが1994年の通達 Revenue Ruling 95-10, 1995-5 I.R.B. 37である。しかしその後企業側は、組合としての取扱いを確実にするため定款の起草に多大な神経を払いかつ法律専門家の助言を要するようになり、他方で課税庁側も、その認定のために膨大な時間を費やすようになった。こうした問題は、法制度を異にする外国企業のアメリカ進出、あるいはアメリカ法人または米国市民の外国企業への参加といった局面でも表れ、事務処理負担はいよいよ限界に近づいた。課税庁が国内外の非法人組織課税手続の合理化に踏み出さざるを得なかった理由である（Pillow, Schmalz & Starr, *Sim-*

第2節　第三期ビジネス・トラスト制定法

こで1995年に至り、執行機関である連邦内国歳入庁は従来の手続を合理化するための通達を発遣し[48]、閉鎖的な非法人企業については、原則として納税者自らが課税上の区分を法人または組合と選択できるものとした。本方式はその後関係者の支持を得て、1996年に新財務省規則（check-the-box treasury regulation）として採用された[49]。ここに、都合半世紀にわたって効力をもち続けた法人類似性基準は廃棄され、ビジネス・トラストを含む非法人企業組織の税制上の妙味がにわかに注目されることとなった。

一方、利用局面が会社と競合し租税回避に用いられるおそれが高い公開型の組織については、団体課税が存置されたが[50]、かかる組織については政策的な免税特別措置も拡充されて、結果としてビジネス・トラストには有利に作用した。すなわち、投資媒体として従来から認められてきた投資信託（regulated investment company, RIC）および不動産投資信託（real estate investment trust, REIT）に加え、新たに証券化媒体として、1986年には不動産

---

plified Entity Classification Under the Final Check-the-Box Regulations, 86 J. TAX. 197（1997）；渡邉・前掲注(45) 586頁。

(48) Notice 95-14: I.R.S. Notice 95-14, 1995-1 C.B. 297; Hamill, *The Taxation of Domestic Limited Liability Companies and Limited Partnerships*, 73 WASH. U. L. REV. 575（1995）；平野嘉秋「米国歳入法上の企業分類における新規則（上）」国際税務17巻11号（1997年）10－12頁。

(49) 26 C.F.R. § 301.7701-3; Dean, *supra* note 45, at 438; 渡邉・前掲注(45) 587頁。

(50) 1980年代、有限組合（limited partnership）を利用した法人税回避が流行した。有限組合は所得の二重課税を受けないうえに、その構成員間で事業損益の分配割合を任意に定めることができる。この性質に着目し、当該組合とは別に事業所得を得ている事業者が、有限組合の有限責任組合員となって事業経費の傾斜配分を受け、それによって発生した損失と固有所得とを損益通算することで節税を行ったのである。こうした実務が一般化してくると、有限組合を通じた資金調達が安定化し、長期的にみて会社形態が有限組合へと移行し、その結果法人税収基盤が侵食されかねないと指摘されるようになった。そこで1987年に至り、連邦議会は、持分が公開市場で取引される場合には団体として課税されるという組合課税の特則を定めた（Pub. L. 100-203, 26 U.S.C. § 7704(a); 平田正源「持分が市場で取引されている有限責任会社（LLC）の米国連邦税法上の扱いについて（上）」国際商事法務30巻5号（2002年）599－600頁）。これが公開組合（publicly traded partnership）課税といわれるもので、リミテッド・ライアビリティー・カンパニーやビジネス・トラストにも適用がある。ただし、所得の90％以上が、利子、配当、不動産賃料等の受動的所得（passive type income）である企業には適用がないことから（26 U.S.C. § 7704(c), (d).）、投資媒体として利用されるビジネス・トラストについての実際上の影響は小さい。

第5章　ビジネス・トラスト制定法の新潮流

譲渡抵当投資導管体（real estate mortgage investent conduit, REMIC）が、1996年には金融資産証券化投資信託（financial asset securitization investent trust, FASIT）が、それぞれ連邦所得課税上の透明性（tax transparency）を獲得し[51]、くしくもビジネス・トラストの現代的な用途に即したかたちで免税措置が施されたのである。

こうしてビジネス・トラストは、閉鎖的な一般事業に用いられる場合でも新財務省規則に基づき原則として組合課税となることと併せ[52]、投資媒体や証券化媒体に用いられ持分を公開する場合も広く団体課税を免れることとなり、税制上の有利性を向上させた。デラウェアが行った制定法によるビジネス・トラスト再定義の試みは、かかる連邦税法の変革も作用して、同様の立法を整備し投資資金を呼び込もうとする他の州によって踏襲されていくこととなった。

---

[51] 26 U.S.C. §§ 860G, 860L; 北康利『ABS投資入門』（シグマベイスキャピタル・1999年）399-406頁、佐藤英明『信託と課税』（弘文堂・2000年）80-98頁、林麻里子「信託のパス・スルー課税について」金融研究（日本銀行金融研究所）20巻1号（2001年）221頁。いずれも金融資産を運用する受動的な投資媒体である。不動産譲渡抵当投資導管体では不動産担保付債権からなる適格譲渡抵当（qualified mortgages）および適格譲渡抵当から生じた利息等による許容投資（permited investments）が、金融資産証券化投資信託では現金類、適格債券、スワップその他のヘッジ資産および他の投資体の債券が、それぞれ投資対象となる。従来のRICおよびREITは、投資家に配分された所得が損金参入されるというpay-through型の導管であるのに対して、REMICおよびFASITは、所得全額が投資家に配分されたか否かを問わず課税されないというpath-through型の導管である（増井良敬「組織形態の多様化と所得課税」『組織形態の多様化と所得課税（租税法研究30号）』（2002年）13頁注23）。なお、pay-throughとpath-throughとの仕組み・税制上の差異について、小野傑「REMIC―米国における不動産証券化の仕組みと税法上の取扱い」（金子栄作他著）『不動産の証券化』（東洋経済新報社・1988年）114-117頁、時友聡明「信託を利用した資産流動化・証券化に関する一考察」信託法研究19号（1995年）6頁、川端康之「企業形態の多様化と国際課税」国際税務22巻8号（2002年）24-26頁参照。

[52] 26 C.F.R. §§ 301.7701-1 to 7701-4; August, *Benefits and Burdens of Subchapter S in a Check-the-Box World*, 4 FLA. TAX REV. 289 n.4 (1999); Bishop, *Dealing with 'Check-the-Box' Regulations—Trusts, Taxes and Business*, BUS. LAW TODAY, vol. 13, no. 2 (2003); HYNES, *supra* note 2, at 6.

第2節　第三期ビジネス・トラスト制定法

第2項　第三期制定法の概要

(1)　第三期制定法の基本的枠組

　第三期制定法は、その規制対象を伝統的なビジネス・トラストから区別して、スタテュートリ・トラストと呼ぶ(53)。ここにスタテュートリ・トラストとは、組織の統治文書たる規律証書（governing instrument）に基づき、受託者が受益者のために資産を管理しまたは事業を行う法人格なき法主体（unincorporated legal entity）であり、組織の設置文書たる信託証書（certificate of trust）を州に届け出るものをいう(54)。

　後述のとおり、第三期制定法は、組織法の基盤を強化する下部構造と、当事者の特殊要請に法的効力を付与する上部構造という二層からなり、前者において、信託が受託者からも独立した法主体（legal entity）とされる点(55)、ならびに後者において、受託者の信認義務（duty of royalty）および自己執行義務（duty not to delegate）の縮減が許容され得る点(56)にみられるように、その所産たるスタテュートリ・トラストは、従前のビジネス・トラストとは大き

---

(53)　CONN. GEN. STAT. §§ 34-501(2), 34-502b; DEL. GEN. STAT. tit. 12, § 3801(a); WYO. STAT. ANN. § 17-23-102(a).

(54)　CONN. GEN. STAT. §§ 34-501(2), 34-502b; DEL. GEN. STAT. tit. 12, § 3801(a); MD. CODE ANN. §§ 12-103, 12-201; N.H. REV. STAT. ANN. § 293-B:3; NEV. REV. STAT. § 88A.030; S.D. CODIFIED LAWS § 47-14A-1(1); VA. CODE ANN. §§ 13.1-1201, 13.1-1208; WYO. STAT. ANN. § 17-23-102(a). 判例および学説は、信託財産上の権利が譲渡可能な証券によって表章されること、および有償の受託者に資産が信託譲渡されることをビジネス・トラストの要件にしていたが（Hecht v. Malley, 265 U.S. 144, 145-147 (1924); State Street Trust Co. v. Hall, 31 Mass. 299, 41 N.E.2d 30, 34(1942); Minkin v. Comm'r, 425 Mass. 174, 680 N.E.2d 27, 30 (1997); S. R. WRIGHTINGTON, THE LAW OF UNINCORPORATED ASSOCIATIONS AND BUSINESS TRUSTS § 14, 15 (2nd ed. 1916); Annot., *Modern Status of Massachusetts or Business Trust*, 88 A.L.R.3d 704, 711 (1978).）、スタテュートリ・トラストでは、受託者への権原の移転および受益証券の発行のいずれも必要とされない（DEL. CODE ANN. tit. 12, § 3801(a), (b); CONN. GEN. STAT. § 34-515(a).）。

(55)　CONN. GEN. STAT. §§ 34-501(2), 34-502b; DEL. GEN. STAT. tit. 12, § 3801(a); MD. CODE ANN. §§ 12-103, 12-201; N.H. REV. STAT. ANN. § 293-B:3; NEV. REV. STAT. § 88A.030; S.D. CODIFIED LAWS § 47-14A-1(1); VA. CODE ANN. §§ 13.1-1201, 13.1-1208; WYO. STAT. ANN. § 17-23-102(a).

(56)　CONN. GEN. STAT. § 34-517; DEL. GEN. STAT. tit. 12, § 3806; MD. CODE ANN. §§ 12-208, 12-401; N.H. REV. STAT. ANN. § 293-B:7; NEV. REV. STAT. §§ 88A.310, 88A.360; S.D. CODIFIED LAWS § 47-14A-24; VA. CODE ANN. § 13.1-1228; WYO. STAT. ANN. § 17-23-108.

第5章　ビジネス・トラスト制定法の新潮流

く異なる性格を有している。

　しかし第三期制定法は、以下のとおり、スタテュートリ・トラストの存在があくまで当事者の合意に由来すること、その規定が原則として任意法規（default rule）であり当事者の合意によって変更され得ること、ならびに法律規定および当事者の合意の欠缺する場合の補充法（default rule）が信託法であることを法律の基本的枠組として明示し、いうなれば信託由来の柔軟性をもって上部構造および下部構造を基底しており、その意味ではビジネス・トラストを原点回帰させる意味をも有している。

　まず、スタテュートリ・トラストは、届出手続の履践に基づき法律規定に包摂される以前の、任意組織の存在を前提としている。信託証書の提出を要するのはスタテュートリ・トラストとなることを選択した場合に限られ[57]、これをなさずコモン・ロー・ビジネス・トラスト（common-law business trust）として同法の埒外に存在する途も、当事者には認められているわけである。また、ここでの届出には信託の柔軟性を減殺するような規制的性格がない。すなわち信託証書には、信託の名称[58]および受託者[59]の氏名住所以外の情

---

(57)　CONN. GEN. STAT. §§ 34-501(2), 34-502b; DEL. GEN. STAT. tit. 12, § 3801(a); MD. CODE ANN. §§ 12-103, 12-201; N.H. REV. STAT. ANN. § 293-B:3; NEV. REV. STAT. § 88A.030; S.D. CODIFIED LAWS § 47-14A-1(1); VA. CODE ANN. §§ 13.1-1201, 13.1-1208; WYO. STAT. ANN. § 17-23-102(a).

(58)　スタテュートリ・トラストの名称は、これを信託証書に記載することが義務付けられる（CONN. GEN. STAT. § 34-503; DEL. GEN. STAT. tit. 12, § 3810; MD. CODE ANN. § 12-204; N.H. REV. STAT. ANN. § 293-B:11; NEV. REV. STAT. §§ 88A.220 to 88A.420; S.D. CODIFIED LAWS §§ 47-14A-43 to 47-14A-48; VA. CODE ANN. §§ 13.1-1212, 13.1-1213, 13.1-1216, 13.1-1217; WYO. STAT. ANN. § 17-23-114.）。しかし、その使用に関する公的規制は必要最低限のものに抑えられている。もともとビジネス・トラスト判例は寛容な規制を基調とし、信託の事業名（trade name）によって契約をなすことを認め、かつ受託者は任意にその名称を選択し得るものとしてきたが（Beilin v. Krenn & Dato, 350 Ill. 284, 183 N.E. 330 (1932); Remington v. Krenn & Dato, 289 Ill.App. 548, 7 N.E.2d 618 (1937); Hamilton v. Young, 116 Kan. 128, 225 P. 1045, 35 A.L.R. 496 (1924); Rand v. Farquhar, 226 Mass. 91, 115 N.E. 286(1917); Hodgkiss v. Northland Petroleum Consol., 104 Mont. 328, 67 P.2d 811(1937); General Am. Oil Co., 118 Okla. 183, 247 P. 99(1925); Schwartz v. Abbot Motors, Inc., 344 Mass. 28, 181 N.E.2d 334 (1962).)、スタテュートリ・トラストにおいても少なくとも他企業との混同を避ける必要はあることから、既登録の他の名称から区別し得るものに限定する趣旨である。ただし、名称が重複または類似する企業体の明文の同意を伴い、かつかかる同意が書面で届出られる場合は、この限りでない（DEL. CODE ANN. tit. 12, § 3814(a).）。なお、スタテュートリ・トラストの名

第2節　第三期ビジネス・トラスト制定法

報を記載することを要しない⁽⁶⁰⁾。また、会社の基本定款および附属定款に相当する規律証書については届出さえ義務付けられず、したがって組織の構造および運営は実際上何ら公的な拘束を受けない。ただ、財務諸表を含む年次報告書の提出を課されず、州による監督がもっぱら届け出られた信託証書の記載内容に基づくことになるため、その正確たるを期する意味で、作成、提出⁽⁶¹⁾および修正⁽⁶²⁾に関する手続規定が置かれるのである。

　　称は、受益者または受託者の氏名または名称を含むことができ（Del. Code Ann. tit. 12, § 3814(b).)、他方、責任制限の援用を受ける信託たることを意味する、「リミテッド（limited）」や「トラスト（trust）」といった語を含むことは強制されない（Del. Code Ann. tit. 12, § 3814(a).)。
(59)　原則として州内居住受託者（resident trustee）がここに記載される（Del. Code Ann. tit. 12, § 3807(a).)。訴状の送達ほか、訴訟の際に必要な接触を確保するため、州内居住の最低一名の自然人もしくは州内に主たる営業所を有する法人等を受託者として設置し、これを維持することを要するという趣旨である。なお、1940年投資会社法に基づく登録投資会社（regulated investment company）であるスタテュートリ・トラストは、州内居住受託者の設置を義務付けられず、登録代理人（registered agent）および登録事務所（registered office）を州内に有し、かつこれを維持するのみで足る（Del. Code Ann. tit. 12, § 3807(b).)。連邦証券取引委員会への登録に基づきより広範な公的規制に服するからである（15 U.S.C. § 80a-8.)。
(60)　Del. Code Ann. tit. 12, §§ 3810(a)(1), 3814(d). ただし、後述の信託系列責任の相互制限は、信託証書の相対的記載事項である（Del. Code Ann. tit. 12, § 3810(a)(1).)。
(61)　信託証書は、スタテュートリ・トラストのすべての受託者によって作成されることを要する（Del. Code Ann. tit. 12, § 3811(a)(1).)。証書を作成する受託者は、信託証書に表示される事項が真実であることについて、偽証罪の適用ある宣誓または無宣誓証言をなすものとみなされる（Del. Code Ann. tit. 12, § 3811(c).)。証書の提出は、電磁的方法によることができるが（Del. Code Ann. tit. 12, § 3812(a).)、当該証書が判別不能であるかあるいは処理に適合しない場合、州はかかる方法による提出を受理する義務を負わない（Del. Code Ann. tit. 12, § 3812(e).)。所定の提出手数料が、いずれかの証書の提出時点で支払われなければならず、当該手数料が支払われるまでいかなる証書の提出も効力を生じない（Del. Code Ann. tit. 12, § 3812(c).)。信託証書が州に届出られている事実は、当該信託証書に基づく組織が州法に基づくスタテュートリ・トラストであること、および信託証書に記載される事項についての公示として作用する（Del. Code Ann. tit. 12, § 3812(f).)。
(62)　信託証書の修正に関する証書には、改正証書、再表示信託証書および訂正証書がある。すなわち、改正証書（certificate of amendment）を州に提出することにより、信託証書は何時でも改正されることができる（Del. Code Ann. tit. 12, § 3810(b).)。州に提出されている複数の証書は、何時でも、受託者が考えるいずれかの目的のために、一つの再表示信託証書（restated certificate of trust）に統合されることができる（Del. Code Ann. tit. 12, § 3810(c)(2).)。州に提出されているいずれかの証書が、不正確な記録を参照し、または瑕疵もしくは誤謬を伴って作成されていることが判明した場合、

第5章　ビジネス・トラスト制定法の新潮流

　ついで、スタテュートリ・トラストは、その組織の構造および運営について広範な自治を認められる。元々ビジネス・トラストは、法の格別の授権に基づく存在ではなく、活動に際しても定型的な規制を受けないものとされてきたが(63)、ここでも法律規定の排他的効力は謳い上げられない。すなわち、スタテュートリ・トラストの受益権の内容や受託者の権限、権利義務などの信託条項は規律証書において当事者が任意に定めることができる(64)。併せて、ほとんどの法律規定は任意法規とされ、その効力は規律証書における約定に対して補充的なものとなる(65)。

　加えて、スタテュートリ・トラストの法的性質は信託であることが確認される。法律規定または規律証書における当事者の合意が欠缺する場合に補完的に適用される法規範は、会社法でも組合法でもなく信託法である(66)。し

　　　当該証書は、訂正証書（certificate of correction）をもって訂正を受けるものとされる（DEL. CODE ANN. tit. 12, § 3810(e).）。
(63)　Hart v. Seymour, 147 Ill. 598, 35 N.E. 246 (1893); Hodgkiss v. Northland Petroleum Consol., 104 Mont. 328, 67 P.2d 811 (1937); Baker v. Stern, 194 Wis. 233, 216 N.W. 147 (1927); H. G. REUSCHLEIN & W. A. GREGORY, THE LAW OF AGENCY AND PARTNERSHIP 498 (2nd ed. 1990).
(64)　DEL. CODE ANN. tit. 12, §§ 3801(f), 3823(b).
(65)　DEL. CODE ANN. tit. 12, §§ 3802(b), 3803(a), (b), 3803(c), 3805(a), (c), (d), (e), 3806(a), (b), 3808(a), (b), (f), 3810(b), 3811(b), 3815(a), 3818, 3819(a), (b), (c) and 3825(b).
(66)　法律または規律証書に特段の定めがある場合のほか、スタテュートリ・トラストには信託法が適用される（DEL. CODE ANN. tit. 12, § 3809.）。適用範囲には、受託者の注意基準、受託者の忠実義務、信託条項遵守義務、受託者の権限踰越責任、受託者の更迭事由、受託者による自己取引、受託者の報酬、信託違反に関与した第三者の責任および裁判所の信託事項変更権が含まれるものと解されている（G. G. BOGERT & G. T. BOGERT, THE LAW OF TRUSTS AND TRUSTEES ch. 14 § 247, at 208-211 (rev. 2nd 1992); Fenton & Mazie, *Delaware Business Trusts*, (R. F. BALOTTI & J. A. FINKKELSTEIN eds.) THE DELAWARE LAW OF CORPORATIONS AND BUSINESS ORGANIZATIONS 19-3 (3rd ed. 1999 Supp.); Habbart & Mullen, *The Basics of Statutory Business Trusts*, USES OF BUSINESS TRUSTS: CURRENT DEVELOPMENTS (AMERICAN BAR ASSOCIATION, SECTION OF BUSINESS LAW, 1998 ANNUAL MEETING MATERIAL) 14 (1998).）。その概要を記せば以下のとおりである。
　　　受託者の注意基準（trustee's standard of care）―受託者は、そのときその状況下で、同様の能力を有する思慮ある者であればなすような、注意、技能、思慮、努力をもって行為し、かつ当該目的の達成のために用いられるべき事項につき精通することを要する（DEL. CODE ANN. tit. 12, § 3302(d); Ashley v. Winkley, 209 Mass. 509, 95 N.E. 932 (1911); Loring v. United States, 80 F.Supp. 781 (D. Mass. 1948); Terrydale Liquidating

Trust v. Barness, 642 F.Supp. 917（S.D.N.Y 1986）, aff'd, 846 F.2d 845（2d Cir. 1988）, cert. den., 488 U.S. 927(1988).）。受託者の最優先すべきは信託資産の安全性を保証することであり、受託者は信託資産の完全性を危うくしてはならない（Wilmington Trust Co. v. Coulter, 200 A.2d 441（Del. 1964).）。受託者の行為の当否は、事後的な知識によって判断されてはならず、発生時に現に存在した状況に即してその正当性を判断すべきである（Wilmington Trust Co. v. Coulter, 200 A.2d 441（Del. Supr. 1964).）。

受託者の忠実義務（trustee's duty of loyalty）—受託者は、その報酬以外に、信託の管理から個人的利益を得てはならない。受託者たることから潜在的に利益を得る立場に自らを置くことも許されない。ゆえに受託者は、個人としての利害と受託者としての利害とが対立するいかなる状況または行為も避けなければならない（Vestal v. Moore, 167 Ark. 192, 266 S.W. 948（1924）; DuPont v. Delaware Trust Co., 320 A.2d 694（Del.Ch. 1974）; In re Thomas, 295 A.2d 757（Del.Ch. 1972).）。

受託者の信託条項遵守義務（trustee's obligation to comply with terms of trust）—受託者は、信託証書の事項に自らの行動を適合させるべく義務付けられる。信託違反が生じた場合、受託者は、その損失について人的責任を負うことがある。ただし、その遵守が違法となるか非現実的または公序に反する場合は、この限りでない。なお、信託文書のあるべき解釈が不可能であるときには、裁判所は受託者がその状況下で行為することを認めることができる。その場合、受託者による信託の経営を監督するために、管轄権が行使される(Wooden v. Brodnax, 57 A.2d 752(Del.Ch. 1948); Bank of Delaware v. Clark, 249 A.2d 442（Del.Ch. 1968）; Lockwood v. OFB Corp., 305 A.2d 636（Del.Ch. 1973).）。

受託者の権限踰越責任（trustee's liability for exceeding his authority）—受託者がその義務のいずれかに抵触した結果として、すなわち信託違反によって、損失が生じた場合、受託者は当該損失について信託財産に対して責を負う（Wilmington Trust Co. v. Coulter, 200 A.2d 441（Del.Ch. 1964）; Lockwood v. OFB Corp., 305 A.2d 636（Del.Ch. 1973).）。

受託者の更迭（removal of the trustee）—受託者が受益者の排他的利益のため正当な注意を払いつつ経営するという信認義務に違反した場合、同受託者は受益者によって提起される訴訟を通じて更迭される。ただし、単に過失に基づく義務違反が存するのみで、受託者の能力、誠実、忠実の欠如によって信託財産が危険にさらされることがなければ、受託者の更迭を正当化するに充分でない（Smith v. Biggs Boiler Works Co., 91 A.2d 193（Del.Ch. 1952）; In re Catell's Estate, 38 A.2d 466（Del.Ch. 1994).）。裁判所は、信託業務と受託者の個人的利害とが抵触する場合に、受託者を更迭することがある（Bowdoin v. Fairchild, 103 A. 715（R.I. 1918).）。しかし裁判所の受託者更迭権限は、信託が適正に管理されるよう注意を払う受託者の義務に対して副次的なものであり限定的に行使される。

受託者が行う利益相反取引（sales to or by the trustee）—受託者が個人的理由により信託資産を自己に売却することは、信託違反である。また受託者がその地位において個人的理由により自己から資産を購入することも、また信託違反である（Woodlen v. Brodnax, 57 A.2d 752（Del.Ch. 1948）; Wilmington Trust Co. v. Coulter, 200 A.2d 441（Del.Ch 1964）; Vredenburgh v. Jones, 349 A.2d 22(Del.Ch. 1975）; Delaware Trust Co. v. DuPont, 194 A. 31(Del.Ch. 1937）; Delaware Trust Co. v. Bradford, 59 A.2d 212(Del.Ch. 1948); DuPont v. Delaware Trust Co., 320 A.2d 694（Del.Supr. 1974）; In re Thomas, 95

第5章　ビジネス・トラスト制定法の新潮流

たがってスタテュートリ・トラストには、他の企業組織と異なり財産分離以外の機能が付属せず、その受託者には広範な裁量権が、その組織には高度の柔軟性が認められる。

　第三期制定法は、こうした信託的特性をもって法律構造を基底し、スタテュートリ・トラストを利用する当事者に対して、多様な目的に即した組織内容を構築し、これを随意に運営する自由を与えているのである。

(2)　第三期制定法の下部構造
① 　下部構造たる一般組織法規定

　第三期制定法は、証券投資や資産証券化といった特殊金融取引に適合性の高い信託組織法を創設するという意図の下に作られている。しかし、ビジネス・トラストという法制度自体は歴史的な連続性を有することから、スタテュートリ・トラストは同時に過去のビジネス・トラストの法的課題を有効

A.2d 757（Del.Ch. 1972）.）。

　受託者の報酬（trustee's compensation）―無報酬で就任することに同意するか、あるいは報酬請求権を放棄しない限り、受託者はその役務の提供に対して正当な報酬を得ることが認められる。報酬額は、規律証書における約定、委託者受託者間の契約または制定法もしくは裁判所の解釈（construction）によって決定される（Saminsky v. Abbott, 185 A.2d 765（Del.Ch. 1961）; Woodlen v. Brodnax, 57 A.2d 752（Del.Ch. 1948）; Bata v. Hill, 143 A.2d 728（Del.Ch. 1958）; Todd v. Ford, 92 Colo. 392, 21 P.2d 173（1933）.）。なお、過大な報酬については、衡平法裁判所の審査（review）を受ける場合がある（Rogers v. Hill, 289 U.S. 582（1933）; Saminsky v. Abbot, 185 A.2d 765（Del.Ch. 1961）.）。

　信託違反に関する第三者の責任（liability of a third person for participating in a breach of trust）―受託者の信託違反に加担した者は、受益者に対するエクイティ上の責任を問われることがある。信託違反に関与した第三者が、信託財産またはその収益を保持する場合、構成信託（constructive trust）上の受託者として責を負う。その他の場合、エクイティ上の損害賠償を通じて責任を全うしなければならない。信託財産の譲受人は、信託の存在について悪意であっても、それのみをもって責任を負うことはないが、受託者と取引する第三者は、受託者によっておかされた信託違反の事実を知りまたは知り得べかりしときには、これに関与した責任を負う（Irwin & Leighton v. W. M. Anderson Co., 532 A.2d 983（Del.Ch. 1987）; Gilbert v. El Paso Co., 490 A.2d 1050（Del.Ch. 1984）; Scott, *Participation in a Breach of Trust*, 34 HARV. L. REV. 454（1921）.）。

　裁判所の信託事項変更権（power of court alter the trust terms）―状況の不測の変化およびその結果としての信託主目的の達成不能という状況が存する場合、裁判所は信託条項の変更をなすことがある（Bata v. Hill, 143 A.2d 728（Del.Ch. 1958）.）。

第2節　第三期ビジネス・トラスト制定法

に処理解決すべく宿命付けられる。換言すれば、かつてのビジネス・トラストのように組織法基盤が脆弱なままでは、他の現代的な組織に比して見劣りすることになり、いかなる高尚な特殊規定も意味をなさないのである。そこで、組織法の特殊化要請が反映した上部構造を、組織法の基盤強化要請が反映した下部構造によって支持するかたちで、第三期制定法は構成されている。

　下部構造には、信託の訴訟能力、組織の永続性、ならびに受託者および受益者の責任という、従前判例法上の争点を形成した諸課題を克服する規定が配される。その内容は概ね次のとおりである。

　　スタテュートリ・トラストは、積極的または消極的訴訟における当事者となることができる。訴状の送達は、その受託者の一人に対してなされることで足るものとする[67]。
　　スタテュートリ・トラストは、その規律証書に別段の定めがある場合のほか、永続性を有するものとする。スタテュートリ・トラストは、その規律証書に別段の定めがある場合のほか、受益者の死亡、欠格、解散、終了または倒産によって、終了または解散しないものとする[68]。
　　スタテュートリ・トラストの規律証書に別段の定めがある場合のほか、その受益者は私的営利法人の株主と同等の人的責任の制限を受ける資格を有するものとする[69]。
　　スタテュートリ・トラストの規律証書に別段の定めがある場合のほか、その受託者は、正当な権限の範囲内で職務を遂行する限り、スタテュートリ・トラストの債務について人的責任を負わないものとする[70]。

---

(67)　CONN. GEN. STAT. § 34-508; DEL. GEN. STAT. tit. 12, § 3804; MD. CODE ANN. § 12-501; N.H. REV. STAT. ANN. § 293-B:5; NEV. REV. STAT. § 88A.520; S.D. CODIFIED LAWS §§ 47-14A-9 to 47-14A-15; VA. CODE ANN. §§ 13.1-1231, 13.1-1223; WYO. STAT. ANN. § 17-23-106.
(68)　CONN. GEN. STAT. § 34-518; DEL. GEN. STAT. tit. 12, § 3808; MD. CODE ANN. § 12-202; N.H. REV. STAT. ANN. § 293-B:9; NEV. REV. STAT. § 88A.260; S.D. CODIFIED LAWS § 47-14A-35 to 47-14A-41; VA. CODE ANN. § 13.1-1218; WYO. STAT. ANN. § 17-23-112.
(69)　CONN. GEN. STAT. § 34-515; DEL. GEN. STAT. tit. 12, § 3802; MD. CODE ANN. § 12-301; NEV. REV. STAT. § 88A.330; S.D. CODIFIED LAWS §§ 47-14A-2 to 47-14A-4; VA. CODE ANN. § 13.1-1224; WYO. STAT. ANN. § 17-23-104.

第5章　ビジネス・トラスト制定法の新潮流

　下部構造では、その他、吸収合併および新設合併（merger and aquisition）、異種企業組織への転換（conversion）、受益者による派生訴訟（derivative suit）、受益者の情報取得（access to information and records）といった、従来ビジネス・トラストにおいて手薄であった組織の基礎的変更および受益者保護についても相応の規定が配される。法律、税制および経済環境の変化に組織構造を適応させるための手段、および経営者の専断を牽制するための手段は、企業組織の初期設定として具備されることが望ましいからである。その内容は概ね次のとおりである。

　スタテュートリ・トラストは、州内外の法に基づき組織されたスタテュートリ・トラストまたは他の企業組織と、吸収合併しまたは新設合併することができる(71)。

　スタテュートリ・トラストは、州内外または外国の法に基づく他の企業組織に転換することができる(72)。また、州内外または外国の法に基づく企業組織は、スタテュートリ・トラストに転換することができる(73)。

　スタテュートリ・トラストの受益者は、権限ある受託者が訴訟の提起を拒絶するとき、または権限ある受託者による訴訟の提起が見込めないとき、スタテュートリ・トラストがその利益において判決を得るための訴訟を提起することができる(74)。

　スタテュートリ・トラストの規律証書に別段の定めがある場合のほか、その受益者は受益者としての資格において、受託者が設定する合理的な

---

(70) CONN. GEN. STAT. § 34-523(b); DEL. GEN. STAT. tit. 12, § 3803; MD. CODE ANN. § 12-402; N.H. REV. STAT. ANN. § 293-B:4II; NEV. REV. STAT. § 88A.390; S.D. CODIFIED LAWS §§ 47-14A-6, 47-14A-26; VA. CODE ANN. § 13.1-1229; WYO. STAT. ANN. § 17-23-105(b).

(71) CONN. GEN. STAT. § 34-521; DEL. GEN. STAT. tit. 12, § 3815; MD. CODE ANN. §§ 12-601 to 12-610; N.H. REV. STAT. ANN. § 293-B:17; NEV. REV. STAT. § 88A.280; S.D. CODIFIED LAWS §§ 47-14A-64 to 47-14A-71; VA. CODE ANN. §§ 13.1-1257 to 13.1-1263; WYO. STAT. ANN. § 17-23-201.

(72) DEL. CODE ANN. tit. 12, § 3821(a).

(73) DEL. CODE ANN. tit. 12, §§ 3820, 3822.

(74) CONN. GEN. STAT. § 34-522; DEL. GEN. STAT. tit. 12, § 3816; N.H. REV. STAT. ANN. § 293-B:18; NEV. REV. STAT. § 88A.410; S.D. CODIFIED LAWS §§ 47-14A-72 to 47-14A-76; VA. CODE ANN. §§ 13.1-1232, 13.1-1233; WYO. STAT. ANN. § 17-23-120.

基準に従い、受益者の権利に関係する合理的目的のために、スタテュートリ・トラストに対して規律証書およびその改正文書、受託者および受益者の名簿、ならびにスタテュートリ・トラストの事業および財務状況に関するその他の情報の提供を請求することができる[75]。

　上述の規定にみられるように、第三期制定法の下部構造は、立法の基本的枠組みである信託的柔軟性が発現して、そのほとんどが規律証書によって適用を排除し得る任意法規とされる。このこと自体が第二期制定法と明らかな対照をなすものであるが、その規制手法について強調すべきは、他法の準用ではなく授権法（enabling act）の手法によって信託に直接的な権限授与がなされている点である。
　企業組織規制との関連で授権法といえば、かつては制定法上明示的に授権された事項以外の会社法人の行為を無効とする、いわゆる権限踰越（ultra vires）の範囲を画する意義を有していた。法人は自然人にとって脅威であるという観念が支配していた時代、その権能ないし権限を制限し活動を縛るための法技術が授権法であったわけである。
　しかし、20世紀を通じて法人本質観が許容的に変化するにつれ、授権法も、企業組織の関係者がなす合意に法的効力を与えるという、政策的かつ緩和的な権限付与の法技術と位置付けられるようになった[76]。伝統的に法人の特権と考えられてきた全構成員の有限責任さえも、この意味での授権法の所産たるリミテッド・ライアビリティー・カンパニーの出現によって、組合法理の演繹に拠らずに随意に法定し得ることが証明された。スタテュートリ・トラストもまた、この規制手法に則り、ビジネス・トラストが負っていた一般信託法の解釈または隣接法の援用という束縛から離れて、所期の機能を具有し得ることとなったのである。

---

(75)　DEL. GEN. STAT. tit. 12, § 3819; MD. CODE ANN. § 12-305; S.D. CODIFIED LAWS § 47-14A-80; VA. CODE ANN. § 13.1-1279.
(76)　授権法の理論については、野田博「会社法規定の類型化における『enabling 規定』の位置とその役割・問題点（上）（下）」一橋論叢122巻1号（1999年）1－16頁、同123巻1号（2000年）190－207頁参照。

第5章 ビジネス・トラスト制定法の新潮流

② 法主体理論に基づく当事者責任の再構成

　出資者と経営者の有限責任は、企業が積極的な営利活動をなすうえでの必須条件であり、これが不確実または不徹底であることは、永らくビジネス・トラストの最大の欠点とされてきた。この点、第三期制定法の下部構造は、現代的な授権法の手法によって信託当事者、すなわち信託財産、受託者[77]および受益者[78]の責任を明確化して、企業内外の法律関係を確実なものとしている。ただしここで留意すべきは、受託者の人格に依存する伝統的な信託法理論ではなく、かわって法主体理論（entity theory）[79]が制度的な下敷きとされていることである。

　スタテュートリ・トラストは、受託者からも受益者からも独立の法主体（legal entity）とされる[80]。したがって必然的に、その権利義務の帰属点は受託者ではなく信託財産となる[81]。伝統的な信託法理論によれば、信託事務の遂行上生じた債務は特約なき限り受託者が負担し[82]、そこに信託違反が存する場合、外部第三者は、たとえ信託の存在および当該契約が信託のためになされたことにつき悪意であっても、受託者に対する確定判決を得て信託財産からでなく受託者の固有財産から回復を得ることができる[83]。しかし

---

(77)　スタテュートリ・トラストにおいて受託者とは、その規律証書に従い受託者に指名された者をいう（Del. Code Ann. tit. 12, § 3801(c).）。自然人のみならず組合や法人にも適格がある（Del. Code Ann. tit. 12, § 3801(c), (d).）。

(78)　スタテュートリ・トラストにおいて受益者とは、スタテュートリ・トラスト上の受益権が帰属する者をいう（Del. Code Ann. tit. 12, § 3801(b).）。自然人のみならず組合や法人も適格がある（Del. Code Ann. tit. 12, § 3801(c), (d).）。

(79)　法人格なき団体または信託に構成員から独立した権利義務の帰属主体（unincorporated legal entity）としての地位を認める理論である。訴訟手続の主体（judicial entity）としての地位も付随することになる。本書第4章第2節注2（108頁）および第5章第1節注1（135頁以下）参照。

(80)　Del. Code Ann. tit. 12, § 3801(a).

(81)　Id.

(82)　Mayo v. Moritz, 151 Mass. 481, 24 N.E. 1083 (1890); Am. Mining & Smelting Co. v. Converse, 175 Mass. 449, 56 N.E. 594 (1900); Carr v. Leahy, 217 Mass. 438, 105 N.E. 445 (1914); Knipp v. Bagby, 126 Md. 461, 95 A. 60 (1915); Breid v. Mintrup, 203 Mo.App. 567, 219 S.W. 703 (1920); Dolven v. Gleason, 292 Mass. 511, 198 N.E. 762 (1935); Ballentine v. Eaton, 297 Mass. 389, 8 N.E.2d 808 (1937); W. C. Dunn, Trusts for Business Purposes 197 (1922).

(83)　Connally v. Lyons, 82 Tex. 664, 18 S.W. 799 (1891); Hussey v. Arnold, 185 Mass.

第2節　第三期ビジネス・トラスト制定法

諸州の判例法はこれを改め、受託者の契約債権者がコモン・ロー上の訴訟を通じて受託者の代表的資格（representative capacity）に基づき信託財産に到達することを認めた(84)。さらに諸州の制定法は、受託者を信託財産の包括的代理人（general agent）と捉えて、代理関係において代理人の行為の効果が本人に帰属するように、受託者の行為はその権限の範囲内で行われる限り当然に信託財産を拘束するものとした(85)。第三期制定法の法律規定は、かくして発達した受託者責任の代理責任的構成、またはその効果たる信託財産の実質的法主体性の延長線上に、ついには法形式的にも信託の法主体性を肯定したものである。

この理論構成の結果受託者の地位も、信託財産に対する本人（principal）ではなく、信託財産の機関（agent）に置き換えられる(86)。すなわち、スタテュートリ・トラストの受託者は、正当な権限の範囲内で職務を遂行する限り、信託債務について人的責任を負わない(87)。かつてビジネス・トラストが依拠したところの、受託者が信託債務を一旦負担し(88)、損失填補請求権を

202, 70 N.E. 87 (1904); Parker v. Parker, 282 Mich. 158, 275 N.W. 803 (1937); Breid v. Mintrup, 203 Mo.App. 567, 219 S.W 703 (1920); G. T. BOGERT, TRUSTS § 125, at 450 (6th ed. 1987); DUNN, *Id.*, at 209.

(84) Irvine v. McGregor, 203 Cal. 583, 265 Pa. 218 (1928); Purdy v. Bank of America Nat'l Trust & Sav. Ass'n, 2 Cal.2d 298, 40 Pa.2d 481 (1935); BOGERT, *Id.* § 125, at 452; 木下毅「英米信託法の基礎構造（2・完）」信託法研究7号（1983年）100頁。

(85) CAL. CODE § 2267; MONT. CODE ANN. § 72-23-307; N.D. CENT. CODE § 59-02-10; S.D. CODIFIED LAWS § 55-3-7; H. W. BALLANTINE, LAW OF CORPORATIONS § 6, at 23 (rev. ed. 1946); Kanne Jr., *Business Trusts—Remedies of Creditors Against the Trust Estate or Capital Used in the Business*, 27 CALIF. L. REV. 437-438 (1939); BOGERT, *supra* note 83, § 125, at 452.

(86) 一般信託のように信託財産を受託者がその資格において所有することが必要でなくなるため、受託者が固有財産と信託財産とを混同しないよう見張るためのいわゆる分別義務（UNIFORM TRUST CODE § 810; RESTATEMENT OF THE LAW (2ND), TRUSTS §179 (1959).）は不適用となる。

(87) DEL. CODE ANN. tit. 12, § 3803(b).

(88) Taylor v. Mayo, 110 U.S. 330 (1883); Taylor v. Davis, 110 U.S. 330 (1884); Falardeau v. Boston Art Students' Ass'n, 182 Mass. 405, 65 N.E. 797 (1903); Sleeper v. Park, 232 Mass. 292, 122 N.E. 315 (1919); Schumann- Heink v. Folsom, 159 N.E. 250, 328 Ill. 321, 58 A.L.R. 485 (1927); Andrews v. Horton, 8 Cal.App.2d 40, 47 P.2d 496 (1935); Scott, *Liabilities Incurred in the Administration of Trusts*, 28 HARV. L. REV. 725 (1915); Annot., *Massachusetts Trusts*, 7 A.L.R. 612 (1920); Hildebrand, *Liability of the Trust-*

第5章　ビジネス・トラスト制定法の新潮流

もってそれを信託財産に移転する[89]という法的構成は、信託自体を法主体とみる場合には不要となる。また、信託証書において免責を宣言し[90]、かつ取引条項に免責特約を挿入する[91]という受託者責任の回避手法は、企業管理者の責任としては迂遠に失する。受託者を信託財産の機関とみ、信託債務を信託財産に一般的に帰属させるのが最も明快な企業責任といえるのである。

信託財産がそれ自体独立の法主体とされ、受託者もその機関に過ぎないこととなると、受益者という信託当事者の立場も影響を免れなくなる。とくに旧来の支配基準（control test）および財産権の混同（merger of estates）、との関係で顕著な変化が現れてくる。すなわち、受益者が信託の運営に際して生じた債務につき第三者に対し責任を負わないことは一般信託法上の原則であ

---

　　　ees, Property, and Shareholders of a Massachusetts Trust, 2 TEXAS L. REV. 140 (1924); White, *Trustee's Avoidance of Personal Liablity on Contracts*, 3 TEMPLE L. Q. 119 (1928).

(89)　Ashley v. Winkley, 209 Mass. 509, 95 N.E. 932 (1911); McCarthy v. Parker, 243 Mass. 465, 138 N.E. 8 (1923); Downey Co. v. Beacon St. Trust, 292 Mass. 175, 197 N.E. 643 (1935); Town of Hull v. Tong, 14 Mass.App. 710, 442 N.E.2d 427 (1982); Vanneman, *Liability of the Trust Estate for Obligations Created by the Trustee in Ohio*, 9 U. CIN. L. REV. 3 (1925); Everberg, *Advantages and Disadvantages of Common Law Trust Organizations*, 50 COMM. L. J. 5 (1945); C. ROHRLICH, ORGANIZING CORPORATE AND OTHER BUSINESS ENTERPRISES §§ 4.45, 4.47, at 204-205 n.99 (4th ed. 1967).

(90)　Note, *Business Trusts—Trustee's Personal Liability on Contracts—Methods of Avoiding*, 18 MINN. L. REV. 861-862 (1934).

(91)　信託のためになされる受託者と外部第三者との取引において、債務の履行につき信託財産のみを引当とする旨の特約条項を挿入することができる。かかる特約は有効に当事者を拘束し公序に反することもない（Am. Mining & Smelting Co. v. Converse, 175 Mass. 449, 56 N.E. 594 (1900); Hussey v. Arnold, 185 Mass. 202, 70 N.E. 87 (1904); Rand v. Farquhar, 226 Mass. 913, 115 N.E. 286 (1917); Schumann-Heink v. Folsom, 328 Ill. 321, 159 N.E. 250 (1927); State v. Thomas, 209 N.C. 722, 184 S.E. 529 (1936); Beggs v. Fite, 130 Tex. 46, 106 S.W.2d 1039 (1937); Wilgus, *Corporations and Express Trusts as Business Organizations*, 13 MICH. L. REV. 226 (1915).)。この場合債権者は、受託者の信託財産に対する損失填補請求権に代位し、信託財産に到達することができる（King v. Stowell, 211 Mass. 246, 98 N.E. 91 (1912); Frost v. Thompson, 219 Mass. 360, 106 N.E. 1009 (1914); Downey Co. v. Beacon St. Trust, 292 Mass. 175, 197 N.E. 643 (1935); Stone, *A Theory of Liability of Trust Estates for the Contracts and Torts of the Trustee*, 22 COLUM. L. REV. 527 (1922); Kanne, *supra* note 85, at 434.)。詳細は本書第2章第2節（68－69頁）参照。

第2節　第三期ビジネス・トラスト制定法

るが[92]、信託事業を支配しまたはその経営に干渉する受益者には人的責任を課する判例法則があった[93]。受益者が受託者を超える支配権を留保する場合、組織の実質は信託でなく組合と解されたのである。こうした解決が衡平とされた根拠には、財産の名義および支配が受託者に、その収益が受益者に分属するという、二重所有権に信託の本質は存するという観念があった。

しかし法主体理論の下では、権利義務の帰属主体はあくまで信託それ自体であり、受託者と受益者は信託財産を結節点とする間接的関係者となる。受託者がなす信託財産の管理と、受益者がなす信託財産の出資および収益は、同一人に帰し得る客観的に把握可能な役割に過ぎなくなるのである[94]。そこで第三期制定法は、スタテュートリ・トラストの受益者の責任を株主のそれと同等の有限責任とし[95]、さらに受益者による受託者に対する指図または受託者による受益者の地位の兼任をも明示的に容認して[96]、支配基準を廃している。これによって、一般信託法上の財産権の混同[97]準則も解除される。コモン・ロー上の権利が法主体たる信託に帰属する状況下で、コモン・ロー上の権利とエクイティ上の権利とが同一人に帰することを理由とした信託終了は起こり得ないからである。

このように、法人格なき団体に法主体性を認め、関係者の責任をその下で

---

(92)　Mayo v. Moritz, 151 Mass. 481, 24 N.E. 1083 (1890); G. A. THOMPSON, BUSINESS TRUSTS AS SUBSTITUTES FOR BUSINESS CORPORATIONS 28 (1920); A. W. SCOTT & W. F. FRATCHER, THE LAW OF TRUSTS § 274, at 519-520 (4th ed. 1988); DUNN, *supra* note 82, at 168; Wilgus, *supra* note 91, at 225.

(93)　本書第3章第3節（81-82頁）参照。

(94)　構成員と経営者とが一致した状態が、会社でもリミテッド・ライアビリティー・カンパニーでも認められるのはこのためである。

(95)　会社の株主は、会社債務につき出資額を限度とする間接有限責任を負うに過ぎない（MODEL BUSINESS CORPORATION ACT §§ 6.22(a), 2.02(b)(2)(v); DEL. CODE ANN. tit. 8, § 102(b)(6); D. A. DREXLER, L. S. BLACK, JR. & A. G. SPARKS, III, DELAWARE CORPORATION LAW & PRACTICE § 6, at 19-20 (1999).）。

(96)　DEL. CODE ANN. tit. 12, §§ 3801(c), 3806(a).

(97)　受託者と受益者とが完全に一致する場合には、信託の存在および受益者の有限責任は否定された（Cunningham v. Bright, 228 Mass. 385, 117 N.E. 909 (1917); Neville v. Gifford, 242 Mass. 124, 136 N.E. 160 (1922); Enocks & Flowers, Ltd. v. Roell, 170 Miss. 44, 154 So. 299 (1934); Scott, *Business Trust—Trusts—The Progress of the Law, 1918-1919*, 33 HARV. L. REV. 688 (1920); ROHRLICH, *supra* note 89, §§ 4.45, 4.47, at 202, 207-208.）。

整除するという法形式は、近時の非法人企業組織法に共通するものであり、その適用を受けることで、スタテュートリ・トラストとこもん・ろー・ビジネス・トラストとの差異も看過し得ないほどに大きくなっている。もっとも法主体性を承認する趣旨は企業責任の客観化にあり、少なくとも半世紀前の時点で既に、ビジネス・トラストは受託者を信託財産の完全権者とみる伝統的な信託法理論から脱し、信託財産の実質的法主体性という現代的企業責任への端緒を得ていたことからすれば、むしろ今次の立法は、ビジネス・トラストの底流にある思想が授権法によって確認されたに過ぎないというべきである。

(3) 第三期制定法の上部構造
① 金融取引の特殊要請

　第三期制定法の下部構造は、法律の基本的枠組みとして確立された信託的柔軟性と調和しつつ、信託の商事適用に伴う最も脆弱な部分に必要な手当てをなすものであり、ビジネス・トラスト法の発達史上、それだけで意義を認めることができる。しかし、組織を柔軟に組み立てかつ機動的に運営し得るというビジネス・トラストの特性は、投資信託または資産証券化のような金融取引において十全の意味をもつと考えられている[98]。続いては、こうした分野の組織法に対していかなる特殊要請が働き、信託はそれに充分な適合しているのかどうか、また信託に不足がある場合に第三期制定法はいかにしてそれに対応するのかについて検討することとしたい。

　投資信託と資産証券化は、集団投資スキームという概念で括られる。多数の投資家が証券を取得して一定規模以上の共同運用資金を形成し、当該資金を証券、金融資産、現物資産等に投下して、そこから生ずる流動性を組み替えて投資家に還元するという点で、仕組に共通性がみられるのである[99]。もっとも以下にみるとおり、両者の組織法に対する要請は必ずしも一致しない。

---

(98)　Mazie, *supra* note 29, at 1-2.
(99)　神田秀樹「証券投資信託の法的側面」フィナンシャル・レビュー（財政金融研究所）36号（1995年）1頁、田邊昇『投資ファンドと税制』（弘文堂・2002年）7－8頁。

第 2 節　第三期ビジネス・トラスト制定法

・投資信託

　投資信託とは、持分証券（equity securities）または債券（debt instruments）の発行によって資金を調達し、これを有価証券または実体資産に投下して、そこで稼得された利益を分配するための投資媒体である[100]。その呼称は沿革に由来し、現在では信託のみならず法人や組合にも組織適格がある[101]。投資信託は、投資対象の別によって、証券投資信託（investment trust）と不動産投資信託（real estate investment trust）[102]に分類される。一定の適格要件を充足する場合、いずれも課税目的上団体（association）としてでなく導管（conduit）として扱われ、所得の二重課税を免れる[103]。投資家は、これによって配当の減少を避け有利に資金を運用することができる[104]。

　20世紀初頭に、投資組織がマサチューセッツ州法を準拠法とする信託として設定されて以来、ビジネス・トラストは証券投資信託において選択されるべき組織形態として広く用いられてきた[105]。不動産投資信託もまた、法人による不動産取引が禁じられた19世紀末のマサチューセッツにおいて法人に代用された信託に起源を発し、永らくビジネス・トラストによってその役が担われてきた[106]。

---

[100]　Duda, *The Uses of Delaware Business Trusts by Registered Investment Companies*, USES OF BUSINESS TRUSTS: CURRENT DEVELOPMENTS (ABA, SECTION OF BUSINESS LAW, 1998 ANNUAL MEETING MATERIAL) 120 (1998).

[101]　15 U.S.C. § 80a-2(a)(8); 26 U.S.C. §§ 856-857.

[102]　不動産投資信託はさらに、不動産に直接投資するか、譲渡抵当を通じて資金を貸付けるかで、equity trust と mortgage trust に分類される（Blumberg & Salmon, *Real Estate Financing*, (R. W. KUHN ed.) MORTGAGE AND ASSET SECURITIZATION 69 (1990).).

[103]　本書第 4 章第 3 節（117頁）および第 5 章第 2 節（147－148頁）参照。

[104]　Carr, *Federal Tax Aspects of Real Estate Investment Trusts*, 16 BUS. LAW. 934 (1961); Garrett, Jr., *Development in Business Financing*, 16 BUS. LAW. 797 (1961); Dawson, Jr., *The Real Estate Investment Trust*, 40 TEXAS L. REV. 886-887 (1962).

[105]　Wittlin, *The Real Estate Investment Trust—Past, Present, and Future*, 23 U. PITT. L. REV. 779 (1962); Stanley, *The Real Estate Investment Trust: Legal and Economic Aspects*, 24 U. MIAMI L. REV. 156-157 (1969); Aldrich, *Real Estate Investment Trusts: An Overview*, 27 BUS. LAW. 1166(1972). 信託宣言をもって簡易に設立することができ、当時の厳格な法人規制と過大な税負担に服せずに済む点を評価されたという（T. H. GRAYSON, INVESTMENT TRUSTS: THEIR ORIGIN, DEVELOPMENT AND OPERATION 153(1928); Note, *Statutory Regulation of Investment Trusts*, 44 HARV. L. REV. 117 n.1 (1930); 雨宮孝子・今泉邦子「ビジネス・トラストの研究」信託181号（1995年）5－6頁）。

第5章　ビジネス・トラスト制定法の新潮流

このようにビジネス・トラストが投資組織として用いられてきた理由は、設定の簡易性および管理運営の柔軟性に負うところが大きいとされる[107]。最も寛容な会社法制を敷くメリーランド州においてさえ、会社設立には、一人以上の自然人が署名した基本定款を州に提出することを要し[108]、基本定款の記載事項は詳細な規制に服する[109]。年次株主総会の開催とそこでの決議事項は法定されており、取締役の選任、吸収合併もしくは新設合併、または解散については、株主の承認を必要とする[110]。加えて、授権資本制度（authorized capital）が存在し、予め定められた種類および授権数の範囲内で新株を発行し得るに過ぎず、授権枠を広げるためには総会決議に基づく定款変更を必要とする[111]。

これに対してビジネス・トラストは、簡潔な信託証書の作成をもって容易に設定することができ、以後も、受益者総会の開催や受益者の議決権の内容をはじめ、機関の設置ないし権限配分の態様を任意に取決められる。授権資本の概念も存しないため、証券の発行は内容的にも数量的にも制限を受けない。また、資本金額に応じて登録免許税（franchise tax）を課されることもない[112]。投資活動では運用者に対する広範な裁量権の付与が不可欠であり、資金の最適化のためにその他あらゆる面で制約の少ないことが望まれる。ビジネス・トラストは基本的にその要請に応える法的構造を有していることが

---

(106)　J. H. SEARS, TRUST ESTATES AS BUSINESS COMPANIES 357-367（2nd ed. 1921）; E. H. WARREN, CORPORATE ADVANTAGES WITHOUT INCORPORATION 382（1929）; GRAYSON, *Id.* at 152; 海道文雄「アメリカの不動産投資信託法」日本法学35巻4号（1970年）59頁。

(107)　Duda, *supra* note 100, at 119; 神田秀樹「アメリカにおける不動産の証券化に関する法的諸問題」（金子栄作他著）『不動産の証券化』（東洋経済新報社・1988年）176－177頁。

(108)　MD. CODE ANN., CORPS. & ASS'NS, §§ 2-102, 2-104.

(109)　MD. CODE ANN., CORPS. & ASS'NS, § 2-104(a).

(110)　MD. CODE ANN., CORPS. & ASS'NS, § 2-501.

(111)　*Id.* その他、投資媒体としてのビジネス・トラストの会社に対する優位性につき、Habbart, *Trusts and Maryland Corporations Operating as REITs*, PUBOGRAM（The Newsletter of the Committee on Partnerships and Unincorporated Business Organizations, ABA）vol.14, no. 3（Jul. 2002）参照。反論として、Hanks, Jr., *Choosing the Right Form and Forum for Real Estate Investment Trust*, INSIGHTS, vol. 7, 10, p.21（1993）.

(112)　H. G. HENN & J. R. ALEXANDER, LAWS OF CORPORATIONS AND OTHER BUSINESS ENTERPRISES § 68 at 125 n.2（3rd ed. 1983）.

わかる。ただし、それは信託に基礎を置くために、固有の課題も抱えている。受益者の出資義務の未発達、受託者の自己執行義務および注意義務の厳格性がその例である。

投資信託は、規模の経済を追求するとともに、投資危険を縮減するために分散投資を行うが、それには大規模な共同出資基金を形成しなければならない[113]。とくに証券投資信託においては債券の発行が制限されるので[114]、出資の履行確保に注意を払うことが不可欠となる。ところが、民事目的の他益信託を中心に発達した一般信託法では、受益者のそうした義務についての準則が確立していないという問題がある。

また、投資信託は単なる媒体に過ぎず、それ自体は使用人等を置かずに投資顧問会社のような外部の独立契約人（independent contractor）を通じて資産運用を行う[115]。受託者は、資産の名義を保有し関係者の管理をなすという、極めて限定された役割を担うに止まるわけである[116]。ところが一般信託法に従えば、こうした包括的な信託事務の委任は、受託者の自己執行義務（duty not to delegate）[117]に抵触するおそれがある。

さらに、投資信託が行う投資は、現代投資理論（modern portfolio theory）に準拠しており、運用者には、投資家の危険許容度の範囲内で、包括的な裁量権が与えられなければならない[118]。この点一般信託法では、信託財産の

---

(113) 杉﨑博『投資信託の仕組みと改革』（東洋経済新報社・1996年）19、124-125頁。
(114) 15 U.S.C. 80a-18.
(115) R. C. POZEN, THE MUTUAL FUND BUSINESS 22 (1998). 独立契約人は、特定の組織に被用者としては帰属せず、組織と契約関係に立って特定の関連業務を遂行する（Hammes v. Suk, 291 Minn. 233, 190 N.W.2d 478 (1971).）。投資信託は、販売、運用、管理、保管のそれぞれの局面で専門の独立契約人が役割を分担しつつ、効率的に運営されるわけである。
(116) Parker, *REIT Trustees and the "Independent Contractor,"* 48 VA. L. REV. 1049-1050 (1962); 久保淳一「金融実務における受託者の義務と責任の多様化」信託法研究26号（2001年）17頁。
(117) 信託設定の基礎には、委託者の受託者に対する個人的な信頼がある。委託者は、自らが設定する信託の内容を踏まえた上で、能力的人格的にみてその事務を任せるに最も相応しい人物を受託者に選任しており、したがって受託者が信託事務の管理を第三者に委ねることは、委託者の主観的信頼や期待を裏切る背信的行為と評価される（G. G. BOGERT, HANDBOOK ON THE LAW OF TRUSTS 382 (1952); 能見善久『現代信託法』（有斐閣・2004年）107頁、新井誠『信託法（第2版）』（有斐閣・2005年）146頁）。

第5章　ビジネス・トラスト制定法の新潮流

管理は受動的かつ保守的な文脈で把握されているため、受託者はその注意義務について、慎重人原則（prudent man rule）に服し、投資目的、分散範囲等の点でかなり限定された資産運用を強いられることになる。

・資産証券化

　資産証券化（securitization of asset）とは、原所有者（originator）と呼ばれる資産所有者が、当該資産を特定目的企業体（special purpose entity）に譲渡し、それを通じて資産対応証券（asset backed securities）たる債券もしくは負債性証券（debt or debt-like securities）または持分証券（equity securities）を発行する資産流動化手続をいう[119]。原則として、優先権（senior claim）を表章する債券は投資家が、残余権（residual claim）を表章する持分証券は原所有者が保有する。この手法により、原所有者は良質な資産を他の資産から切り離すことで得られる高格付をもって、自己の信用に基づく銀行借入等と比較して低利の資金調達ができ、一方投資家は投資危険が制御された新たな商品選択肢を得ることになる[120]。特定目的企業体は、連邦税法上の不動産譲渡抵当投資導管（REMIC）または金融資産証券化投資信託（FASIT）に該当する場合、課税目的上、団体としてではなく単なる導管として扱われ、所得の二重課税

---

(118)　Shenker & Colletta, *Asset Securitization: Evolution, Current Issues and New Frontiers*, 69 TEXAS L. REV. 1373（1991）; Boswell, *Uses of Business Trusts as Special Purpose Vehicles in Securitizations and Comparison of Business Trusts with Other Special Purpose Vehicles in Securitizations and the Bankruptcy Implications of Each*, USES OF BUSINESS TRUSTS: CURRENT DEVELOPMENTS（ABA, SECTION OF BUSINESS LAW, 1998 ANNUAL MEETING MATERIAL）135（1998）.

(119)　Cohn, *Asset Securitization: How Remote Is Bakruptcy Remote?*, 26 HOFSTA L. REV. 934（1998）; Ellis, *Securitization Vehicles, Fiduciary Duties, and Bond Holders' Rights*, 24 J. CORP. L. 301-302（1999）; The Committee on Bankruptcy and Corporate Reorganization of the Association of the Bar of the City of New York, *Structured Finance Techniques*, 50 BUS. LAW. 527-528（1995）; 大澤和人『金融資産の流動化・証券化（アセットファイナンスの実務）』（東洋経済新報社・1989年）1－4頁、池永朝昭「米国の仕組みファイナンスと資産証券化の論点(2)」国際商事法務25巻1号（1997年）31頁、神作裕之「資産証券化と信託」ジュリスト1164号（1999年）65頁。なお、ここに資産流動化とは、保有資産の将来価値を現在価値化し、流動性を持たせる手続過程を指すものとする（田中幸弘「証券化金融取引の債権譲渡をみる視点(上)」NBL510号（1992年）39頁）。

(120)　26 U.S.C. §§ 860G, 860L. 本書第5章第2節注51（148頁）参照。

第2節　第三期ビジネス・トラスト制定法

を免れる(121)。

　ビジネス・トラストは、従来から証券化における特定目的企業体として利用されることが少なくなかった。特定目的企業体は端的にいえば、原所有者から受け入れた資産を担保に債券を発行し、その代金をもって原所有者への支払にあてるだけの事業実体のない媒体であるが、そうした簡素な構造の反面で、現所有者から受け入れた資産を確実に分離保有する能力を有していなければならない。この点で信託は、定型的な機関具備などが強制されず身軽であるうえに、信託財産について受託者または受益者の債権者の追及を受けることがなく、一定の適合性が認められるからである。ところが、ビジネス・トラストは信託を基礎とするために固有の課題も有している。信託の倒産隔離性の不徹底、受託者の信認義務および自己執行義務の厳格性がその例である。

　倒産隔離（bankruptcy remote）とは、証券化対象資産の完全な独立状態を作り、万一原所有者に更生手続開始等の信用上の問題が生じた場合でも、資産対応証券の元本の償還および利払いが影響を受けないように仕組むことである(122)。そのための組織法上の技術として、特定目的企業体では、関係者による機会主義的な破産申立が封じられるべきこととなる(123)。しかし、原

---

(121)　天野桂洋「セキュリタイゼーションと信託」信託法研究13号（1989年）93頁。
(122)　The Committee on Bankruptcy and Corporate Reorganization of the Association of the Bar of the City of New York, *supra* note 119, at 553; Boswell, *supra* note 118, at 135; Cohn, *supra* note 119, at 931-933; R・オカンポ（藤原英朗訳）『新しい証券化技術（金融資産証券化の仕組み）』（東洋経済新報社・1989年）39頁、黒崎浩他『SPC法―新法解説と活用法』（金融財政事情研究会・1999年）18頁、田村幸太郎『不動産証券化の法務』（シグマベイスキャピタル・2000年）140頁。その徹底度いかんは、格付機関（rating agency）が当該証券化案件に与える格付の基準となり、費用の多寡ないし運用利回りを直接に左右する（Gussett, *Bankruptcy Remote Entities in Structured Financings*, 15-2 ABI J. 14（1996）; 神田・前掲注(107) 171頁）。
(123)　これ以外に、取引法上の真正譲渡（true sale）の手法が採られる。原所有者から証券発行体への資産移転が担保取引ではなく真正な譲渡であることを法的・会計的に確保するというものである。真正売買が成立していないと、原所有者の倒産時には更生債権または破産財産として扱われることになる（Gussett, *Id.*; 角紀代恵「証券化における債権の売買と担保のための移転」NBL659号（1999年）8頁、660号（1999年）27頁、661号（1999年）20頁、662号（1999年）37頁、鈴木秀昭「信託の倒産隔離機能」信託法研究28号（2003年）108頁参照）。

第5章　ビジネス・トラスト制定法の新潮流

所有者が委託者兼単独受益者となる一般的な仕組においては、証券化対象資産の信託的拘束を解く彼らの権能を排除することが困難である。そこで受益権を中立化するために慈善信託（charitable trust）[124]が採用されることも少なくないが、これについても他益信託型の全く受動的な受益者像を自益信託型のビジネス・トラストの能動的なそれといかに調和させるかが問題となる。

倒産隔離の関係では、いま一つ独立管理者（independent director）の信認義務の問題がある。すなわち特定目的企業体では、通常、原所有者または持分権者と利害関係のない中立的な経営者が設置され、この者の同意なき破産申立は阻止される。その判断に際して独立管理者が考慮すべきは、持分権者の利益極大化ではなく、資産担保証券を有する債権者に対する元本の償還および利払いである。この意味で、持分権者たる受益者を名宛人とする厳格な信認義務を負う受託者が独立管理者となって債権者を保護することは、深刻な義務違反に帰着するのである[125]。

② 　上部構造たる特殊組織法規定

第三期制定法の上部構造としては、受益者の出資義務、受託者の自己執行義務、注意義務および信認義務、信託の倒産隔離性についての特殊規定が配される。いずれも信託ないしビジネス・トラストの法的内容と上述金融取引の要請との齟齬を埋める意味をもつ。その規定の内容は次のとおりである。

・受益者の出資義務

　スタテュートリ・トラストの受益者がなす出資は、金銭、財産もしくは役務、またはそれらの提供を約する債務証書によることができる[126]。

---

(124)　信託は委託者、受託者、受益者の三当事者を有するが、相互に信託の処分可能性や解除権能等を利用して、信託の存続ないし債権者に対する利払いおよび元本の償還を阻害するような恣意的介入を行う可能性がある。そこで慈善信託が利用される。これには、一定期間は私人に受益権を与えるが、期間経過後は残りをすべて公益信託にする残余慈善信託（charitable remainder trust）、信託の収益の一定部分を公益目的のために支出するが残りを私的目的に使う先導慈善信託（charitable lead trust）がある（Hoisington, *The Truth About Charitable Remainder Trusts*, 45 TAX. LAW. 293 (1992)）; 能見・前掲注(35) 13頁。

(125)　Ellis, *supra* note 119, at 322.

受益者が一度引き受けた持分について、その死亡、欠格その他の事由により通常の履行が不可能となった場合、受益者およびその承継人は、損害賠償責任を負う[127]。引受けた持分について出資義務を履行しない受益者は、受益権の減殺もしくは消却、強制売却、没収等の処分に従う[128]。

信託が投資媒体として機能する前提として、複数受益者からの出資の受け入れが適切に行われ、共同投資基金が確実に形成される必要がある。そのために法は、出資義務を履行しない受益者に対し他の受益者が出資を強制することはできないものとしていた判例[129]を変更し、ここに厳格な出資履行を規定している[130]。

その一方で法は、ある者がスタテュートリ・トラストへの出資をなさずあるいは出資をなす義務を負わずに受益権を受けまたはその受益者となり得るものと明示する[131]。これは、証券化における慈善信託としての利用を意識した条項と考えられる。受益者が恣意的に破産申立をなすことで信託による利払いおよび元本償還が阻害されるおそれは、受益権を一旦残余慈善信託（remainder charitable trust）に帰属させ中立化することで回避できる[132]。ただし、この仕組では他益信託型の受益権の設定が必要となるため、出資義務の免除条項を置くわけである。

スタテュートリ・トラストは、出資に関するこの相反する要請のいずれかを規律証書中で選択することにより、投資媒体と証券化媒体のいずれの用途にも適応し得ることとなる。

---

(126) DEL. CODE ANN. tit. 12, § 3802(a).
(127) DEL. CODE ANN. tit. 12, § 3802(b).
(128) *Id.*
(129) Darling v. Buddy, 318 Mo. 784, 1 S.W.2d 163, 58 A.L.R. 493（1927）; Annot., *Business Trusts*, 12A C.J.S. § 24, at 520（1980）.
(130) DEL. CODE ANN. tit. 12, § 3802(c).
(131) DEL. CODE ANN. tit. 12, § 3802(a).
(132) Boswell, *supra* note 118, at 135.

第5章　ビジネス・トラスト制定法の新潮流

・受託者の自己執行義務

　スタテュートリ・トラストの事業活動は、その受託者の管理または指揮の下になされる(133)。ただし、規律証書において、受託者以外の第三者に信託事務の管理を委任することができる(134)。委任される事務は、スタテュートリ・トラストの活動に関する受託者の権限の一部または全部であることができる(135)。

　一般信託法の伝統的理論に従うとき、受託者は自己執行義務を負い、信託の管理における特定権限の委任は許容されるものの(136)、総支配人（general manager）を選任しこれに信託財産に対する完全なる支配権および経営権を委任すること(137)、特定の権限を委任された信託の役員に他の一般的な行為権限を与えること(138)等は認められず、第三者への経営委任は相当に制限される。

　しかし、投資媒体としての信託の場合、他に運用についての専門知識を有する者を利用し得るにもかかわらず、信託事務の執行を自己でなすことはかえって信託の利益に反する(139)。そのため1960年代以降、自己執行義務の緩和の方向が現れ、リステイトメントおよび統一法を通じて、信託の本質に関わる行為以外は原則として外部委託が認められることとなった(140)。その後発達した証券化取引においても、媒体の管理者としての受託者は、伝統的な

---

(133)　DEL. CODE ANN. tit. 12, § 3806(a).
(134)　Id.
(135)　DEL. CODE ANN. tit. 12, § 3806(b).
(136)　Wilmington Trust Co. v. Coulter, 200 A.2d 725 (Del.Ch. 1972); Delaware Trust Co. v. Duffy, 295 A.2d 725 (Del. Supr. 1972); Delaware Trust Co. v. DuPont, 194 A. 31 (Del.Ch. 1937); Habbart & Mullen, *supra* note 66, at 18.
(137)　Phoenix Oil Co v. McLaren, 244 S.W. 830 (Tex.App. 1922).
(138)　Spotswood v. Morris, 12 Idaho 360, 85 P. 1094 (1906).
(139)　神田秀樹「商事信託の法理について」信託法研究22号（1998年）70－71頁。
(140)　UNIFORM TRUST CODE § 807; UNIFORM PRUDENT INVESTOR ACT § 9; RESTATEMENT OF THE LAW (3RD), TRUSTS: PRUDENT INVESTOR RULE §171. 一般信託法における自己執行義務の緩和については、Langbein, *Reversing the Nondelegation Rule of Trust-Investment Law*, 59 MO. L. REV. 105 (1994) 及び樋口範雄『アメリカ信託法ノートⅡ』（弘文堂・2003年）114－119頁、南波洋「受託者の自己執行義務についての一考察」信託法研究29号（2004年）68－74頁参照。

受託者像からは著しく乖離し、形式的な職能を負担するに過ぎない。そこで法は、投資または証券化媒体における徹底した外部委託を正当化する必要性に鑑み、スタテュートリ・トラストの受託者に、規律証書における約定をもって広範に信託事務の委任をなすことを認めるのである。

・受託者の注意義務および信認義務

受託者の注意義務、信認義務その他の義務および責任は、規律証書の条項によって拡張しまたは制限することができる[141]。受託者は、規律証書を信頼して誠実になした行為の結果について信認義務違反の責任を問われない[142]。

スタテュートリ・トラストの受託者の注意義務ないし注意基準は法律に明記されない。そのため一般信託法を参照して、通常の信認関係（fiduciary relation）における注意基準が適用される。すなわち受託者は、同様の立場にある慎重なる者ならばなすように、注意、技能、思慮および努力をもって行為し、かつ目的の達成のために必要な事項につき精通することを要する[143]。これが伝統的な信託投資理論としてのいわゆる慎重人原則である。もっとも、投資信託を規制する1940年投資会社法が故意の失当行為（willful misfeance）、不誠実（bad faith）、重過失（gross negligence）、無思慮（reckless disregard）を構成しない範囲での受託者免責特約を容認しているように[144]、現代投資理論に基づく分散投資においては慎重人原則は厳格に過ぎる。そこで現在では、慎重投資家原則（prudent investor rule）が広く採用され、信託財産の性質、目的等を考慮して、合理的な危険を伴う投資が許容されるようになってきている[145]。第三期。定法は、この現代的な投資原則に準拠するなど緩和的な受

---

(141) DEL. CODE ANN. tit. 12, § 3806(c).
(142) DEL. CODE ANN. tit. 12, § 3806(d).
(143) DEL. CODE ANN. tit. 12, § 3302(a).
(144) 15 U.S.C. § 80a-17(h). 投資会社は、証券の募集・販売時の運用方針に沿って運用や管理を全うしていれば、結果として発生した損失について責任を問われない。保守的な投資家の尺度で、慎重であることも問われない（デービット・L・ラトナー、トーマス・L・ハーゼン（神崎克郎・川口恭弘監訳）『（最新）米国証券規制法概説』（商事法務・2003年）182頁、杉浦・前掲注(113) 81頁）。

託者義務を選択し得るものと規定して、スタテュートリ・トラストによる柔軟な投資活動を可能にしているのである。

　証券化媒体における倒産隔離との関係では、受託者の信認義務が問題となる。特定目的企業体に破産申立がなされると債権者への元本償還および利払いが影響を受けるので、それを避ける趣旨で公認会計士等の証券化関係者以外の者が独立受託者として選任され、特定目的企業体の破産申立はその者の同意によってのみなし得るものと定められることが多い[146]。しかし、ここで受託者の受益者に対する信認義務が肯定されると、債権者の利益を優先させる判断は義務違反となるおそれがある。スタテュートリ・トラストの規律証書の条項に準拠した行為について受託者は責任を負わず、また、そうした特殊な状況下での受託者の信認義務の名宛人および内容については、規律証書によって任意に定め得るとされるのはそのためである。

・信託の倒産隔離性

　規律証書に別段の定めが置かれる場合のほか、スタテュートリ・トラストは永続性を有し、規律証書の条項に従わずに、受益者または他の者によってこれを終了させまたは消滅させることができない[147]。受益者の死亡、欠格、消滅、終了または破産は、ビジネス・トラストの終了ま

---

(145) RESTATEMENT OF THE LAW (3RD), TRUSTS: PRUDENT INVESTOR RULE（邦訳として、アメリカ法律協会編（早川眞一郎訳）『米国信託法上の投資ルール』（学陽書房・1996年）がある）。信託投資原則の変遷については、樋口範雄「信託的関係と受託者の責任」信託170号（1992年）110－112頁、同「信託法リステイトメントとホールバック教授」文研論集（生命保険文化研究所）108号（1994年）187頁以下、エドワード・C・ホールバック（樋口範雄監訳）「信託法第三次リステイトメントにおける信託投資法」文研論集（生命保険文化研究所）109号（1994年）195頁以下、109号（1995年）181頁以下、樋口範雄「受託者の義務」（大塚正民・樋口範雄編著）『現代アメリカ信託法』（有信堂・2002年）139－147頁、木南敦「Beyond Fiduciary Duty—信任義務の内容と実現について」（関西信託法研究会編）『信託及び資産の管理運用制度に関する法的諸問題』（トラスト60・2005年）89頁参照。

(146) Schwarcz, *The Alchemy of Asset Securitization*, 1 STAN. J. L. BUS. & FIN. 136 (1994); Plank, *The Security of Securitization and the Future of Security*, 25 CARDOZO L. REV. 1665-1666 (2004); Fenton & Mazie, *supra* note 66, at 19-9 to 19-10, 19-10 n.3; 渋谷陽一郎『証券化のリーガル・リスク』（日本評論社・2004年）81－83頁。

(147) DEL. CODE ANN. tit. 12, § 3808(a).

たは消滅に結果しない⁽¹⁴⁸⁾。受益権は人的財産権であって、受益者は信託財産上にいかなるコモン・ロー上の権利をも有せず⁽¹⁴⁹⁾、また受益者の債権者は、ビジネス・トラストの財産に関して、コモン・ロー上およびエクイティ上の救済を受けるいかなる権利をも有しない⁽¹⁵⁰⁾。

　特定目的企業体では、証券化対象資産の独立性ないし倒産隔離性が強く要請される。一般信託法上、特定の受益者の債権者は、他の受益者の利益を害してまでは信託財産に到達し執行できないものとされているが⁽¹⁵¹⁾、受益者が単独の場合または委託者が同時に単独受益者である場合に、同じ結論が導かれるか否かは定かでない⁽¹⁵²⁾。撤回不能（irrevocable）を宣言するにもかかわらず、委託者と受益者とが同一である場合に信託終了を容認し⁽¹⁵³⁾、または受益者の債権者が受益者の訴権に代位し受託者をして信託財産を供出せしめる⁽¹⁵⁴⁾判例もみられる。そこで法は、スタテュートリ・トラストを独立の法主体と認めるに止まらず、信託財産の受益者およびその債権者からの独立性につき特段の規定を置いて、受益者の恣意的判断またはその信用問題が信託財産に反映されることなく、かつ受益者の債権者によって信託の継続が妨げられることのないようにするのである⁽¹⁵⁵⁾。

・証券の複層化
　ところで、特定目的企業体は通常、信用補完（credit enhancement）の措置を伴う⁽¹⁵⁶⁾。資産の貸倒れまたは期限前償還等によって流動性が途切れある

---

(148) DEL. CODE ANN. tit. 12, § 3808(b).
(149) DEL. CODE ANN. tit. 12, § 3805(c).
(150) DEL. CODE ANN. tit. 12, § 3805(e).
(151) SCOTT & FRATCHER, *supra* note 92, § 274, at 66.
(152) Fenton & Mazie, *supra* note 66, at 19-7.
(153) Weymonth v. Delaware Trust Co., 45 A.2d 427 (Del.Ch. 1946); Security Trust Co. v. Sharp, 77 A.2d 543 (Del.Ch. 1950); H. M. Byllesby & Co. v. Doriot, 12 A.2d 603 (Del.Ch. 1940).
(154) Vanderbilt Credit Corp. v. Chase Manhattan Bank, 100 A.D.2d 544, 473 N.Y.S.2d 245 (1984).
(155) Partee, *Business Trusts, Bankruptcy and Structured Finance*, BUSINESS TRUSTS —A PRIMER (ABA, SECTION OF BUSINESS LAW, 1995 ANNUAL MEETING MATERIAL) 3 (1995).

いは内部留保が枯渇して、元本の償還または利払いが困難になることを避けるためである。信用補完には、金融機関から信用状（letter of credit）等を取得する外部的なものと、証券の優先劣後構造（senior-subordinate structure）を採ることによる内部的なものとがある(157)。与信者の信用力に過度に依存するのを回避する趣旨で、一般的には前者を補助的に用い、後者を流動性の主たる制御手段とする。すなわち証券を複層化し、償還または利払いを優先的に受けられる証券と、これを劣後的に受けられるに過ぎない証券とを発行して、資産全体から発生する流動性を意図的に傾斜配分することにより、優先証券については確実に高格付けを取得するのである。この点について、第三期制定法は以下のような規定を置く。

　スタテュートリ・トラストは、その内部に信託系列（series or group of trust)、すなわち異なる受託者、信託財産または受益権に対応した複数の信託種別を設定し、それぞれに内容の異なる証券を発行するという、いわゆる複層化を行うことができる(158)。これは並列的であっても、重層的であってもよい。そして、各々独立し区分された会計記録が維持され、かつ各信託系列の責任を相互に制限することが信託証書および規律証書に明示される場合には(159)、特定の信託系列の債務は当該系列の資産に対してのみ請求され、信託の一般財産ないし他系列の固有財産には影響しないよう設計することができる(160)。

これらの規定は投資および証券化媒体での必要性に応えたものである。前者では、異なる投資目的および販売流通計画をもつ複数の信託系列を一つの投資信託の内部に組織することで、管理部門を共通化し、独立した信託を複

---

(156)　Pavel, *Structures and Cash Flows*, (D. M. MORRIS ed.) ASSET SECURITIZATION: PRINCIPLES AND PRACTICE 51（1990）時友・前掲注(51) 12－17頁。
(157)　Pavel, *Id*.; The Committee on Bankruptcy and Corporate Reorganization of the Association of the Bar of the City of New York, *supra* note 119, at 137; 池永・前掲注(119) 28－29頁。
(158)　DEL. CODE ANN. tit. 12, § 3806(b)(2).
(159)　DEL. CODE ANN. tit. 12, § 3804(a).
(160)　*Id*.

第2節　第三期ビジネス・トラスト制定法

数設定する場合に比べて経済合理性を高めることができる。系列責任が相互に限定されることにより、多様な投機作用を施すことも可能となる[161]。しかも、新たな信託系列を設定する場合にも、受益者の承認や追加的届出は要しないので[162]、受託者の裁量に基づく機動的な投資判断が可能となる。後者では、特定目的企業体は優先劣後構造をとるため、通常複数種類の信託系列を設定することが必要となる。個々の系列はそれぞれ別個に格付けを取得し、異なる利回りと償還時期を持つことになるが、倒産隔離性を確保するのに系列責任の相互制限が不可欠となるのである。なお、受益権に優先劣後関係のある階層を設ける場合には、受託者の公平義務について規律証書で手当てすることも要する。

第3項　第三期制定法の評価

　第三期制定法は、上部構造の諸規定が物語るとおり、高度の組織法上の柔軟性が求められる投資および証券化媒体の提供という明確な意図の下に作られており、実際同領域で広範に利用されている。ただし、現行法上、その事業目的を制限するいかなる規定も置かれていない。1988年の立法当初、銀行および保険の営業を禁じていたデラウェア州も、1991年の改正法で当該規定を削除し、信託があらゆる合法的事業に従事することを認めたという経緯がある。このように第三期制定法は、少なくとも形式上、スタテュートリ・トラストを、会社やリミテッド・ライアビリティー・カンパニーと同様の、普遍的な企業組織と位置付けている。Frankelがいうように、むしろ同法は「企業の発起人と投資家との法的関係を設計する範囲に一切制約を設けず、……彼らが望むほとんどすべての事項を信託文書に規定または規定しない自由を保証し、特筆すべき契約的・許容的組織形態を提供することで、明らかに商事および製造企業（commercial and manufacturing enterprises）をも誘引している」[163]。ところが現実には、スタテュートリ・トラストは一般事業の遂行

---

(161)　Duda, *supra* note 100, at 119.
(162)　Id.
(163)　Frankel, *The Delaware Business Trust Act— Failure as the New Corporate Law*, 23 CARDOZO L. REV. 326（2001）.

手段としてはほとんど利用されていない。同氏が、これを評して「新しい会社法としての失敗（failure as the new corporate law）」[164]という所以である。

この要因としてまず考えられるのは、制度の選択はその本質的優劣ではなく過去の利用経験の程度に依存するという、径路依存（path dependence）[165]の影響である。20世紀の初め、確かにビジネス・トラストは一般事業の遂行手段として会社法人の有力な競争相手であった。当時は法人の利用について経験を有する者は多くなく、反対に信託の知識を有する者は少なくなかった。その下で、後者の応用により前者に代替する発想が生まれたのも不自然とはいえない。しかし、会社法および組合法について、制定法はもとより、判例、学説、法律実務といった制度運用を支える法的網状組織（law network）が高度に発達した今日では、スタテュートリ・トラスト、とくにその基本的枠組みと下部構造とがいかに許容的なものにみえたとしても、取引社会が「踏み均した径路（trodden path）」[166]である会社または組合を、容易に手放さないのもまた当然である。

いま一つの要因として考えられるのは、組織形態（organizational form）の機能である。組織形態とは、組織法（organizational law）に基づく財産分離機能に、関係者の利害調整機能が付随したものであるが、企業が外部との法律関係をすべて契約のかたちで取り結ぶことをしないのは、組織法でなければ実現不可能な財産分離をこれによってなし、かつ各々の事業の内容に即した組織形態の初期設定を利用することで、取引費用を低減させることができるからである。この理を第三期制定法に当てはめると、下部構造に多数当事者の利害関係を積極的に調整する規定は存せず、また上部構造は特殊な事業遂

---

(164) その理由としてFrankelは、スタテュートリ・トラスト法が基礎を置く信託法は、組織法だけでなく業法的要素を含んでおり、それらが一体としてスタテュートリ・トラストを規制することで、企業組織として必要な融通性が確保されない可能性があることを指摘している（*Id.*, at 333-336.）。この点の評価については慎重な検討を要する。

(165) 比較コーポレート・ガバナンスの議論で用いられることの多い概念である（Bebchuk & Roe, *A Theory of Path Dependence in Corporate Ownership and Governance*, 52 STAN. L. REV. 131-132（1999）; Liebowitz & Margolis, *Path Dependence, Lock-In, and History*, 11 J. L. ECON. & ORG. 206-208（1995）; 伊藤壽英「アメリカ会社法学におけるチーム生産アプローチ」法学新報110巻3・4号（2003年）注(74)）。

(166) Frankel, *supra* note 163, at 327.

行を前提とする規定であることから、その初期設定は一般事業組織が求めるものと相当に異なることがわかる。加えて法は、資産の能動的運用をなす投資媒体と、資産の防御的加工をなす証券化媒体という性格の異なるものを単一の制度として規制しようとするために、徹底した任意法規を基調としている。このことがかえって、多様かつ多数の当事者との交渉でスタテュートリ・トラストの法的内容を確定する費用を高め、その一般企業組織としての利用を困難ならしめている。

しかし、以上の理由をもって、スタテュートリ・トラストを「新しい組織形態としての失敗 (failure as the new organizational form)」と断ずべきであろうか。第三期制定法が、統治機構のような関係者の利害調整機能を初期設定としては提供せず、また強行法規をほとんど含まずに、あたかも組織利用者の道徳的危険 (moral hazard) ないし濫用の危険を助長しているようにみえるのは事実である。とはいえそうした見方は、州私法である組織法の単体としての評価に基づいており、連邦法上の証券規制[167]あるいは格付け機関の審査基準のように、投資媒体や証券化媒体が準拠すべき外部規律に即して、組織の法的内容は最終的に相応の範囲に収まることを併せ考慮すると、スタテュートリ・トラストの組織形態としての合理性は決して低くない。

注目すべきことに、投資信託や資産証券化の取引規模は既に株式や債券のそれに比肩するほどまでに拡大しているにもかかわらず、これに適用されるスタテュートリ・トラストについての法的紛争は皆無に等しい[168]。もしそれが規制免脱的に利用されているならば、おびただしい事件が報告されていて然るべきであろう。このことは、一見極端ともとれるその組織設計が、実

---

(167) たとえば、投資信託は1933年証券法 (Securities Act of 1933)、1940年投資会社法 (Investment Company Act of 1940) といった連邦法による広範な規制に服する (Roe, *Political Elements in the Creation of a Mutual Fund Industry*, 139 U. PA. L. REV. 1469 (1991); Mahoney, *Manager-Investor Conflicts in Mutual Funds*, 18 J. ECON. PERSP. 161 (2004); Schonfeld & Kerwin, *Organization of a Mutual Fund*, 49 BUS. LAW. 107, 109 (1993).)。このことは、州間競争の範囲がどの程度残っているのかという問題を提起する (Roe, *supra* note 27, at 588.)。

(168) スタテュートリ・トラストに関する公表判例は2006年末時点で Nakahara v. NS 1991 Am. Trust, 739 A.2d 770 (Del. Ch. 1998) の 1 件のみである。なお、Simon v. Navellier Series Fund, No. 17734, 2000 Del. Ch. LEXIS 150 参照。

第5章 ビジネス・トラスト制定法の新潮流

は高い用途適合性を有していることの証左である。利用範囲は局限されるものの、組織法の骨格部分のみからなる新たな組織形態の範疇が、ここに確立されているのである。

第3節　統一ビジネス・トラスト法への道程

第1項　統一法の概要

(1)　統一法に向けた議論

　州立法の統一を推進してきた統一州法委員全国会議は、2003年に統一ビジネス・トラスト法起草委員会（Uniform Business Trust Act Drafting Committee）を設置した。同委員会は、アメリカ全土で活動が補捉されたビジネス・トラスト15,000余のうち、約3分の2が設立準拠法としていたデラウェア法を統一法の基礎に据えることで決し、報告者一名を指名した。そして2004年に第一次草案、2005年に第二次草案、そして2006年に第三次ないし第五次草案を公表し、2007年中に成案の採択を見込んでいる[169]。

　こうして統一法が俎上に載った背景には、ビジネス・トラストが近時その重要度を急速に増したことがある。ビジネス・トラストは、会社やリミテッド・ライアビリティー・カンパニーのような一般事業に用いられる企業組織とは一線を画し、投資信託、資産証券化といった金融分野の隙間用途においてのみ選択される特殊企業組織に過ぎない。しかし、これらの取引規模は拡大の一途を辿っており[170]、従来ビジネス・トラストの制度化に関心を払って

---

(169)　統一法の一般的な意義と課題については、Schwartz & Scott, *The Political Economy of Private Legislatures*, 143 U. PENN. L. REV. 595-654 (1995); Ribstein & Kobayashi, *An Economic Analysis of Uniform State Laws*, 25 J. LEGAL STUD. 131-194 (1996); Ribstein & Kobayashi, *Uniform Laws, Model Laws and Limited Liability Companies*, 66 U. COLO. L. REV. 947-999 (1995) 参照。

(170)　Langbein は、従来のようにビジネス・トラストに対する関心が小さいことは到底肯定され得ないと述べており、Schwarcz もそれに同調している（Langbein, *supra* note 29, at 165-167 (1997); Schwarcz, *Commercial Trusts as Business Organizations: Unraveling the Mystery*, 58 BUS. LAW. 559 (2003).）。今日、ビジネス・トラストは証券化取引において多く用いられており、またミューチュアル・ファンドの過半数はビジネス・トラスト形式で組織されている。これらの取引規模は数兆ドルにのぼ

第 3 節　統一ビジネス・トラスト法への道程

こなかった州としても、その規整をもはや等閑視し得なくなったのである。

　また、各州法が著しく不揃いに発達してきたことも、この動きと関係している。すなわち、ビジネス・トラストは元来が任意組織であり判例法を母体とするうえに、後に諸種の理由からこれを規律することとなった州制定法の中には、近代法人観念が反映した制約的なものがあれば、授権法思想が反映した許容的なものもある。他の企業組織にまして法の統一が強く求められる所以である。

　さらに、統一州法委員全国会議がアメリカ法曹協会（American Bar Association, ABA）と共同で進めている統合事業組織法典計画（Omnibus Business Organizations Code Project）[171]も、統一法の策定に影響を及ぼしている。

る。さらに年金基金を高度の信認義務で保護する必要性から、信託形式で組成するよう強制する連邦法も存在している（Employee Retirement Income Security Fund Act of 1974（29 U.S.C. § 1103(a).）; Langbein, *What ERISA Means by "Equitable": The Supreme Court's Trail of Error in Russell, Mertens, and Great-West*, 103 COLUM. L. REV. 1324（2003）; J. DUKEMINER *et al.*, WILLS, TRUSTS, AND ESTAES 497（7th ed. 2005）; Langbein, *supra* note 29, at 165.）。これについても数兆ドルの経済規模がある。

(171)　新しい企業組織形態の法定とその利用拡大は、20世紀末のアメリカにおいて最も顕著かつ影響力のある法現象であったといわれる（Cole, *Reexamining the Collective Entity Doctrine in the New Era of Limited Liability Entities*, 2005 COLUM. BUS. L. REV. 4（2005）.）。リミテッド・ライアビリティー・カンパニー、リミテッド・ライアビリティー・パートナーシップ、そしてスタテュートリ・トラストなど、会社が持つ構成員の有限責任と、組合ないし信託が持つ内部規律の柔軟性とを組み合わせた、混成企業組織（hybrid business entity）が次々に出現し、その一方会社、有限組合といった従来からある企業組織についても、存在意義を保つための許容的な立法が行われたことから、結果として、19世紀に近代企業組織制度が確立されて以来の企業体革命（business entity revolution）とも呼ぶべき、華々しい組織法の競争状況が現れることとなった（Ribstein, *Statutory Forms for Closely Held Firms: Theories and Evidence from LLCs*, 73 WASH. U. L. Q. 369, 404（1995）.）。近年における起業の活発化や企業経営の活性化はこうした社会資本面での刺激に負うところが小さくない。

もっとも連邦制をとるアメリカでは、こうした企業組織の多様性はさらに州毎の多元的な規制にもさらされるため、伝統的な判例法主義という要素も相俟って、法規範の統一に対する切実な要請が生じている。統一法委員全国会議、アメリカ法曹協会あるいはアメリカ法律家協会（American Law Institute）において、模範法、統一法、リステイトメントといった、法の実質的統一のための体系的な成果がこれまでに多数結実しているのはその現れである。しかし、そうした努力は基本的に個別の企業組織に対して払われてきたために、果たし得る機能や加えられる規制が相当重複するにもかかわらず、全く別の制度として幾つもの組織形態が並置されることとなったという意味で、必ずしも合理的な規制が実現されていないという反省がある。複雑化した企

第5章　ビジネス・トラスト制定法の新潮流

すなわち、この四半世紀ほどの間に、機能の近似する組織形態が数多く新設され、それが連邦制に基づく多元的規制と相まって、企業による組織の選択と運用を非効率化しているという反省がなされている(172)。そこで、複雑化した法規定を通約し横断的規制または単一規制に再構成するという計画が持ち上がり、ビジネス・トラストもその一端を担うものとして最終的にこれに

　　業組織規制を hub & spoke 方式または junction box 方式で通約し単一の規制に再構成するという、統合企業組織法計画が持ち上がった所以である。
　　こうした議論は、1990年代にはじまり、次のような順序で段階的に進展し現実化の度合いを高めてきた。すなわち、①一部の研究者および実務家によってその理念が提唱される (Matheson & Olson, *A Call for a Unified Business Organization Law*, 65 GEO. WASH. L. REV. 1-42（1996）; Oesterle & Gazur, *What's in a Name?: An Argument for a Small Business "Limited Liability Entity" Statute*, 32 WAKE FOREST L. REV. 101-148(1997); Keatinge, *Universal Business Organization Legislation: Will It Happen? Why and When*, 23 DEL. J. CORP. L. 29-84（1998）; Blackwell, *The Revolution Is Here: — The Promise of a Unified Business Entity Code*, 24 J. CORP. L. 333-378(1999); ABA Symposium, *Entity Rationalization*, 58 BUS. LAW. 1005-1072, 1351-1447(2003); Haynsworth, *The Unified Business Organizations Code: The Next Generation*, 29 DEL. J. CORP. L. 83-110（2004）.)。②模範法または統一法によって各組織法の理論的体系化が進行する (PROTOTYPE LIMITED LIABILITY COMPANY ACT, 1992（ABA）; UNIFORM LIMITED LIABILITY PARTNERSHIP ACT AMENDMENTS TO UNIFORM PARTNERSHIP ACT, 1994（NCCUSL）; UNIFORM LIMITED LIABILITY COMPANY ACT, 1996（NCCUSL）: 邦訳として、大杉謙一監訳・半導体産業研究所訳『米国統一 LLC 法』（半導体産業研究所・2004年）; UNIFORM UNINCORPORATED NONPROFIT ASSOCIATION ACT, 1996（NCCUSL）; UNIFORM PARTNERSHIP ACT, 1997（NCCUSL）; UNIFORM LIMITED PARTNERSHIP ACT, 2001（NCCUSL）; UNIFORM COOPERATIVE ASSOCIATION ACT, 2006（Draft, NCCUSL）; MODEL BUSINESS CORPORATION ACT, 2006（ABA）等)。③一部の州で実験的に、企業組織の横断規制が行われ始める (PA. CONS. STAT. tit.19（1992）; COLO. REV. STAT., tit.7, art. 90（2004）; TEX. CIV. STAT. ANN., BUS. ORG. CODE（2005）. See ALA. CODE, tit.10（2007）.)。④先行州での経験を踏まえ、名称や組織変更など企業組織間で規定が通有されるべき事項についての部分的統一法が策定される (Model Entity Governance Act, 2002（ABA）; Model Entity Transactions Act, 2004（ABA-NCCUSL）.)、というものである。2006年、統一州法委員全国会議の Omnibus Business Organization Code 検討委員会は、以上の成果のうえに、Business Corporations, Nonprofit Corporation, General Partnership, Limited Partnership, Limited Liability Company, Unincorporated Nonprofit Associations, Cooperative Associations, Statutory Trust からなる統合法策定の方針を決定している (http://www.law.upenn.edu/bll/ulc/oboc/jan2006-agenda.pdf (visited Dec. 1, 2006).)。
(172)　Clark, Jr., *What the Business World Is Looking for in an Organizational Form: The Pennsylvania Experience*, 32 WAKE FOREST L. REV. 151-152(1997); Hamilton, *The Uniform Limited Partnership Act: Entity Proliferation*, 37 SUFFOLK U. L. REV. 865-866（2004）.

組み入れられることを前提に、組織の内容を統一法のかたちで明確化する必要に迫られたのである。

　信託法リステイトメントおよび統一信託法典という信託法統一のための既存の成果は、いずれも信託応用企業組織を射程外に置いていたが[173]、今次の統一法において、信託は、法人、組合に続く企業組織の法的基盤として明確に位置付けられることとなった。以下では、同法第五次草案[174]と第三期制定法との関係を検討するなかで、ビジネス・トラストがいかに企業組織法の限界域を拓き、また信託法にいかなる影響を与えるのかについて考えることとしたい。

(2)　統一法の基本的性格および第三期制定法との共通点

　統一ビジネス・トラスト法は、ビジネス・トラストに関する制定法、すなわち第一期制定法ないし第三期制定法を統一するものである。しかし実質的には、スタテュートリ・トラスト法、すなわち第三期制定法を統一する性格を強く有している。現実的な影響度の面でも、法律規定の体系性および包括性の面でも、それ以外に現代の実務に適合的なものはないからである。起草委員会はこの方針を明確に打ち出し[175]、具体的な策定作業の指導理念としている。

　統一法は、当初、「統一ビジネス・トラスト法（Uniform Buisness Trust Act）」計画から始まったが、第五次草案に至るまでに「統一スタテュートリ・トラ

---

(173)　RESTATEMENT OF THE LAW (3RD), TRUSTS § 1 cmt. b; RESTATEMENT OF THE LAW (2ND), TRUSTS § 1 cmt. b; UNIFORM TRUST CODE § 102 cmt. (FINAL ACT 2005). なお、ジョン・H・ラングバイン（新井誠訳）「米国における商事信託」信託188号（1996年）72頁以下参照。

(174)　http://www.law.upenn.edu/bll/ulc/ubta/dec2006mtgdraft.htm (visited Dec. 1, 2006)

(175)　Prefatory Note on Draft Uniform Statutory Trust Entity Act; http://www.law.upenn.edu/bll/ulc/ubta/2006amdraft_rev.htm（visited Dec. 1, 2006).第三期制定法には8州法が含まれるが、起草委員会はデラウェア、コネティカットの順で法文を参照することとしている。この順位付けは、事前調査で明らかとなったスタテュートリ・トラストの利用実数に応じたものである。すなわち、2003年時点で活動が補捉されたビジネス・トラストの約3分の2は、デラウェア州法を設立準拠法とするスタテュートリ・トラストであり、これに次ぐコネティカットのスタテュートリ・トラストでさえ、その10の1の割合を占めるに過ぎなかった（Id., at App.A, 2nd tbl.)。

スト・エンティティ法（Uniform Statutory Trust Entity Act）」に名称変更がなされた[176]。スタテュートリの語が用いられるのは、第三期制定法に倣い、その規制対象が制定法の所産であることを強調し、かつ従前のビジネス・トラストと峻別するためである[177]。エンティティの語が付加されるのは、これが信託型の法主体（trust entity）であることを示して、とくに統一信託法典（Uniform Trust Code）に基づく信託との混同を避ける意図がある[178]。

ここにスタテュートリ・トラストとは、いずれかの合法的目的を有し、信託財産上の受益権を有する受益者のために、規律証書（governing instrument）に基づき、受託者によって運営される法人格なき独立の法主体（unincorporated legal entity）であって、州に信託証書（certificate of trust）を届け出るものをいう[179]。かかる定義を始め、統一法は基本的に第三期制定法の目的と構造をほぼそのまま承継している。法律の基本的枠組みとして信託的柔軟性を確保し、組織法の基盤を下部構造で強化し、かつ上部構造において特殊な金融用途に適合させるというものである。

まず、法律の基本的枠組みとしては、信託目的の非制限性[180]、解釈原理としての契約自由[181]、法律規定の任意法規性[182]、信託法の適用[183]等が規定

---

(176) UNIFORM STATUTORY TRUST ENTITY ACT (2006 Dec. Draft. Comm. Meet. Draft), §101 cmt.
(177) 統一法がビジネス・トラスト（business trust）の呼称を避ける理由としては、他に2点挙げられている（Id.）。第一に、統一法に基づく信託が、営利または企業目的を有する必要がない点である。むしろ法は、スタテュートリ・トラストが公益または主として慈善目的でない限り、いかなる目的をも有し得るとして非営利目的のそれを明示的に許容しているのである。第二に、信託が連邦破産法上の「ビジネス・トラスト」の定義から外れるようにしていることである。連邦破産法上、破産能力を有するのは「人（person）」であり（11 U.S.C. §101(13).）、人の定義には、「法人（corporation）」が含まれ（Id. §101(41).）、そして法人には「ビジネス・トラスト（business trust）」が含まれる（Id. §101(9).）。よって、ビジネス・トラストは破産能力のある債務者（debtor）であることになる。このことは、資産証券化取引における特定目的企業体として利用され、いわゆる倒産隔離が求められる信託としては望ましくないというのである。
(178) UNIFORM STATUTORY TRUST ENTITY ACT (2006 Dec. Draft. Comm. Meet. Draft), §101 cmt.
(179) Id., §§ 102, 104, 301.
(180) Id., § 301.
(181) Id., § 106.

第3節　統一ビジネス・トラスト法への道程

される。これらによって、スタテュートリ・トラストを選択する当事者は、組織を随意に組立て、これを柔軟に運営することができることになる。

ついで、下部構造としては、ビジネス・トラストの法的課題の克服にかかる部分と、組織規定の拡充にかかる部分とがあり、前者として信託の法主体性[184]、永続性[185]、訴訟当事者能力[186]および資産所有能力[187]が確認され、受益者[188]および受託者の有限責任[189]が明定される。また、後者として組織の基礎的変更[190]、受益者の情報取得権[191]、派生訴訟提起権[192]等が規定される。これらによって、旧来のビジネス・トラストに纏わる法的な不明確性または不安定性は払拭され、組織としての利用度も増すことになる。

最後に、上部構造としては、出資義務の履行強制とその免除[193]、倒産隔離性の確保[194]、注意義務および信認義務の緩和[195]、自己執行義務の廃棄[196]についての規定が置かれる。これらによって、利用者は組織を投資媒体や証券化媒体における特殊要請に完全に適合させ得る。

(3)　第三期制定法との相違点

統一法は原則的に第三期制定法の規定ぶりを受け継いでいるが、注目すべき相違点も幾つか含んでいる。とくに重要なのは、強行規定を明記する点、公益信託の設定を禁止する点、および受託者の義務その他に関する初期設定を会社法に接近させる点である。

---

(182)　*Id.*, § 104.
(183)　*Id.*, § 105.
(184)　*Id.*, § 102.
(185)　*Id.*, § 303.
(186)　*Id.*, § 304.
(187)　*Id.*, § 305.
(188)　*Id.*, § 506.
(189)　*Id.*, § 413.
(190)　*Id.*, §§ 601-612.
(191)　*Id.*, § 503.
(192)　*Id.*, § 508.
(193)　*Id.*, §§ 501, 502.
(194)　*Id.*, §§ 412, 504, 611.
(195)　*Id.*, § 406.
(196)　*Id.*, § 410.

第5章　ビジネス・トラスト制定法の新潮流

　まず、統一法は原則として任意法規からなり、受託者の権能および義務、ならびに受益者の権利および権益に関する規定など、ほとんどすべての規定は規律証書における約定をもって上書きすることができる[197]。ただし、受託者の注意基準については不誠実（bad faith）を構成することが、同じく信認義務については規律証書の条項に抵触することが、それぞれ認められないというように、統一法では明示的に限界が画される[198]。公序に反する法律行為はそもそも無効であるが、スタテュートリ・トラストの高度に許容的な性格は、利用者に誤解を与える虞があるため、確認的にここに記されるのである。

　ついで、統一法は公益または純粋に慈善的な目的を、スタテュートリ・トラストが有することを禁じている[199]。スタテュートリ・トラストを通じて、委託者または受益者が何ら保護される術を持たない非営利信託が構成される虞があったところ[200]、第三期制定法はこの問題性を充分認識していなかった。そこで統一法は、財産権の移転やそれについての公序の免脱を明確に禁止するのである。

　最後に、統一法は、スタテュートリ・トラストの受託者を企業経営者として把握し、その行動原則、注意義務および信認義務の初期設定を、一般信託

---

(197)　*Id.,* § 103.

(198)　*Id.,* § 103.

(199)　*Id.,* § 301. See UNIFORM TRUST CODE § 105（2000）; Langbein, *Mandatory Rules in the Law of Trusts*, 98 Nw. U. L. REV. 1105（2004）.

(200)　スタテュートリ・トラストを用いて回避されることが懸念される一般信託法上の強行法規は次のようなものである。①信託目的の遂行と受益者の利益のために、受託者が誠実に行動する義務、②信託が一人またはそれ以上の確定的な受益者を有すること、および公序に反することなくかつ実行可能である合法的な目的を有することという信託の成立要件、③信託を変更しまたは終了させる裁判所の権限、④委託者および受益者の債権者ならびに財産の譲受人が信託財産に到達する権利、ならびに浪費者信託条項の効力、⑤受託者の報酬が信託条項に照らして不合理である場合にこれを修正する裁判所の権限、⑥重大な信託違反があった場合に受託者を更迭する裁判所の権限、⑦信託の運営に関し受益者に対して受託者が情報提供をなすべき義務、⑧受託者の受益者に対する義務または責任を制限する免責条項の効力、⑨受託者と同様の立場で取引を行う関係者の権利、⑩永久権禁止則および永久蓄積禁止則、ならびに⑪正義の実現のために管轄権を行使する裁判所の権限、である（UNIFORM STATUTORY TRUST ENTITY ACT（2006 Dec. Draft. Comm. Meet. Draft）§ 301.）。

法上の受託者のものから会社法上の取締役のものに変更している。すなわち、スタテュートリ・トラストの受託者は、全員一致ではなく多数決により意思決定し(201)、信託証書に明示される以外の事項に及ぶ一般的な経営権限を有し(202)、また注意義務は、慎重人または慎重投資家のそれではなく会社取締役と同等となり、誠実に行った経営活動の結果について裁判所から事後的に評価されないという経営判断の原則の適用を受けることになる(203)。従来、ビジネス・トラストが一般事業手段として選択され難かった理由として、その初期設定が信託法に準拠し受動的な財産管理に即したものとなっていた点が指摘されている(204)。統一法はこれを根本的に変更し、受託者の義務を、積極的な企業活動の担い手に即したものに改めるのである(205)。

第2項　統一法の評価

(1)　企業組織法への影響

1930年代を界にビジネス・トラストが衰微して後、信託は一般事業の経営には向かないというのが定説となった。財産の受動的な管理という文脈で発達してきた伝統的な信託法と、財産の能動的な運用という要素をもつ企業活動とは相容れないと理解されたのである(206)。

確かに信託を企業組織として用いようとすると、かりに信託当事者の責任の問題が克服されたとしても数々の壁に突き当たる。まず信認義務について、第二次信託法リステイトメントによれば、信託財産を事業に用いることは信

---

(201)　*Id.*, § 401.
(202)　*Id.*, § 401.
(203)　*Id.*, § 402 cmt. 経営判断原則に関する邦文献として、近藤光男「アメリカにおける経営判断の法則の適用限界」神戸法学雑誌32巻4号（1983年）、川浜昇「米国における経営判断原則の検討」法学論叢114巻2号（1983年）、5号（1984年）釜田薫子「米国模範会社法改正における取締役の行為についての評価基準」同志社法学53巻9号（2002年）、坂田桂三「取締役の経営判断上の義務と経営判断の原則」法学新報109巻9・10号（2003年）。
(204)　神作裕之「公益信託の事業・収益活動に関する覚書」（英米信託法における比較法的研究会編）『信託と信託法の広がり』（財団法人トラスト60・2005年）177頁。
(205)　両者の比較については、Sitkoff, *Trust Law, Corporate Law, and Capital Market Efficiency*, 28 J. Corp. L. 565, 572-82（2003）参照。
(206)　Schwarcz, *supra* note 170, at 575-579.

第5章　ビジネス・トラスト制定法の新潮流

託証書において明示的に授権されない限り当然に思慮を欠く行為とみなされる(207)。また、伝統的な信託法原則は複数受託者の行為が原則として全員一致により(208)、あるいは異なる利害関係を有する受益者に対しても受託者は公平義務 (duty to act impartially) を負うものとしている(209)。これらの原則はいずれも会社法の準則と対照に保守的であって、企業経営に適合しているとは思えない。

しかしながら統一スタテュートリ・トラスト法は、法律規定または規律証書に別段の定めがないときには一般信託法が補充的に適用されるものとしつつ(210)、企業経営に深く関係すると考えられる受託者の義務や責任については、これを周到に、より寛容な会社法の準則に置き換えている(211)。受益者の保護に関する情報取得権や、派生訴訟提起権なども設定している。もとよりそれらは会社法のすべての規定に対応するほど包括的ではないが、第三期制定法にましてスタテュートリ・トラストの一般企業組織としての意義を高めようとしていることが伺われる。

その結果統一法に基づくスタテュートリ・トラストは、統一信託法典下の信託ではなく、むしろリミテッド・ライアビリティー・カンパニーに類似するに至っている。それは、他の非法人企業組織と同等以上の財産分離機能を提供しつつ、損益や業務執行権限の分配といった組織の内部関係について、

---

(207) RESTATEMENT OF THE LAW (2ND), TRUSTS § 227 cmt. f. 注意義務についての信託法と会社法の違いについては、Sitkoff, *An Agency Costs Theory of Trust Law*, 89 CORNELL L. REV. 621, 654-657（2004）参照。

(208) ビジネス・トラストへの適用については SCOTT & FRATCHER, *supra* note 92, § 8251 参照。もっとも全員一致原則は廃止の方向にある（Sitkoff, *Id.*, at 656 n.176）。

(209) 信託法上の公平義務およびそれと対照的な会社法上の準則については Sitkoff, *supra* note 207, at 650-652; Schwarcz, *supra* note 170, at 579 参照。

(210) 第三期制定法と同様である（CONN. GEN. STAT. § 34-519; DEL. CODE ANN. tit 12, § 3809; MD. CODE ANN., CORPS. & ASS'NS § 12-102(a); NEV. REV. STAT. § 88A.160(1); N.H. REV. STAT. ANN. § 293-B:10; S.D. CODIFIED LAWS § 47-14A-42; WYO. STAT. ANN. § 17-23-113.）。なお、第二期制定法では会社法が準用される（ARIZ. REV. STAT. ANN. § 10-1879; IND. CODE § 23-5-1-9; KAN. STAT. ANN. § 17-2035; MISS. CODE ANN. § 79-15-29; MONT. CODE ANN. § 35-5-103; OR. REV. STAT. § 128.580; TENN. CODE ANN. § 48-101-207; WASH. REV. CODE § 23.90.040(4); W.VA. CODE § 47-9A-4(a).）。

(211) UNIFORM PRUDENT INVESTOR ACT § 2(e); RESTATEMENT OF THE LAW(3RD), TRUSTS § 227 cmt. f.

広く当事者自治を許容する(212)。そしてさらに、他の企業組織が許容しない組織の外部関係についてまで、当事者自治に委ねる。この意味で終局的な組織形態といえ(213)。理論上、他の企業形態のすべては最も許容的なスタテュートリ・トラストによって代替され得るのである(214)。第三期制定法では、初期設定の多くが信託法に基礎を置くものであったために、一般事業の遂行には不都合があり、その反面連邦法規制などの外部規律と組み合わされて、実質的に一つの組織法とみなされ金融媒体に利用されていた。これに対して統一法の下では、他の企業組織により近い初期設定が置かれることにより、特別な外部規律がかからない一般事業分野も射程に入っていることがわかる。

これについては、Hansmann, Kraakman & Squire の次の指摘が現実味を帯びてくる。すなわち、「スタテュートリ・トラストは、強固な財産分離を明確に規定しつつ、出資者に対して、支配、利益分配、信認義務を含む、組織設計に関わるすべての事項について決定する自由を与えている。これは組織形態の発展過程における最終階梯ともいうべきものであり、組織法と契約法との断絶に終止符を打つものである」(215)。外部規律による実質的な嵩上げがなされない場合、スタテュートリ・トラストは、組織法としては極限的に低い条件の下で、契約によってはなし得ない財産分離を提供することになる。統一法はこの方向性を打ち出すことで、スタテュートリ・トラストを企業組織法の新地平に位置付けるのである。

(2) 信託法への影響

アメリカの一般的な信託は受動的な他益信託である。従来の信託法の包括的な業績がみなその考察対象からビジネス・トラストを除いてきたのは、能

---

(212) Hansmann, Kraakman & Squire, *supra* note 31, at 1397.
(213) *Id.*
(214) Hansmann, Kraakman & Squire, *The New Entities in Evolutionary Perspective*, 2005 U. ILL. L. REV. 14 (2005).
(215) Hansmann, Kraakman & Squire, *supra* note 31, at 1397; 組織形態と法に関する研究会「『組織形態と法に関する研究会』報告書」金融研究（日本銀行金融研究所）22巻4号（2003年）68−69頁。

動的な自益信託としての「ビジネス・トラストは、企業団体に関して最適化されるよう仕組まれた取極めであ」(216)り、典型的な信託とは異質であるからとされる。しかし、一般信託法の他に、企業としての目的を有する信託に適用ある独自の法領域などは存在しない。たとえば統一信託法典は「主としてエステイト・プランニング（estate planning）またはその他の贈与的な文脈において用いられる信託に対して」(217)適用されるが、これは信託証書または特別立法によって明文で排除されない限り、企業としての信託にも適用されることになるのである。スタテュートリ・トラストは、従来不明確であったこの点を解決すべく明示的に信託法を参照する制度であり、一般信託法を企業組織の領域にまで拡張する意味を有している。

一方、スタテュートリ・トラストは主として企業組織に利用されることが意図されているものの、同時に営利を目的としないいずれかの合法的活動の遂行のためにも設定され得る。これについては、贈与的な財産の譲渡に公益的見地から制限を加える一般信託法上の強行規定を回避する目的でスタテュートリ・トラストが利用されることのないように、統一法は、公益または主として慈善目的の信託を制限する条項を設け(218)、統一信託法典における強行法規(219)の一覧を参照するものとしている。ところがこの制限を受けない領域があるのも事実である。そのためスタテュートリ・トラストが、エステイト・プランニングその他の民事目的の信託のより簡易で許容的な受け皿として選択されるようになる可能性は否定できない(220)。この点でスタテュートリ・トラストは、一般信託法に基づく民事信託という領域を侵食する意味をも有している。

---

(216) RESTATEMENT OF THE LAW (3RD), TRUSTS, § 1 cmt. b.
(217) UNIFORM TRUST CODE §102 cmt.
(218) UNIFORM STATUTORY TRUST ENTITY ACT (2006 Dec. Draft. Comm. Meet. Draft) § 301.
(219) UNIFORM TRUST CODE §105(b). 統一信託法典中の強行規定については、Langbein, *supra* note 199, at 1105-1128; 樋口範雄「アメリカ信託法の新たな動き」（大塚正民・樋口範雄編著）『現代アメリカ信託法』（有信堂・2002年）12－15頁、同「統一信託法典採択後のアメリカの状況」（英米信託法における比較法的研究会編）『信託と信託法の広がり』（トラスト60・2005年）35頁以下参照。
(220) Schloss, *Some Undiscovered Country: The Business Trust and Estate Planning*, 22 TAX MAG. ESTATES, GIFTS & TRUSTS J. 83 (1997).

(3) 統一法の成立と採択の行方

統一法は既に考察の行き届いた第五次草案までが公表されており、成案の成立要件である読会に付される日もそう遠くないものと思料される。加えて上位の統一法計画である統合企業組織法典との関係を考慮すると、成立の見通しは低くないとみてよい。しかし本統一法は、先述のとおり、既存の企業組織法と信託法とを流動化させる可能性を孕んでいることから、統一リミテッド・ライアビリティー・カンパニー法または統一信託法典のような長足の採択をみせるかどうかは予断を許さない。また、統一法が典拠とした第三期制定法の状況をみても、これに属する8州法うち、実際広範に利用されているのはデラウェアに限られる。その利用者はいわゆる洗練された金融関係者であり、組織法と法域（forum）とを一体で選択している状況が顕著である[221]。

ただ、スタテュートリ・トラストが、一般企業組織としての展開をみせた場合には、法の統一が強く求められ、採択が進む可能性も低くない。いずれにしても、成案の内容とともに、それがどの程度の州で採択されるか、とくにビジネス・トラストの母州であるマサチューセッツやスタテュートリ・トラストの先駆州であるデラウェアがこれにいかなる態度を示すのか注目される。採択の際にいかなる留保が付くのか、それが統一法自体の改正に繋がるのかにも注視しなければならない。

第4節　小　　括

---

[221] デラウェアは、法域としての先見性と安定性とに対する従来からの評価に甘んずることなく、金融資産証券化における真正譲渡の確保のため、譲渡資産に対する譲渡人の請求権の終局的な放棄を主な法律効果とする、Asset-Backed Securities Facilitation Act of 2002 (6 Del. C. § 2703A) を制定するなど、金融取引の安全港（safe harbor）としての機能を充実させようとしている（Carbino & Schorling, *Delaware's Asset-Backed Securities Facilitation Act: Will the Act Prevent the Recharacterization of a Sale of Receivables in a Seller's Bankruptcy ?,* 6 DEL. L. J. 367 (2003); Lipson, *Secrets and Lines: The End of Notice in Commercial Finance Law,* 21 BANK. DEV. J. 467-474 (2005).）。

第5章　ビジネス・トラスト制定法の新潮流

　第三期制定法は、ビジネス・トラストが懸案としていた信託当事者責任の脆弱性など組織法基盤の不徹底さを払拭している(222)。それは、従前の規制手法たる会社法の準用によらず授権法の手法によるため、同時に、信託的な私的自治の高度の保障にも成功している。これだけをとってもビジネス・トラスト法が新しい局面に入ったことを知ることができる。

　しかしその立法目的は、当事者責任の問題に端を発したビジネス・トラストの法的不明確性を解決するためだけに存するのではない。法は、ビジネス・トラストの制度化にあたりその価値を高め、そして革新させる必要があった。他の企業形態では果たし得ない特殊分野が拡大し、それに適応する新たな組織法が求められていたからである。

　その結果再定義されたビジネス・トラスト、すなわちスタテュートリ・トラストは、もはや組合の不完全性を補い、または法人に対する規制を免れつつそれと同等の機能を発揮し得るという、単なる代替組織ではない。一般企業組織として定式化される法人と組合は、必然的にそれをもっては遂行不可能な領域を生んでいる。第三期制定法は、スタテュートリ・トラストを、当該領域に焦点を合わせた特殊組織形態と位置付けているのである(223)。

　その流れを汲む統一法は、さらに、スタテュートリ・トラストを一般企業組織として普遍化する方向性まで打ち出している。果たしてこの試みは奏功

---

(222)　Hansmann & Mattei, *The Functions of Trust Law: A Comparative Legal and Economic Analysis*, 73 N.Y.U. L. REV. 434, 474 (1998); Frankel, *supra* note 163, at 325-326, 332.

(223)　近時、スタテュートリ・トラストの応用形態が多数出現している。たとえば、内国歳入法（26 U.S.C. 1031）に基づき、より高額の物件への買換えによって不動産譲渡税を繰延べる1031交換取引（1031 Exchange）、およびこれに商業不動産の共同購入を組み合せる共有（Tenant-In-Common）取引における事業体（Pederson, *The Rejuvenation of the Tenancy-In-Common Form for Like-Kind Exchanges and Impact on Lenders*, 24 ANN. REV. BANKING & FIN. L. 481 (2005).）。配当可能利益の増加率以上に投資口が増加した場合に発生する分配金の希薄化（dilution）を回避するための信託型優先証券（trust preferred security）の発行体（Eveson, *Financial and Bank Holding Company Issuance of Trust Preferred Securities*, 6 N.C. BANKING INST. 323 (2002).）。真正リース（true lease）取引におけるリース資産権原保有体（Davis, Mogol & Fisher, *Business Trust Enhances Flexibility in True Lease Transaction Syndication*, LENDING & LEASING, Fall 2000 issue: http://www.ober.com/shared_resources/news/newsletters/LendLeas/LL_fall00_02.htm (visited Dec. 1, 2006).) などはその例である。

するかどうか。高度に授権的であり許容的である⁽²²⁴⁾スタテュートリ・トラストの可能性は、将来に開かれたままである。

---

(224) スタテュートリ・トラスト法の意図は、契約自由の原則および規律証書の施行に最大限の肯定的影響を与えることにある（Del. Code Ann. tit. 12 § 3825(b).）。

主要制定法目録

MICHIE'S ALABAMA CODE (LexisNexis, 1975 & 1997 Replacement Supplement Volume), §§ 19-3-60 to 19-3-67

ARIZONA REVISED STATUTES ANNOTATED (West, 2004), §§ 10-1871 to 10-1879

ARKANSAS CODE OF 1987 ANNOTATED (LexisNexis, 2001 Replacement & 2003 Supplement), §§ 4-31-401 to 4-31-406

WEST'S ANNOTATED CALIFORNIA CODES, CORPORATIONS (West, 1995 & 2002 Cumulative Pocket Part), §§ 23000 to 23006

CONNECTICUT GENERAL STATUTES ANNOTATED (West, 1997 & 2004 Cumulative Annual Pocket Part), §§ 34-500 to 34-547

DELAWARE CODE ANNOTATED REVISED 1974 (Michie, 2001 Replacement Volume & 2002 Supplement), Title 12, §§ 3801 to 3862

WEST'S FLORIDA STATUTES ANNOTATED (West, 2001 & 2004 Cumulative Annual Pocket Part), §§ 609.01 to 609.08

OFFICIAL CODE OF GEORGIA ANNOTATED (Michie, 1997 Edition & 1999 Supplement), §§ 53-12-50 to 53-12-59

WEST'S SMITH HURD ILLINOIS COMPLIED STATUTES ANNOTATED (West, 2002), Chapter 745 60/0.01 to 60/2

BURNS INDIANA STATUTES ANNOTATED (LexisNexis, 1999 Replacement Volume), §§ 23-5-1-1 to 23-5-1-11

KANSAS STATUTES ANNOTATED OFFICIAL (Enslay, 1988), §§ 17-2027 to 17-2038

MICHIE'S KENTUCKY REVISED STATUTES CERTIFIED VERSION (Lexis Law Publishing, 1999 Replacement), §§ 386.370 to 386.440

MICHIE'S ANNOTATED CODE OF MARYLAND, CORPORATIONS & ASSOCIATIONS (Michie, 2001 Replacement Volume), §§ 12-101 to 12-810

MASSACHUSETTS GENERAL LAWS ANNOTATED (West, 1998 & 2004 Cumulative Annual Pocket Part), §§ 182-1 to 182-14

MINNESOTA STATUTES ANNOTATED (West Publishing Company, 1996 & 2004 Cumulative Annual Pocket Part), §§ 318.01 to 318.06

WEST'S MISSISSIPPI CODE ANNOTATED (West, 2001), §§ 79-15-1 to 79-15-29

主要制定法目録

MONTANA CODE ANNOTATED (Courts Legislative Branch, 2003), §§ 35-5-101 to 35-5-205

MICHIE'S NEVADA REVISED STATUTES ANNOTATED (LexisNexis, 1999 Replacement Volume & 2003 Cumulative Supplement), §§ 88A.010 to 88A.930

NEW HAMPSHIRE REVISED STATUTES ANNOTATED 1955 (Lexis Law Publishing, 1999 Replacement Edition & 2003 Cumulative Supplement), §§ 293-B:1 to 293-B:23

NEW MEXICO STATUTES 1978 ANNOTATED (Michie, 2003), §§ 53-20-1 to 53-20-17

MCKINNEY'S CONSOLIDATED LAWS OF NEW YORK ANNOTATED, GENERAL ASSOCIATIONS LAW (West, 2002), §§ 29.1 to 29.19-a

GENERAL STATUTES OF NORTH CAROLINA ANNOTATED (LexisNexis, 2003), §§ 39-44 to 39-47

NORTH DAKOTA CENTURY CODE ANNOTATED (LexisNexis, 2001 Replacement), §§ 10-34-01 to 10-34-09

PAGE'S OHIO REVISED CODE ANNOTATED (LexisNexis, 2004 Replacement Volume), §§ 1746.01 to 1746.99

OKLAHOMA STATUTES ANNOTATED (West, 1994 & 2004 Cumulative Annual Pocket Part), 60, §§ 171 to 174

OREGON REVISED STATUTES ANNOTATED (Butterworths, 1990), §§ 128.560 to 128.600

PURDON'S PENNSYLVANIA CONSOLIDATED STATUTES ANNOTATED (West, 1995 & 2004 Cumulative Annual Pocket Part), Title 15 §§ 9501 to 9507

CODE OF LAWS OF SOUTH CAROLINA 1976 ANNOTATED (The Lawyers Co-Operative Publishing Company, 1990 & West 2003 Cumulative Supplement), §§ 33-53-10 to 33-53-50

SOUTH DAKOTA CODIFIED LAWS (Lexis, 2000 Revision), §§ 47-14-1 to 47-14-12; (LexisNexis, 2003 Pocket Supplement), §§ 47-14A-1 to 47-14A-96, §§ 47-14B-1 through 47-14B-25

TENNESSEE CODE ANNOTATED (LexisNexis, 2002 Replacement), §§ 48-101-201 to 48-101-207

VERNON'S TEXAS STATUTES ANNOTATED (West, 2001), §§ 6138A.1.10 to 6138A.28.10

UTAH CODE ANNOTATED 1953 (LexisNexis, 2001 Replacement), §§ 16-15-101 to 16-15-110

CODE OF VIRGINIA 1950 ANNOTATED (LexisNexis, 1999 Placement & 2004 Cumulative Supplement), §§ 13.1-1200 to 13.1-1284

WEST'S REVISED CODE OF WASHINGTON ANNOTATED (West, 1994), §§ 23.90.010 to 23.90.900

MICHIE'S WEST VIRGINIA CODE (LexisNexis, 2002 Replacement), §§ 47-9A-1 to 47-9A-7

WEST'S WISCONSIN STATUTES ANNOTATED (West, 1994), §§ 226.14(1) to 226.14(12)c

WYOMING STATUTES ANNOTATED (LexisNexis, 2003 Edition), §§ 17-23-101 to 17-23-302

主要判例目録

Adams v. Swig, 234 Mass. 584, 125 N.E. 857（1920）, 1920 Mass. LEXIS 665.

American Mining & Smelting Co. v. Converse, 175 Mass. 449, 56 N.E. 594（1900）, 1900 Mass. LEXIS 793.

Andrews v. Horton, 8 Cal.App.2d 40, 47 P.2d 496（1935）, 1935 Cal. App. LEXIS 606.

Ashley v. Winkley, 209 Mass. 509, 95 N.E. 932（1911）, 1911 Mass. LEXIS 979.

Austin v. Parker, 317 Ill. 348, 148 N.E. 19（1925）, 1925 Ill. LEXIS 1026.

Baker v. Stern, 194 Wis. 233, 216 N.W. 147, 58 A.L.R. 462（1927）, 1927 Wisc. LEXIS 49.

Baker-McGrew Co. v. Union Seed & Fertilizer Co., 125 Ark. 146, 188 S.W. 571（1916）, 1916 Ark. LEXIS 143.

Bank of Topeka v. Eaton, 100 F. 8（D. Mass. 1900）, 1900 U.S. App. LEXIS 5076.

Bariffi v. Longridge Development Co., 156 Cal.App.2d 583, 320 P.2d 192（1958）, 1958 Cal. App. LEXIS 2454.

Barnett v. Cisco Banking Co., 253 S.W. 339（Tex.App. 1923）, 1923 Tex. App. LEXIS 353.

Bartley v. Andrews, 208 App.Div. 702, 202 N.Y.S. 227（1923）, 1923 N.Y. App. Div. LEXIS 4805.

Beilin v. Krenn & Dato Inc., 350 Ill. 284, 183 N.E. 330（1932）, 1932 Ill. LEXIS 918.

Betts v. Hackerthorn, 159 Ark. 621, 252 S.W. 602, 31 A.L.R. 847（1923）, 1923 Ark. LEXIS 847.

Boss v. Silent Drama Syndicate, 82 Cal.App. 109, 255 P. 225（1927）, 1927 Cal. App. LEXIS 704.

Boyd v. Boulevard Nat'l Bank, 306 So.2d 551（Fla.App.3d 1975）, 1975 Fla. App. LEXIS 18740.

Boyle v. Rider, 136 Md. 286, 110 A. 524（1920）, 1920 Md. LEXIS 61.

Brown v. Bedell, 148 Misc. 550, 265 N.Y.S. 262（1932）, 1932 N.Y. Misc. LEXIS 1786.

Burgoyne v. James, 156 Misc. 859, 282 N.Y.S. 18 (1935), 1935 N.Y. Misc. LEXIS 1391.

Burk-Waggoner Oil Ass'n v. Hopkins, 269 U.S. 110, 46 S.Ct. 48 (1925), 1925 U.S. LEXIS 12.

Byrnes v. Chase Nat'l Bank, 225 App.Div. 102, 232 N.Y.S. 224 (1928), 1928 N.Y. App. Div. LEXIS 8754, *aff'd*, 251 N.Y. 551, 168 N.E. 423 (1928), 1928 N.Y. LEXIS 804.

Carpenter v. Elmer R. Sly Co., 109 Cal.App. 539, 293 P. 162 (1930), 1930 Cal. App. LEXIS 422.

Carr v. Leahy, 217 Mass. 438, 105 N.E. 445 (1914), 1914 Mass. LEXIS 1323.

Cattle Raiser's Loan Co. v. Sutton, 271 S.W. 233 (Tex.App. 1925), 1925 Tex. App. LEXIS 389.

Charles Nelson Co. v. Morton, 106 Cal.App. 144, 288 P. 845 (1930), 1930 Cal. App. LEXIS 556.

Cochrane v. Forbes, 265 Mass. 249, 163 N.E. 848 (1928), 1928 Mass. LEXIS 1353.

Coleman v. McKee, 162 Ark. 90, 257 S.W. 733 (1924), 1924 Ark. LEXIS 158.

Commercial Casualty Ins. Co. v. Pearce, 320 Ill.App. 221 (1943), 1943 Ill. App. LEXIS 583.

Commonwealth Trust Co. v. Capital Retirement Plan, 54 A.2d 739 (Del.Ch. 1947), 1947 Del. Ch. LEXIS 72.

Comm'r v. Springfield, 321 Mass. 31, 71 N.E.2d 593 (1947), 1947 Mass. LEXIS 571.

Connally v. Lyons, 82 Tex. 664, 18 S.W. 799 (1891), 1891 Tex. LEXIS 1201.

Continental Supply Co. v. Adams, 272 S.W. 325 (Tex.App. 1925), 1925 Tex. App. LEXIS 289.

Coolidge v. Old Colony Trust Co., 259 Mass. 515, 156 N.E. 701 (1927), 1927 Mass. LEXIS 1234.

Crocker v. Malley, 249 U.S. 223, 39 S.Ct. 270, 2 A.L.R. 1601 (1919), 1919 U.S. LEXIS 2171.

Dana v. Treasurer & Receiver General, 227 Mass. 562, 116 N.E. 941 (1917), 1917 Mass. LEXIS 1168.

主要判例目録

Daries v. Hart, 214 Iowa 1312, 243 N.W. 527(1932), 1932 Iowa Sup. LEXIS 265.

Darling v. Buddy, 318 Mo. 784, 1 S.W.2d 163, 58 A.L.R. 493 (1927), 1927 Mo. LEXIS 450.

Dayle L. Smith Oil Co. v. Continental Supply Co., 268 S.W. 489(Tex.App. 1924), 1924 Tex. App. LEXIS 1288.

Denmark Cheese Ass'n v. Hazard Advertising Co., 33 App.Div.2d 761, 305 N.Y.S.2d 1019 (1969), 1969 N.Y. App. Div. LEXIS 2589.

Denny v. Cascade Platinum Co., 133 Wash. 436, 232 P. 409 (1925), 1925 Wash. LEXIS 810.

Digney v. Blanchard, 226 Mass. 335, 115 N.E. 424 (1917), 1917 Mass. LEXIS 987.

Dolven v. Gleason, 292 Mass. 511, 198 N.E. 762 (1935), 1935 Mass. LEXIS 1268.

Downey Co. v. 282 Beacon St. Trust, 292 Mass. 175, 197 N.E. 643(1935), 1935 Mass. LEXIS 1194.

Downey Co. v. Whistler, 284 Mass. 461, 188 N.E. 243(1933), 1933 Mass. LEXIS 1142.

Eliot v. Freeman, 220 U.S. 178, 31 S.Ct. 360 (1911), 1911 U.S. LEXIS 1665.

Enocks & Flowers, Ltd. v. Roell, 170 Miss. 44, 154 So. 299 (1934), 1934 Miss. LEXIS 111.

Farmers' State Bank & Trust Co. v. Gorman Home Refinery, 273 S.W. 694 (Tex.Com.App. 1925), 1925 Tex. App. LEXIS 512.

Feldman v. American Dist. Telegraph Co., 257 S.W. 929 (Tex.App. 1924), 1924 Tex. App. LEXIS 10.

First Carolina Investors v. Lynch, 78 N.C.App. 583, 337 S.E.2d 691 (1985), 1985 N.C. App. LEXIS 4349.

First Eastern Bank, N. A. v. Jones, 413 Mass. 654, 602 N.E.2d 211(1992), 1992 Mass. LEXIS 546.

First Nat'l Bank of New Bedford v. Chartier, 305 Mass. 316, 25 N.E.2d 733 (1940), 1940 Mass. LEXIS 803.

Fisheries Co. v. McCoy, 202 S.W. 343 (Tex.App. 1918), 1918 Tex. App. LEXIS 284.

Flint v. Codman, 247 Mass. 463, 142 N.E. 256（1924）, 1924 Mass. LEXIS 853.
Formula One Constructors Ass'n v. Watkins Glen Grand Prix Corp., 110 Misc.2d 247, 441 N.Y.2d 864（1981）, 1981 N.Y. Misc. LEXIS 3072.
Frost v. Thompson, 219 Mass. 360, 106 N.E. 1009（1914）, 1914 Mass. LEXIS 1545.
General American Oil Co. v. Wagoner Oil & Gas Co., 118 Okla. 183, 247 P. 99（1925）, 1925 Okla. LEXIS 654.
Gilmer v. Kansas City West Land Co., Inc., 1 Kan.App.2d 509, 571 P.2d 36（1977）, 1977 Kan. App. LEXIS 177.
Gleason v. McKay, 134 Mass. 419（1883）, 1883 Mass. LEXIS 322.
Goldwater v. Oltman, 210 Cal. 408, 292 P. 624, 71 A.L.R. 871（1930）, 1930 Cal. LEXIS 399.
Graham v. Omer Gasoline Co., 253 S.W. 896（Tex.App. 1923）, 1923 Tex. App. LEXIS 434.
Great Bay Hotel & Casino, Inc. v. Atlantic City, 264 N.J.Supr. 213, 624 P.2d 102（1993）, 1993 N.J. Supr. LEXIS 171.
Greco v. Hubbard, 252 Mass. 37, 147 N.E. 272（1925）, 1925 Mass. LEXIS 1080.
Greenspun v. Lindley, 36 N.Y.2d 473, 330 N.E.2d 79（1975）, 1975 N.Y. LEXIS 1826.
Grenco Real Estate Inv. Trust v. Brooker, 215 Va. 413, 211 S.E.2d 33（1975）, 1975 Va. LEXIS 165.
Gutelius v. Stanbon, 39 F.2d 621（D. Mass. 1930）, 1930 U.S. Dist. LEXIS 1980.
Guthman v. Adco Dry Storage Battery Co., 232 Ill.App. 327（1924）, 1924 Ill. App. LEXIS 83.
H. Krammer & Co. v. Cummings, 225 Ill.App. 26（1922）, 1922 Ill. App. LEXIS 140.
Hamilton v. Young, 116 Kan. 128, 225 P. 1045（1924）, 1924 Kan. LEXIS 32.
Hardee v. Adams Oil Ass'n, 254 S.W. 602（Tex.App. 1923）, 1923 Tex. App. LEXIS 533.
Hart v. Saymour, 147 Ill. 598, 35 N.E. 246（1893）, 1893 Ill. LEXIS 989.
Hauser v. Catlett, 197 Okla. 668, 173 P.2d 728（1946）, 1946 Okla. LEXIS 620.
Hechet v. Malley, 265 U.S. 144, 44 S.Ct. 462（1924）, 1924 U.S. LEXIS 2588.

主要判例目録

Helvering v. Coleman-Gilbert Associates, 296 U.S. 369, 56 S.Ct. 285（1935）, 1935 U.S. LEXIS 582.

Helvering v. Combs, 296 U.S. 365, 56 S.Ct. 287（1935）, 1935 U.S. LEXIS1109.

Hemphill v. Orloff, 238 Mich. 508, 213 N.W. 867, 58 A.L.R. 507（1927）, 1927 Mich. LEXIS 679, *aff'd*, 277 U.S. 537, 48 S.Ct. 577（1928）, 1928 U.S. LEXIS 696.

Henry G. Taussig Co. v. Poindexter, 224 Mo.App. 580, 30 S.W.2d 635（1930）, 1930 Mo. App. LEXIS 55.

Hershey Estates v. Rettew, 19 Pa. D. & C. 262（1933）, 1933 Pa. Dist. & Cnty. LEXIS 198.

Hoadley v. County Comm'rs of Essex, 105 Mass. 519（1870）, 1870 Mass. LEXIS 318.

Hollister v. McCamey, 115 Tex. 49, 274 S.W. 562（1925）, 1925 Tex. LEXIS 129.

Home Lumber Co. v. Hopkins, 107 Kan. 153, 190 P. 601, 10 A.L.R. 879（1920）, 1920 Kan. LEXIS 34.

Horgan v. Morgan, 233 Mass. 381, 124 N.E. 32（1919）, 1919 Mass. LEXIS 940.

Howe v. Morse, 174 Mass. 491, 55 N.E. 213（1899）, 1899 Mass. LEXIS 1898.

Howe v. Wichita State Bank & Trust Co., 242 S.W. 1091（Tex.App. 1922）, 1922 Tex. App. LEXIS 1086.

Hussey v. Arnold, 185 Mass. 202, 70 N.E. 87（1904）, 1904 Mass. LEXIS 784.

Industrial Lumber Co. v. Texas Pine Land Ass'n, 72 S.W. 875（Tex.Civ.App. 1903）, 1903 Tex. App. LEXIS 69.

In re Associated Trust, 222 F. 1012（D. Mass. 1914）, 1914 U.S. Dist. LEXIS 1287.

In re Estate of Conover, 295 Ill.App. 443, 14 N.E.2d 980（1938）, 1938 Ill. App. LEXIS 471.

In re Girard, 186 Cal. 718, 200 P. 593（1921）, 1921 Cal. LEXIS 503.

Keystone Pipe & Supply Co. v. Zweifel, 127 Tex. 392, 94 S.W.2d 412（1936）, 1936 Tex. LEXIS 340.

King v. Commonwealth, 197 Ky. 128, 246 S.W. 162, 27 A.L.R. 1159（1922）, 1922 Ky. LEXIS 635.

Knipp v. Bagby, 126 Md. 461, 95 A. 60（1915）, 1915 Md. LEXIS 155.

主要判例目録

Koenig v. Johnson, 71 Cal.App.2d 739, 163 P.2d 746 (1945), 1945 Cal. App. LEXIS 952.

Kresberg v. International Paper Co., 149 F.2d 911 (1945), 1945 U.S. App. LEXIS 4093, *cert. den.*, 326 U.S. 764, 66 S.Ct. 146 (1945), 1945 U.S. LEXIS 1570.

Lafayette Bank & Trust Co. v. Branchini & Sons Constr. Co., 32 Conn.Supp. 124, 342 A.2d 916 (1975), 1975 Conn. Supr. LEXIS 154.

Larson v. Sylvester, 282 Mass. 352, 185 N.E. 44 (1933), 1933 Mass. LEXIS 917.

Levy v. Nellis, 284 Ill.App. 228, 1 N.E.2d 251 (1936), 1936 Ill. App. LEXIS 596.

Lindeke Land Co. v. Kalman, 190 Minn. 601, 252 N.W. 650, 93 A.L.R. 1393 (1934), 1934 Minn. LEXIS 1005.

Linn v. Houston, 123 Kan. 409, 255 P. 1105 (1927), 1927 Kan. LEXIS 156.

Liquid Carbonic Co. v. Sullivan, 103 Okla. 78, 229 P. 561 (1924), 1924 Okla. LEXIS 244.

Loomis Land & Cattle & Co. v. Diversified Mortgage Investors, 533 S.W.2d 420 (Tex.App. 1976), 1976 Tex. App. LEXIS 2432.

Looney v. Wing, 195 S.W.2d 557 (Tex.App. 1946), 1946 Tex. App. LEXIS 927.

Magallen v. Gomes, 281 Mass. 383, 183 N.E. 833 (1933), 1933 Mass. LEXIS 816.

Manufacturer's Equipment Co. v. Cisco Clay & Coal Co., 118 Tex. 370, 15 S.W.2d 609 (1929), 1929 Tex. LEXIS 114.

Marchulonis v. Adams, 97 W.Va. 517, 125 S.E. 340 (1924), 1924 W.Va. LEXIS 229.

Marguerite E. Wright Trust v. Department of Revenue, 297 Ore. 533, 685 P.2d 418 (1984), 1984 Ore. LEXIS 1613.

Mason v. Pomeroy, 151 Mass. 164, 24 N.E. 202 (1890), 1890 Mass. LEXIS 172.

Mayo v. Moritz, 151 Mass. 481, 24 N.E. 1083 (1890), 1890 Mass. LEXIS 249.

McCamey v. Hollister Oil Co., 241 S.W. 689 (Tex.App. 1922), 1922 Tex. App. LEXIS 906, *aff'd*, 115 Tex. 49, 274 S.W. 562 (1925), 1925 Tex. LEXIS 129.

McCarthy v. Parker, 243 Mass. 465, 138 N.E. 8 (1923), 1923 Mass. LEXIS 889.

McClaren v. Dawes Electric Sign & Mfg. Co., 86 Ind.App. 196, 156 N.E. 584 (1927), 1927 Ind. App. LEXIS 78.

McNeal v. Hauser, 202 Okla. 329, 213 P.2d 559 (1949), 1949 Okla. LEXIS 483.

主要判例目録

Means v. Lympia Royalities, 88 S.W.2d 1080（Tex.App. 1935), 1935 Tex. App. LEXIS 1046.

Minkin v. Comm'r, 425 Mass. 174, 680 N.E.2d 27(1997), 1997 Mass. LEXIS 125.

Morehead v. Greenville Exch. Nat'l Bank, 243 S.W. 546（Tex.App. 1922), 1922 Tex. App. LEXIS 1127.

Morrisey v. Comm'r, 296 U.S. 344, 56 S.Ct. 289 （1935), 1935 U.S. LEXIS 580.

Nakahara v. NS 1991 American Trust, 739 A.2d 770（Del.Ch. 1998), 1998 Del. Ch. LEXIS 50.

Nedeau v. United Petroleum, 251 Mich. 673, 232 N.W. 202 （1930), 1930 Mich. LEXIS 670.

Neville v. Gifford, 242 Mass. 124, 136 N.E. 160（1922), 1922 Mass. LEXIS 968.

Nini v. Cravens & Cage Co., 253 S.W. 582（Tex.App. 1922), 1922 Tex. App. LEXIS 119.

Oden v. Bone, 263 S.W. 640, 35 A.L.R. 503（Tex.App. 1924), 1924 Tex. App. LEXIS 1105.

Oil Fields Corp. v. Dashko, 173 Ark. 533, 294 S.W. 25 (1927), 1927 Ark. LEXIS 219.

Old River Farms Co. v. Roscoe Haegelin Co., 58 Cal.App. 1331, 276 P. 1047 （1929), 1929 Cal. App. LEXIS 6.

Pacific Am. Realty Trust v. Lonctot, 62 Wash.2d 91, 381 P.2d 123（1963), 1963 Wash. LEXIS 306.

Pacific Realty Trust v. APC Invest., Inc., 590 Ore.App. 425 （1982), 1982 Ore. App. LEXIS 3371.

Palmer v. Taylor, 168 Ark. 127, 269 S.W. 996 （1925), 1925 Ark. LEXIS 126.

Peabody v. Stevens, 215 Mass. 129, 102 N.E. 435 （1913), 1913 Mass. LEXIS 1270.

People v. Clum, 213 Mich. 651, 182 N.W. 136, 15 A.L.R. 253(1921), 1921 Mich. LEXIS 605.

Peoples Bank v. D'Lo Royalties, Inc., 235 So.2d 257 （Miss. 1970), 1970 Miss. LEXIS 1437.

Peterson v. Hopson, 306 Mass. 597, 29 N.E.2d 140 （1940), 1940 Mass. LEXIS 972.

主要判例目録

Philip Carey Co. v. Pingree, 223 Mass. 352, 111 N.E. 857（1916）, 1916 Mass. LEXIS 958.
Phillips v. Blatchford, 137 Mass. 510（1884）, 1884 Mass. LEXIS 302.
Priestly v. Burrill, 230 Mass. 452, 120 N.E. 100（1918）, 1918 Mass. LEXIS 989.
Rand v. Farquhar, 226 Mass. 91, 115 N.E. 286（1917）, 1917 Mass. LEXIS 950.
Reilly v. Clyne, 27 Ariz. 432, 234 P. 35, 40 A.L.R. 1005（1925）, 1925 Ariz. LEXIS 341.
Review Printing & Stationary Co. v. McCoy, 276 Ill.App. 580, 10 N.E.2d 506（1934）, 1934 Ill. App. LEXIS 299.
Rhode Island Hospital Trust Co. v. Copeland, 39 R.I. 193, 98 A. 273（1916）, 1916 R.I. LEXIS 58.
Richardson v. Clarke, 372 Mass. 859, 364 N.E.2d 804（1977）, 1977 Mass. LEXIS 984.
Ricker v. American Loan & Trust Co., 140 Mass. 346, 5 N.E. 284（1885）, 1885 Mass. LEXIS 368.
Riverside Memorial Mausoleum v. UMET Trust, 32 Pa. D. & C.3d 472（1980）, 1980 Pa. Dist. & Cnty. Dec. LEXIS 12.
Rottenberg v. Pfeiffer, 86 Misc.2d 556, 383 N.Y.S.2d 189（1976）, 1976 N.Y. Misc. LEXIS 2486.
Rubens v. Costello, 75 Ariz. 5, 251 P.2d 306（1952）, 1952 Ariz. LEXIS 138.
Ruby Mountain Trust v. Department of Revenue, 300 Mont. 297, 3 P.3d 654（2000）, 2000 Mont. LEXIS 195.
Saminskey v. Abbott, 185 A.2d 765（Del.Ch. 1961）, 1961 Del. Ch. LEXIS 72.
Schumann-Heink v. Folsom, 328 Ill. 321, 159 N.E. 250, 58 A.L.R. 485（1927）, 1927 Ill. LEXIS 773.
Schwartz v. Abbot Mortors, Inc., 344 Mass. 28, 181 N.E.2d 334（1962）, 1962 Mass. LEXIS 695.
Shapiro v. Chicago Title & Trust Co., 328 Ill.App. 650, 66 N.E.2d 731（1946）, 1946 Ill. App. LEXIS 289.
Shelton v. Montoya Oil & Gas Co., 272 S.W. 222, 46 A.L.R. 172（Tex.Com.App. 1925）, 1925 Tex. App. LEXIS 254.
Shoe & Leather Nat'l Bank v. Dix, 123 Mass. 148, 25 Am.Rep. 49（1877）, 1877

Mass. LEXIS 228.

Simson v. Klipstein, 262 F. 823 (D. N.J. 1920), 1920 U.S. Dist. LEXIS 1335.

Slatt v. Thomas, 95 Colo. 382, 36 P.2d 459 (1934), 1934 Colo. LEXIS 330.

Sleeper v. Park, 232 Mass. 292, 122 N.E. 315 (1919), 1919 Mass. LEXIS 1056.

Smith v. Chambers, 117 W.Va. 204, 185 S.E. 211 (1936), 1936 W.Va. LEXIS 46.

Spotswood v. Morris, 12 Idaho 360, 85 P. 1094 (1906), 1906 Ida. LEXIS 57.

State v. Cosgrove, 36 Idaho 278, 210 P. 393 (1922), 1922 Ida. LEXIS 157.

State ex rel. Colvin v. Paine, 137 Wash. 566, 243 P. 2, 46 A.L.R. 165 (1926), 1926 Wash. LEXIS 598.

State ex rel. Range v. Hinkle, 126 Wash. 581, 219 P. 41 (1923), 1923 Wash. LEXIS 1218.

State Street Trust Co. v. Hall, 311Mass. 299, 41 N.E.2d 30 (1942), 1942 Mass. LEXIS 704.

Superior Oil & Refining Syndicate v. Handley, 99 Or. 146, 195 P. 159 (1921), 1921 Ore. LEXIS 37.

Swanson v. Comm'r, 76 F.2d 651(1935), 1935 U.S. App. LEXIS 2636, *aff'd*, 296 U.S. 362, 56 S.Ct. 283 (1935), 1935 U.S. LEXIS 581.

Swartz v. Sher, 344 Mass. 636, 184 N.E.2d 51 (1962), 1962 Mass. LEXIS 799.

Tampa Properties, Inc. v. Great American Mortg. Investors, 333 So.2d 480 (Fla.App.2d 1976), 1976 Fla. App. LEXIS 15147.

Taylor v. Davis, 110 U.S. 330, 4 S.Ct. 147 (1884), 1884 U.S. LEXIS 1700.

Tebaldi Supply Co. v. Macmillan, 292 Mass. 384, 198 N.E. 651 (1935), 1935 Mass. LEXIS 1251.

Thompson v. Schumitt, 115 Tex. 53, 274 S.W. 554(1925), 1925 Tex. LEXIS 130.

Town of Hull v. Tong, 14 Mass.App.Ct. 710, 442 N.E.2d 427(1982), 1982 Mass. App. LEXIS 1509.

Uihlein v. Budd, 252 Ill.App. 487 (1929), 1929 Ill. App. LEXIS 715.

Victor Refining Co. v. City Nat'l Bank of Commerce, 115 Tex. 71, 274 S.W. 561, 46 A.L.R. 176 (1925), 1925 Tex. LEXIS 131.

Wagner v. Kelso, 195 Iowa 959, 193 N.W. 1 (1923), 1923 Iowa Sup. LEXIS 397.

Weber Engine Co. v. Alter, 120 Kan. 557, 245 P. 143, 46 A.L.R. 158 (1926), 1926 Kan. LEXIS 429.

Wells v. Mackay Teleglaph-Cable Co., 239 S.W. 1001 (Tex.App. 1922), 1922 Tex. App. LEXIS 631.

Wells-Stone Mercantile Co. v. Glover, 7 N.D. 460, 75 N.W. 911 (1898), 1898 N.D. LEXIS 100.

Willey v. W. J. Hoggson Corp., 90 Fla. 343, 106 So. 408(1925), 1925 Fla. LEXIS 593.

Williams v. City of Boston, 208 Mass. 497, 94 N.E. 808 (1911), 1911 Mass. LEXIS 861.

Williams v. Inhabitants of Milton, 215 Mass. 1, 102 N.E. 355(1913), 1913 Mass. LEXIS 1243.

主要文献目録

(1) 洋文献

Aaron, Henry J., *The Massachusetts Trust as Distinguished from Partnership*, ILLINOIS LAW REVIEW, vol.12, pp.482-488 (1918).

Aldrich, Kenneth C., *Real Estate Investment Trusts: An Overview*, BUSINESS LAWYER, vol. 27, pp. 1165-1176 (1972).

Annotation, *Business Trusts*, AMERICAN JURISPRUDENCE 2d, vol. 13, pp. 371-468 (1964, Cumul. Supp. 1997).

Annotation, *Business Trusts*, AMERICAN JURISPRUDENCE 2d, vol. 13, pp. 235-315 (2000).

Annotation, *Business Trusts*, CORPUS JURIS SECUNDUM, vol. 12A, pp. 492-553 (1980).

Annotation, *Massachusetts or Business Trusts*, AMERICAN LAW REPORTS, vol. 156, pp. 22-231 (1945).

Annotation, *Modern Status of the Massachusetts or Business Trust*, AMERICAN LAW REPORTS 3d, vol.88, pp. 704-788 (1978).

BALLANTINE, HENRY W., ON CORPORATIONS 18-25 (rev. ed., Callaghan 1946).

Barrett, Richard F. & DeValpine, Jean E., *Taxation of Business Trusts and Other Unincorporated Massachusetts Entities with Transferable Shares*, BOSTON UNIVERSITY LAW REVIEW, vol. 40, pp. 329-348 (1960).

Blake, Donald P., *Business Trusts: Validity of: Liability of Shareholders*, CORNELL LAW QUARTERLY, vol. 12, pp. 198-203 (1926).

BOGERT, GEORGE G. & BOGERT, GEORGE T., THE LAW OF TRUSTS AND TRUSTEES 154-229 (rev. 2nd ed., West Publishing 1977 & 1992 Pocket Part).

BOGERT, GEORGE T., TRUSTS 450-471 (6th ed., West Group 1987).

Bohrer, Mason L., *Limiting Liability Without Incorporation*, CHIICAGO BAR RECORD, vol. 36, pp. 143-147 (1954).

Boswell, Susan G., *Uses of Business Trusts as Special Purpose Vehicles in Securitizations*, USES OF BUSINESS TRUSTS: CURRENT DEVELOPMENTS

(AMERICAN BAR ASSOCIATION, SECTION OF BUSINESS LAW, 1998 ANNUAL MEETING MATERIAL) pp. 1-8 (1998).

Brown, Robert C., *Common Law Trusts as Business Enterprises*, INDIANA LAW JOURNAL, vol. 3, pp. 595-626 (1928).

Brown, Robert C., *Contractual Limitation of Liability by the So-Called "Massachusetts Trust," Under the Indiana Law*, INDIANA LAW JOURNAL, vol. 3, pp. 318-324 (1927).

Caplin, Mortimer M., Foreword, *Symposium: Legal Problems Encountered in Using the Real Estate Investment Trust*, VIRGINIA LAW REVIEW, vol. 48, pp. 1007-1010 (1962).

Carr, Earle W., *Federal Tax Aspects of Real Estate Investment Trusts*, BUSINESS LAWYER, vol. 16, pp. 934-941 (1961).

CAVITCH, ZOLMAN, BUSINESS ORGANIZATIONS WITH TAX PLANING (Matthew Bender 1970).

CHANDLER, A. DU PONT, EXPRESS TRUSTS UNDER THE COMMON LAW (Little, Brown 1912).

Comment, *Massachusetts Trusts and the Income Tax*, YALE LAW JOURNAL, vol. 28, pp. 690-692 (1919).

Comment, *Taxation—Taxability of Business Trust as "Association" Within Meaning of Income Tax Act*, UNIVERSITY OF PENNSYLVANIA LAW REVIEW, vol. 84, pp. 666-667 (1936).

Comment, *Trusts—Necessary Parties Plaintiff in Suit by Business Trust*, YALE LAW JOURNAL, vol. 39, pp. 915-916 (1930).

Committee on Partnerships & Unincorporated Business Associations, *Real Estate Investment Trusts*, BUSINESS LAWYER, vol. 16, pp. 900-918 (1961).

Cook, William W., *The Mysterious Massachusetts Trusts*, AMERICAN BAR ASSOCIATION JOUNAL, vol. 9, pp. 763-768 (1923).

COOKE, C. A., CORPORATION, TRUST AND COMPANY (Manchester University Press 1950).

Corliss, Cynthia L., *ABA Panel Presentation—Delaware Business Trusts—A Primer: The Trustee*, BUSINESS TRUSTS—A PRIMER (AMERICAN BAR ASSOCIATION, SECTION OF BUSINESS LAW, 1995 ANNUAL MEETING MATERIAL) pp. 1-13

主要文献目録

(1995).

Dawson Jr., John C., *The Real Estate Investment Trust*, TEXAS LAW REVIEW, vol. 40, pp. 886-898 (1962).

CRANE, JUDSON A. HANDBOOK ON THE LAW OF PARTNERSHIP AND OTHER UNINCORPORATED ASSOCIATIONS, pp. 140-156 (2nd ed., West Publishing 1952).

Dockser, William B., *Real Estate Investment Trusts: An Old Business Form Revitalized*, UNIVERSITY OF MIAMI LAW REVIEW, vol. 17, pp. 115-144 (1962).

Duda, Lisa A., *The Use of Delaware Business Trusts by Registered Investment Companies*, USES OF BUSINESS TRUSTS: CURRENT DEVELOPMENTS (AMERICAN BAR ASSOCIATION, SECTION OF BUSINESS LAW, 1998 ANNUAL MEETING MATERIAL) pp. 119-134 (1998).

DUKEMINIER, J., JOHANSON, STANLEY M., LINDGREN, J. & SITKOFF, ROBERT H., WILLS, TRUSTS, AND ESTATES (7th ed., Aspen Publishers 2005).

DUNN, WILLIAM C., TRUSTS FOR BUSINESS PURPOSES (Callaghan 1922).

Duxbury, Leland S., *Business Trusts and Blue Sky Laws*, MINNESOTA LAW REVIEW, vol. 8, pp. 465-484 (1924).

Everberg, Carl B., *Advantages and Disadvantages of Common Law Trust Organizations*, COMMERCIAL LAW JOURNAL, vol. 50, pp. 4-6 (1945).

Fenton, Wendell & Mazie, Eric A., *Delaware Business Trusts*, (BALOTTI, R. FRANKLIN & FINKKELSTEIN, JESSE A. eds.) THE DELAWARE LAW OF CORPORATIONS AND BUSINESS ORGANIZATIONS 25-1 to 25-25 (2nd ed., Prentice Hall Law & Business 1997 Supp.), 19-1 to 19-21 (3rd ed., Aspen Law & Business 1999 Supp.).

FLETCHER, WILLIAM M., 16A FLETCHER CYCLOPEDIA OF THE LAW OF PRIVATE CORPORATIONS ch. 66 §§ 8227-8274 at 481-586 (parm. ed., Callaghan 1983 & 1999 rev. vol.).

Frankel, Tamar, *The Delaware Business Trust Act: Failure as the New Corporate Law*, CARDOZO LAW REVIEW, vol. 23, pp. 325-346 (2001).

Fread, Maxwell E. & Green, Milton D., *Massachusetts Trusts and Succession Tax*, MICHIGAN LAW REVIEW, vol. 27, pp. 869-888 (1929).

Godfrey Jr., Dudley J & Bernstein, Joseph M., *Real Estate Investment Trust—*

Past, Present and Future, WISCONSIN LAW REVIEW, vol. 1962, pp. 637-671 (1962).

Goldberg, Leonard A., *Trust or Partnership?―Business Trust―Liability of Members*, GEORGIA LAW JOUNAL, vol. 27, pp. 103-104 (1938).

GRAYSON, THEODORE J., INVESTMENT TRUSTS―THEIR ORIGIN, DEVELOPMENT AND OPERATION (John Wiley 1928).

GREGORY, WILLIAM A., THE LAW OF AGENCY AND PARTNERSHIP, pp. 492-499 (3rd ed., West Group 2001).

Habbart, Ellisa O. & Mullen, Thomas A., *The Basics of Statutory Business Trusts*, USES OF BUSINESS TRUSTS: CURRENT DEVELOPMENTS (AMERICAN BAR ASSOCIATION, SECTION OF BUSINESS LAW, 1998 ANNUAL MEETING MATERIAL) pp. 1-16 (1998).

Hansmann, H. & Mattei, U., *The Functions of Trust Law: A Comparative Legal and Economic Analysis*, NEW YORK UNIVERSITY LAW REVIEW, vol. 73, pp. 434-479 (1998).

Hansmann, H., Kraakman, R. & Squire, R., *Law and the Rise of the Firm*, HARVARD LAW REVIEW, vol. 119, pp. 1333-1403 (2006).

Hazard, Stephen B., *Regulation of Real Estate Syndications: An Overview*, WASHINGTON LAW REVIEW, vol. 49, pp. 137-190 (1973).

HENN, HARRY G. & ALEXANDER, JOHN R., LAWS OF CORPORATIONS AND OTHER BUSINESS ENTERPRISES pp. 117-125 (3rd ed., West Publishing 1983).

Hildebrand, Ira P., *The Massachusetts Trust*, TEXAS LAW REVIEW, vol. 1, pp. 127-161 (1923).

Hildebrand, Ira P., *Liability of the Trustees, Property, Shareholders of a Massachusetts Trust*, TEXAS LAW REVIEW, vol. 2, pp. 139-182 (1924).

Hildebrand, Ira P., *Massachusetts Trust, ―A Sequel*, TEXAS LAW REVIEW, vol. 4, pp. 57-69 (1925).

Hill Jr., Arthur W., *Business Trusts: Liability of Shareholders: How Far May Corporate Advantages Be Acquired by Business Trusts?*, CALIFORNIA LAW REVIEW, vol. 18, pp. 62-70 (1929).

Hill Jr., Arthur W., *Business Trusts: Liability of Shareholders: Regulation and Taxation*, CALIFORNIA LAW REVIEW, vol. 19, pp. 42-47 (1930).

主要文献目録

Isaacs, Nathan, *Trusteeship in Modern Business*, HARVARD LAW REVIEW, vol. 42, pp. 1048-1061 (1929).

JeanBianc, Lindsey R., *Business Trusts—Personal Liability of Trustees and Beneficiaries*, ILLINOIS BAR JOURNAL, vol. 25, pp. 112-114 (1936).

Jones, Frank L., *Business Trusts in Florida—Liability of Shareholders*, UNIVERSITY OF FLORIDA LAW REVIEW, vol. 14, pp. 1-27 (1961).

Jones, Sheldon A., *The Massachusetts Business Trust and Registered Investment Companies*, (T. G. YOUDAN ed.) EQUITY, FIDUCIARIES AND TRUSTS, pp. 161-179 (Carswell 1989).

Jones, Sheldon A., Moret, Laura M. & Storey, James M., *The Massachusetts Business Trust and Registered Investment Companies*, DELAWARE JOURNAL OF CORPORATION LAW, vol. 13, pp. 421-458 (1988).

Judah, Noble Brandon, *Possible Partnership Liability Under the Business Trust*, ILLINOIS LAW REVIEW, vol. 17, pp. 77-95 (1922).

Kahn, Marvins S., *Taxation of Real Estate Investment Trusts*, VIRGINIA LAW REVIEW, vol. 48, pp. 1011-1047 (1962).

Kanne, Jr., Frank J., *Business Trusts: Remedies of Creditors Against the Trust Estate or Capital Used in the Business*, CALIFORNIA LAW REVIEW, vol. 27, pp. 432-438 (1939).

Kelly, Jr, William A., *Real Estate Investment Trust After Seven Years*, BUSINESS LAWYER, vol. 23, pp. 1001-1011 (1968).

Langbein, John H., *The Secret Life of the Trust: The Trust as an Instrument of Commerce*, YALE LAW JOURNAL, vol. 107, pp. 165-189 (1997).

LATTIN, NORMAN D., JENNINGS, RICHARD W. & BAXBAUM, RICHARD M., CORPORATIONS CASES AND MATERIALS, pp. 61-78 (4th ed., Callaghan 1968).

LEVY, A. B., PRIVATE CORPORATIONS AND THEIR CONTROL (Routledge & K. Paul 1950).

LIEBERMAN, P., *Business Trusts*, WEST'S LEGAL FORMS, vol. 5, ch. 96-99 (rev. 2nd ed., West Publishing 1991).

Magruder, Calvert, *The Position of Shareholders in Business Trusts*, COLUMBIA LAW REVIEW, vol. 23, pp. 423-443 (1923).

Marks, Benjamin, *The Legal Status in Missouri of Business Trusts*, ST. LOUIS

Law Review, vol. 9, pp. 136-148 (1924).

Mazie, Eric A. & Habbart, Ellisa O., *Introduction to the Business Trusts*, Business Trusts — A Primer (American Bar Association, Section of Business Law, 1995 Annual Meeting Material) pp. 1-28 (1995).

McCall, Jack H., *A Primer on Real Estate Trusts: The Legal Basics of REITs*, Transactions, vol. 2, pp. 1-24 (2001).

Mullen, Thomas A., *Fiduciary Duties of Trustees of Business Trusts*, Uses of Business Trusts: Current Developments (American Bar Association, Section of Business Law, 1998 Annual Meeting Material) pp. 97-109 (1998).

Note, *Legal Status of Voluntary Associations: Liability to Suit*, Harvard Law Review, vol. 33, pp. 298 (1919).

Note, *Liability of Shareholders in a Business Trust—The Control Test*, Virginia Law Review, vol. 48, pp. 1105-1124 (1962).

Note, *Massachusetts Trusts*, Yale Law Jounal, vol. 37, pp. 1103-1121 (1928).

Note, *Negotiability of Bonds of a Massachusetts Business Trust*, Harvard Law Review, vol. 49, pp. 478 (1936).

Note, *Real Estate Investment Trust*, University of Miami Law Review, vol. 24, pp. 164 (1969).

Note, *State Regulation of Foreign Business Trusts*, Harvard Law Review, vol. 41, pp. 86-90 (1927).

Note, *Survey of Developments in North Carolina Law 1977—Commercial Law—Business Trusts*, North Carolina Law Review, vol. 56, pp. 941 (1978).

Note, *Taxation of Real Estate Investment Trusts*, Iowa Law Review, vol. 46, pp. 832-843 (1961).

Note, *The Business Trust as an Organization for Practing Law*, Indiana Law Journal, vol. 39, pp. 329-364 (1964).

Note, *Trusts for Unincorporated Associations—Legal Entity and Perpetuity*, Virginia Law Review, vol. 35, pp. 1068-1091 (1949).

Note, *Trusts — Business Trusts — Trustee's Personal Liability on Contracts —Methods of Avoiding*, Minnesota Law Review, vol. 18, pp. 860-872

(1934).

Note, *Washington Legislation—1959: Corporation Law—The Massachusetts Trust Act of 1959*, WASHINGTON LAW REVIEW, vol. 34, pp. 305-307 (1959).

Partee, Peter S., *Business Trusts, Bankruptcy and Structured Finance*, BUSINESS TRUSTS—A PRIMER (AMERICAN BAR ASSOCIATION, SECTION OF BUSINESS LAW, 1995 ANNUAL MEETING MATERIAL) pp. 1-11 (1995).

Powell, R. J., *The Passing of the Corporation in Business*, MINNESOTA LAW REVIEW, vol. 2, pp. 401-414 (1918).

REUSCHLEIN, HAROLD G. & GREGORY, WILLIAM A., THE LAW OF AGENCY AND PARTNERSHIP, pp. 494-501 (2nd ed., West Publishing 1990).

Riley, James B., *Business Trusts and Their Relation to West Virginia Law*, WEST VIRGINIA LAW QUARTERLY, vol. 28, pp. 287-297 (1922).

ROHRLICH, CHESTER, ORGANIZING CORPORATE AND OTHER BUSINESS ENTERPRISES, pp. 177-216 (4th ed., Matthew Bender 1967).

Rosenbalm, Wheeler A., *The Massachusetts Trust*, TENNESSEE LAW REVIEW, vol. 31, pp. 471-484 (1964).

Rottschaefer, H., *Massachusetts Trust Under Federal Tax Law*, COLUMBIA LAW REVIEW, vol. 25, pp. 305-315 (1925).

Rowley, Scott, *The Influence of Control in the Determination of Partnership Liability*, MICHIGAN LAW REVIEW, vol. 26, pp. 290-302 (1927).

Schloss, Irving S., *Some Undiscovered Country: The Business Trust and Estate Planning*, TAX MANAGEMENT ESTATES, GIFTS & TRUSTS JOUNAL, vol. 22, pp. 83-95 (1997).

Schwarcz, Steven L., *Commercial Trusts as Business Organizations: Unraveling the Mystery*, BUSIENSS LAWYER, vol. 58, pp. 559-585 (2003).

Schwarcz, Steven L., *Commercial Trusts as Business Organizations: An Invitation to Comparatists*, DUKE JOURNAL OF COPMAPARATIVE & INTERNATIONAL LAW, vol. 13, pp. 321-336 (2003).

Scott, Austin W., *Liabilities Incurred in the Administration of Trusts*, HARVARD LAW REVIEW, vol. 28, pp. 725-741 (1915).

Scott, Austin W., *The Nature of the Rights of the Cestui Que Trust*, COLUMBIA

LAW REVIEW, vol. 17, pp. 269-290 (1917).

SCOTT, AUSTIN W. & FRATCHER, WILLIAM F., THE LAW OF TRUSTS (4th ed., Little, Brown 1984 & 2001 Supp.).

SEARS, JOHN H., TRUST ESTATES AS BUSINESS COMPANIES (2nd ed., Vernon Law Book 1921).

Shafran, Julius A., *Limited Liability of Shareholders in Real Estate Investment Trusts and the Conflict of Laws*, CALIFORNIA LAW REVIEW, vol. 50, pp. 696-717 (1962).

Sitkoff, Robert H., *Uncorporation: A New Age?: Trust as "Uncorporation": A Research Agenda*, 2005 UNIVERSITY OF ILLINOIS LAW REVIEW., vol. 2005, pp. 31-47 (2005).

Sobieski, John G., *State Securities Regulation of Real Estate Investment Trusts—The Midwest Position*, VIRGINIA LAW REVIEW, vol. 48, pp. 1069-1081 (1962).

Stephens, Edward E., *Business Trusts—Taxability as an "Association"*, GEORGIA LAW JOURNAL, vol. 27, pp. 800-801 (1939).

Stevens, *Limited Liability in Business Trusts*, CORNELL LAW QUARTERLY, vol. 7, pp. 116 (1921).

Stone, Harlan F., *A Theory of Liability of Trust Estates for the Contracts and Torts of the Trustee*, COLUMBIA LAW REVIEW, vol. 22, pp. 527-545 (1922).

Sturges, Wesley A., *Unincorporated Associations as Parties to Actions*, YALE LAW JOURNAL, vol. 33, pp. 383-405 (1924).

Symmonds, Lloyd, *Business Trusts*, MARQUITTE LAW REVIEW, vol. 15, pp. 211-220 (1961).

THOMPSON, GUY A., BUSINESS TRUSTS AS SUBSTITUTES FOR BUSINESS CORPORATIONS (Thomas 1920).

Thulin, Frederick A., *A Survey of the Business Trust*, ILLINOIS LAW REVIEW, vol. 16, pp. 370-377 (1922).

TIPPETTS, CHARLES S. & LIVERMORE, SHAW, BUSINESS ORGANIZATION AND CONTROL —CORPORATIONS AND TRUSTS IN THE UNITED STATES, pp. 112-141 (D. Van Nostrand 1932).

Treadway, William E., *Business Associations—Statutory Changes—Kansas Business Trust Act of 1961*, UNIVERSITY OF KANSAS LAW REVIEW, vol. 10, pp. 147-150（1961）.

Ueno, Takemi, *Defining a "Business Trust": Proposed Amendment of Section 101(9) of the Bankruptcy Code*, HARVARD JOUNAL OF LEGISLATION, vol. 30, pp. 499-515（1993）.

Vanneman, Harry W., *Liability of the Trust Estate for Obligations Created by the Trustee in Ohio*, UNIVERSITY OF CINCINNATY LAW REVIEW, vol. 9, pp. 1-22（1935）.

WARREN, EDWARD H., CORPORATE ADVANTAGES WITHOUT INCORPORATION（Baker, Voorhis 1929）.

Weissman, *A New Look at Business Trusts*, ILLINOIS BAR JOURNAL, vol. 49, pp. 744（1961）.

White, Allen H., *Trustee's Avoidance of Personal Liability on Contracts*, TEMPLE LAW QUARTERLY, vol. 3, pp. 117-142（1928）.

Whiteside, Horace E., *Restrictions on the Duration of Business Trusts*, CORNELL LAW QUARTERLY, vol. 9, pp. 422-446（1924）.

Wilgus, H. L., *Corporations and Express Trusts as Business Organizations*, MICHIGAN LAW REVIEW, vol. 13, pp. 73-99（1914）, 205-238（1915）.

Wilkins, Robert P. & Moses, Albert L., *Real Estate Investment Trusts in South Carolina*, SOUTH CAROLINA LAW REVIEW, vol. 24, pp. 741-761（1972）.

Wittlin, Charles E., *The Real Estate Investment Trust—Past, Present, and Future*, UNIVERSITY OF PITTSBURGH LAW REVIEW, vol. 23, pp. 779-797（1962）.

Wrightington, Sydney R., *Voluntary Associations in Massachusetts*, YALE LAW JOURNAL, vol. 21, pp. 311-326（1912）.

WRIGHTINGTON, SYDNEY R., THE LAW OF UNINCORPORATED ASSOCIATIONS AND BUSINESS TRUSTS（2nd ed., Little, Brown 1923）.

(2) 邦文献

雨宮孝子・今泉邦子「ビジネス・トラストの研究」信託181号（1995年）4-13頁

今泉邦子「ビジネス・トラスト」（浜田道代他編）『現代企業取引法』（税務経理協会・1998年）203-217頁

今泉邦子「信託を利用した企業形態の特色」（奥島孝康・宮島司編）『商法の歴史と論理（倉澤康一郎先生古稀記念）』（新青出版・2005年）21-58頁

井元浩史「信託財産による事業の経営について」信託法研究（信託法学会）6号（1982年）77-105頁

海原文雄「ビジネス・トラストと土地信託」（高木文雄・小平敦編）『信託論叢』（清文社・1986年）136-137頁

同「ビジネストラストにおける受益者の有限責任」金沢法学10巻1号（1964年）1-42頁

同「ビジネストラストにおける受託者の責任」（金沢大学）法文学部論集（法経篇）12号（1964年）1-34頁

同「ビジネストラストの法的地位」信託59号（1964年）2-23頁

同「ビジネストラストにおける信託財産の責任」日本法学31巻2号（1965年）42-79頁

同「ビジネストラストの団体性と課税の問題」信託63号（1965年）23-25頁

同「ビジネストラストにおける相続税の準拠法」日本法学34巻2号（1968年）1-33頁

同「ビジネス・トラスト」国際商事法務2巻5号（1974年）3-17頁

同「ビジネス・トラスト」（土井輝生編）『アメリカ商事法ハンドブック』（同文館・1976年）358-381頁

同『英米信託法概論』（有信堂・1998年）

沖野眞已「米国の信託法制──米国のレギュレーション9」信託（信託協会）226号（2006年）143-146頁

大阪谷公雄「アメリカに於ける企業と信託の利用」法律文化3巻2号（1948年）33-34頁

同「アメリカに於けるビジネス・トラスト」信託6号（1950年）2-5頁

同「ビジネストラストの諸問題（その1）」信託15号（1953年）9-15頁
同「企業組織としてのビジネス・トラスト」（勝本正晃他編）『私法学の諸問題(2)』（有斐閣・1955年）68-88頁
大塚正民「アメリカ信託法の歴史的展開と現代的意義」（大塚正民・樋口範雄編）『現代アメリカ信託法』（有信堂・2002年）17-32頁
神作裕之「信託を用いて行う事業——その可能性と限界」信託法研究（信託法学会）18号（1995年）27-51頁
木下毅（監訳）ボガート（著）「ビジネス・トラスト『信託と受託者』」信託170号（1992年）67-86頁
工藤聡一「ビジネス・トラストの受益者の責任を決する判例法則」青森法政論叢（青森法学会）3号（2002年）16-32頁
同「ビジネス・トラストの制度化とその進展」八戸大学紀要（八戸大学）25号（2002年）59-81頁
同「ビジネス・トラストにおける当事者の責任」青森法政論叢（青森法学会）4号（2003年）46-54頁
同「ビジネス・トラスト法の展開——受益者責任の問題を中心として」信託研究奨励金論集（信託協会）24号（2003年）18-49頁
同「ビジネス・トラストの制度化とその進展」私法（日本私法学会）67号（2005年）205-212頁
同「アメリカ統一ビジネス・トラスト法の意義と課題」信託法研究（信託法学会）31号（2006年）53-90頁
小島昌太郎「企業形態としての事業信託」（神戸商科大学）商大論集17号（1956年）1-5頁
坂田桂三・工藤聡一「衡平法上の会社の生成と展開」（日本大学）司法研究所紀要8巻（1996年）123-143頁
佐藤英明「事業信託と法人の分類基準（上）（下）」ジュリスト998号（1992年）114-118頁、1001号（1993年）118-122頁
組織形態と法に関する研究会『「企業形態と法に関する研究会」報告書』金融研究（日本銀行金融研究所）22巻4号（2003年）1-136頁
戸塚登「英米会社法における法人性の特質」阪大法学67号（1958年）36-43頁
富山康吉「法人と信託についての一考察」立命館法学4・5号（1953年）144-159頁

長浜洋一「アメリカにおける企業の法形態」海外商事法務47号（1966年）19-21頁
福井喬「ビジネストラストにおける有限責任の問題」島根大学論集（社会科学）4号（1958年）22-31頁
森田果「組織法の中の信託」信託法研究（信託法学会）29号（2004年）41-63頁
同「組織法の中の信託」東北信託法研究会編『変革期における信託法』（トラスト60研究叢書・2006年）1-30頁
Maurice C. Cullity（神田秀樹・折原誠訳）「カナダにおけるビジネス・トラストの利用から生じる法的諸問題」信託（信託協会）第186号（1996年）61-76頁

〈著者紹介〉

工 藤 聡 一（くどう そういち）
　　1969年　長野県生まれ
　　現　在　日本大学法学部助教授

〈主要業績〉
『航空宇宙法の新展開』（共著、2005年）
『新航空法講義』（共著、2007年近刊）

ビジネス・トラスト法の研究

2007(平成19)年2月20日　第1版第1刷発行
　　　　　　　　　　　　5595-0101：P228-6800E

　　　著　者　　工　藤　聡　一
　　　発行者　　今　井　　　貴
　　　発行所　　信山社出版株式会社
　　　〒113-0033 東京都文京区本郷6-2-9-102
　　　　　　　　電話 03-3818-1019
　　　　　　　　FAX 03-3818-0344
　　　　　　　　info@shinzansha.co.jp
　　　〒309-1625 茨城県笠間市来栖2345-1
　　　　　　　　電話 0296-71-0215
　　　　　　　　FAX 0296-72-5410
　　　　　　　　henshu@shinzansha.co.jp
Printed in Japan　　　制　作　　株式会社信山社

©工藤聡一，2007．印刷・製本／松澤印刷・大三製本
出版契約No.5595-01010-01010
ISBN978-4-7972-5595-9 C3332
5595-012-050-010
NDC 分類324.820

信託法 324.820

信託法の研究（上）理論編
学術選書法律104
大阪谷公雄 著（大阪大学名誉教授）
日本における信託法研究の原点／研究書
定価63,000円（本体60,000円）⑤ A5変上箱 644頁 194-01011 ／4-88261-194-5 C 3332 ／199110 刊／分類 01-324.821-a 011

信託法の研究（下）実務編
学術選書法律105
大阪谷公雄 著（大阪大学名誉教授）
日本における信託法研究の原点／研究書
定価63,000円（本体60,000円）⑤ A5変上箱 494頁 195-01011 ／4-88261-195-3 C 3332 ／199111 刊／分類 01-324.821-a 012

信託法の研究 別巻
学術選書法律106
大阪谷公雄 著（大阪大学名誉教授）
日本における信託法研究の原点／研究書
定価63,000円（本体60,000円）⑤ A5変上箱 612頁 196-01011 ／4-88261-196-1 C 3332 ／199110 刊／分類 01-324.821-a 013

信託法の研究（全3巻セット）
学術選書法律106A
大阪谷公雄 著（大阪大学名誉教授）
日本における信託法研究の原点／研究書
定価189,000円（本体180,000円）⑤ 菊変上箱 1772頁 197-01011 ／4-88261-197-X C 3332 ／199111 刊／分類 01-324.821-a 014

信託法理論の形成と応用
学術選書法律000
星野 豊 著（筑波大学助教授）
信託法解釈における信託法理論の役割を再検討／研究書
定価10,500円（本体10,000円）⑤ A5変上箱 360頁 2291-01011 ／4-7972-2291-3 C 3332 ／200405 刊／分類 02-324.821-a 015

英米信託法の諸問題（上）－基礎編－
学術選書法律112
海原文雄 著（九州大学名誉教授）
信託関係者必備／研究書
定価50,971円（本体48,544円）⑤ B5上箱 610頁 676-01011 ／4-88261-676-9 C 3332 ／199302 刊／分類 01-324.820-a 022

英米信託法の諸問題（下）－応用編－
学術選書法律113
海原文雄 著（九州大学名誉教授）
信託関係者必備／研究書
定価50,971円（本体48,544円）⑤ B5上箱/650頁 677-01011 ／4-88261-677-7 C 3332 ／199302 刊／分類 01-324.820-a 023

英米信託法の諸問題（上・下セット）
学術選書法律113A
海原文雄 著（九州大学名誉教授）
信託関係者必備／研究書
定価101,941円（本体97,087円）⑤ B5上箱/1,260頁 678-01011 ／4-88261-678-5 C 3332 ／199302 刊／分類 01-324.820-a 024

信託法・信託業法〔大正11年〕
日本立法資料全集本巻002
山田 昭 編著（創価大学経営学部教授）
現行信託法・信託業法制定資料の決定版／立法資料
定価45,873円（本体43,689円）⑤ 菊変上箱/636頁 201-01011 ／4-88261-201-1 C 3332 ／199102 刊／分類 02-324.821-f 091